Die burgundischen Zentralbehörden unter Maximilian I. und Karl V.

Von

Dr. Andreas Walther.

Leipzig,
Verlag von Duncker & Humblot.
1909.

Altenburg S.-A.,
Piererſche Hofbuchdruckerei
Stephan Geibel & Co.

Vorwort.

Die vorliegende Untersuchung beschäftigt sich mit der Geschichte der burgundischen Zentralbehörden von den Anfängen unter Philipp dem Guten bis in die Neuzeit hinein, ausführlich aber von 1477, als Maximilian I. die Regierung in den Niederlanden übernahm, bis 1531, in welchem Jahr die Organisation geschaffen wurde, die ohne sehr wesentliche Veränderungen bis zum Ende des Ancien Régime Bestand gehabt hat. Es ist keine ex professo unternommene und dann in der gebräuchlichen Form zu Ende geführte Geschichte der Zentralverwaltung. Vorarbeiten zur internen Geschichte der Regierung Karls V. haben schließlich diese Gestalt angenommen. Vieles von dem anfänglichen Charakter einer ausgeführten Einleitung habe ich mich nicht bemüht zu verwischen: das Suchen nach den großen Linien, das Streben nach Durchdringung des Stoffes um jeden Preis. Manches, wie das Grundgesetz, daß immer das am meisten in beamtenmäßiger und bureaukratischer Arbeit zu Erledigende behördenbildend ist, konnte ich mehr als ausreichend belegen. Anderes, wie das Urteil über die Juristen jener Jahrzehnte, wird der Leser von selbst als eine Fragestellung nehmen, berechtigt als Eindruck jemandes, der manches Tausend von Dokumenten aus jener Zeit gelesen hat.

Die anfängliche Übersicht hat sich mir allmählich fast allzu reichlich mit Material gefüllt. Nicht ganz gleichmäßig, denn für die Zeit der ersten Regentschaft Maximilians und der Anfänge Philipps des Schönen bis gegen 1504 gibt es nicht nur keine irgendwie genügende Darstellung und so gut wie keine gedruckten Quellen; auch das Material, das die Archive bieten, ist dürftig. Und die sehr zeitraubende Arbeit, aus den in Lille aufbewahrten Rechnungen des Receveur général einzelne Notizen zusammenzusuchen, mußte ich zurückstellen. Dagegen kann ich für die Zeit der zweiten Regentschaft Maximilians und der Anfänge Karls V.

*

vielfach das Speziellste geben[1]. Das entspricht auch dem weit größeren Interesse, das die Verwaltungsentwicklung dieser Jahre als Grundlage für eine Erkenntnis der Verwaltung des Universalreiches Karls V. zu beanspruchen hat. Und dem Ganzen wird es nicht zum Nachteil gereichen, wenn die Darstellung der Grundzüge für den früheren Zeitraum illustriert und kontrolliert wird durch genaue Verfolgung des historischen Verlaufs für die spätere Periode.

Die Verwaltung in der Zeit, mit der ich es zu tun habe, ist so durchaus unerforscht[2], daß das Material, das in Anmerkungen und im Text selbst gegeben werden durfte, nicht genügen konnte. So füge ich als Beilagen eine Reihe von Dokumenten an. Besonderes Interesse dürfte die Rats- und Kanzleiordnung der Margarete von Österreich von 1516 mit ihren lebendigen Anschauungen finden; auch die Finanzordnung von 1487, die zeigt, daß Maximilian in Burgund wie in Österreich nach eigenen Ideen reformierend eingriff. Die Ordonnanz über die Wiedereinrichtung der Épargne von 1490 mag die Aufmerksamkeit auf diese bisher gänzlich übersehene Institution, die auf die französische Entwicklung von Einfluß gewesen sein dürfte, lenken. Drei Briefe aus den Jahren 1518/19 lassen uns in die intimen Vorgänge hineinsehen, die einem Verwaltungsakt wie der Ernennung Margaretes zur Regentin vorausgingen. Ein „Mémoire pour le privé Conseil" wird als notwendige Ergänzung zu den Einsetzungsurkunden für diese Behörde dienen, denn es zeigt, wie das praktische Leben sich mit den am grünen Tisch ausgearbeiteten Bestimmungen abfand. Mit einem erhaltenen Bruchstück einer Kanzleiordnung von 1497 gehört zusammen eine Remonstranz der Sekretäre des Conseil privé an Philipp II., wahrscheinlich von 1589, die einen durch manche lebendigen Züge belebten historischen Rückblick über die Lage der Sekretäre seit 1497 gibt. Noch hebe ich heraus ein Dokument, das uns zeigt, wie man schon damals das Archiv der Liller Chambre des Comptes über alle Personalien befragte, in unserem Fall des berühmten Philipp von Cleve, des Führers im Aufstand gegen Maximilian. Für die deutsche Geschichte ist nicht ohne Interesse eine Eintragung im Register des Receveur général, die sich mit der Einsetzung des Pfalzgrafen Friedrich zum Erzieher und Ersten Ratgeber Karls V. im Jahre 1514 beschäftigt.

---

[1] Ich darf wohl verweisen auf meine ausführliche Besprechung der Arbeit von Kreiten über den Briefwechsel Kaiser Maximilians I. mit seiner Tochter Margareta, in den Göttingischen gelehrten Anzeigen 1908, p. 253—286.

[2] Vgl. Pirenne, Histoire de Belgique III, 172 n. 1, und unten Anhang 1.

Einige Spezialuntersuchungen stelle ich als Anhänge zusammen. Die Arbeiten zur burgundischen Verwaltungsgeschichte liegen uns im allgemeinen so fern, daß eine beurteilende Übersicht über die Literatur erwünscht sein wird. Ich füge die für unsern Gegenstand wichtigsten französischen (und englischen) Werke bei. Es ist vielleicht an der Zeit, daß jeder nach seinem Maß suche, einen Führer durch die Titelreihen der Bibliographien zu geben. Besonders wenn die Beschaffung der Werke vielfach auf so große Schwierigkeiten stößt wie in unserem Fall, spart man dem Benutzer viel Zeit und Verdruß. Auch die wichtige Quellenreihe der Hoflisten, von der bisher nur Bruchstücke bekannt sind, habe ich gesondert besprochen. Es folgt ein Beitrag zur Geschichte des Pensionswesens, und vor allem Untersuchungen über zwei sehr interessante burgundische Ämter. Der Premier Chambellan war leitender Minister mit noch ausgedehnterer Autorität als der deutsche Hofmeister hatte. Das Amt des „Audiencier et premier secrétaire" bildet, indem es sich später mit spanischen Institutionen verschmilzt, die Vorstufe zur Entstehung des Staatssekretariats, das am Hofe Karls V., nicht in Frankreich, seinen Ursprung genommen hat. Am ausführlichsten mußte der Exkurs werden, der sich mit der heute fast allgemein geltenden These beschäftigt, daß die burgundischen Verwaltungsinstitutionen durch Maximilian I. in Österreich rezipiert worden seien (um dann von dort weiter in die deutschen Territorien zu wandern). Diese Anschauung erwies sich mir je länger je mehr als bisher vollständig unbegründet. Ich habe das zu erhärten und suche zugleich die Richtlinien zu ziehen, wie man eine so überaus komplizierte Frage vergleichender Verwaltungsgeschichte methodisch besser als bisher würde anzufassen haben.

Die Einleitung gibt für die betreffenden Jahrzehnte eine auf selbständigen Forschungen beruhende Skizze der inneren Geschichte Burgunds, bei der es auf einen Anschauungshintergrund für die Darstellung der Verwaltungseinrichtungen abgesehen ist. —

Die Vorarbeiten zu meiner Untersuchung sind mir erleichtert worden durch das rühmlich bekannte Entgegenkommen, das man auf dem Brüsseler Staatsarchiv findet, und durch die mannichfache Hilfe, die dem anspruchsvollen Fremdling auf den Archives départementales zu Lille gewährt wurde. Für das helfende Interesse, das Herr Professor Brandi der Ausarbeitung in all ihren Wechselfällen entgegengebracht hat, bin ich herzlich dankbar.

Inhalt.

Anhänge.

Abgekürzt zitierte Archivalien.

Brüssel, Archives générales du royaume.

Aud. = Papiers d'État et de l'Audience. Übersicht in der Sammlung der Inventaires sommaires des archives des anciens gouvernements des Pays-Bas, Brüssel 1906.

Cart. Man. = Cartulaires et Manuscrits. Meist Neuerwerbungen. Nicht inventarisiert.

ChC. = Chambre des Comptes. Ausführliches Inventar von Gachard et Pinchart, Inventaire des Archives de la Belgique I—VI, seit 1837.

Lille, Archives départementales.

B. = Wesentlich die Rechnungen des Receveur général. Auszüge aus der ganzen Abteilung: Cours et juridictions etc. im Inventaire sommaire des archives départementales du Nord, 7 Bde. 1872—1906.

P. } R. } = Portefeuilles und Registerbände zu den Lettres missives. Nicht inventarisiert. Eine Übersicht habe ich in den Göttingischen gelehrten Anzeigen 1908, S. 253 ff. gegeben.

Einleitung.

Während der hundertjährige Krieg Frankreich und England lähmte, ist Burgund groß geworden. Daß Frankreich zerrissen war durch die Rivalität der beiden Linien des Hauses Valois, der regierenden und der seit 1363 mit dem Herzogtum Burgund belehnten, hat den Engländern das Übergewicht so lange erhalten. Es hat auch die Erbitterung in den Krieg gebracht. Auf Veranlassung des zweiten burgundischen Herzogs, Johanns des Unerschrockenen, wurde 1407 der Herzog von Orléans in Paris ermordet; zwölf Jahre darauf nahm das Gefolge des Dauphin Rache durch die Ermordung Johanns auf der Yonnebrücke von Montereau.

Solchen Haß übernahm Philipp der Gute (1419—1467). Aber er hat sich mehr und mehr über Parteileidenschaft erhoben, er ließ den Ehrgeiz Philipps des Kühnen und Johanns fahren, die in Paris die ersten hatten sein wollen, und wurde so der Begründer eines selbständigen burgundischen Staates. Er erkannte die politische Kraft des neuen Gemeinwesens darin, daß es gegen Frankreich wie gegen England (oder auch Deutschland) das entscheidende Gewicht in die Wagschale werfen konnte. Als äußere Erfolge seiner Politik treten hervor, daß er zu dem Herzogtum Burgund und den schon von Philipp dem Kühnen 1384 gewonnenen Landschaften, der Franche-Comté und Flandern mit Artois, hinzuerwarb Namur (1429), Brabant und Limburg (1430), Hennegau, Holland, Seeland (1433), die Sommestädte (1435) und Luxemburg (1443). Was die Jungfrau von Orléans begonnen hatte, vollendete er, indem er 1435 durch den mit Frankreich zu Arras geschlossenen Frieden dem englischen Übergewicht ein Ende machte. Sollten seine Lande sich zu einem Staat zusammenschließen, so brauchten sie Ruhe und konnten vor allem den schweren Druck nicht ertragen, den Frankreich auf ihre ausgedehnten Grenzen von den Alpen bis zum englischen Kanal hin auszuüben vermochte.

Es beginnt eine Zeit beispiellos glücklichen Blühens für die burgundischen Provinzen. Damals haben die zerstreuten Lande in ihrem Herzog die neue Dynastie lieben gelernt. Recht ein aus der Volksstimmung geborener Name war es, wenn man ihn nur „le bon duc Philippe" nannte. Es sind die Zeiten der niederländischen Renaissance, der einzigartigen Verschmelzung von Stadt- und Adelskultur, als zu Zeiten Brügge, „die Königin des Nordens", Residenzstadt war, als Stil und Pracht des burgundischen Hausordens vom goldenen Vließ die bewundernden Blicke Europas auf sich lenkten. In diesen glänzenden Jahrzehnten ist auch die Verwaltungsorganisation geschaffen worden, deren Grundzüge über die wirren Reformversuche Karls des Kühnen und Maximilians I. hinweg sich bis zur französischen Revolution erhalten haben.

Über das Blühen aber ist rauh der Sturmwind einer neuen starken Zeit dahingefahren. Philipp der Gute und sein Kämmerer Antoine de Croy, der ihm seit fast 40 Jahren vertrauter Ratgeber gewesen, waren alt geworden; nicht anders Karl VII. von Frankreich, der schon seit 1422 die Regierung führte. Da haben die beiden Kronprinzen, Ludwig XI. und Karl der Kühne (1467 bis 1477), Freundschaft geschlossen und sind übereingekommen, daß so verkehrt und schläfrig wie unter ihren Vätern die Welt nimmermehr fortgehen dürfe. Sie haben dann beide gehandelt, gegen einander. Der eine hat Frankreich als Staat gegründet, der andre hat „destruict sa maison", wie Commines in seiner trocknen Art die Dinge beim Namen zu nennen sagt. Auf dem Schlachtfeld von Nancy ist mit dem Herzog und der Blüte des Landes auch der Traum gefallen, zwischen Deutschland und Frankreich und England eine neue Großmacht aufzurichten.

Als Ludwig XI. nach den verwaisten Landen die Hand ausstreckte, wurde eilig die Hochzeit der Erbin Karls des Kühnen, Maria, mit dem Erzherzog Maximilian vollzogen. Seitdem beginnt die Rivalität zwischen Habsburg und Frankreich als dominierendes Element in die europäische Geschichte einzutreten. Das Stammland der burgundischen Herzöge, das von Ludwig XI. als erledigtes Kronlehen eingezogen wurde, war der erste Gegenstand des Kampfes. Der Sieg von Guinegate, die Geburt Philipps und Margaretes, ließen hoffen, daß die schwerste Krise bald überwunden sein werde; da starb am 27. März 1482 in Brügge die junge Herzogin an den Folgen eines Sturzes mit dem Pferde.

Nun verliert sich die Entwicklung in einem Labyrinth von Wirrnissen. Nur als Prinzgemahl hatte man den Fremden dulden wollen, er aber war als Herrscher aufgetreten. Er sprach, wie er dachte, und gab sich, wie ihm zumute war; er hatte nicht den Takt besessen, das altererbte Selbstgefühl der reichen und stolzen Landschaften, das junge burgundische Nationalbewußtsein zu schonen. Wir wissen bisher wenig von der ersten Regentschaft Maximilians. Die großen Linien sind noch verdeckt durch Rankenwerk, und das ganze Bild ist verschoben, weil das Drama der Gefangenschaft des Königs in Brügge 1488 zu stark das Interesse an sich gezogen hat. Über dem durch Frankreich gestützten Aufstand der flandrischen Städte hat man vor allem die Fronde fast des ganzen hohen Adels des Landes unbeachtet gelassen. Die verhängnisvolle Ausscheidung wertvoller Elemente, die schon unter Karl dem Kühnen begonnen hatte — Commines ist nur einer von vielen — setzt sich fort. Endlich wird der Aufstand der Städte mit deutschen Truppen niedergeworfen, Philipp von Cleve zum Aufgeben des Widerstandes veranlaßt, und am 23. Mai 1493 mit Frankreich der Friede zu Senlis geschlossen. Kurz danach aber muß Maximilian die Niederlande verlassen, denn sein Vater, Kaiser Friedrich III., war am 19. August 1493 gestorben.

Im Sommer darauf tritt der sechzehnjährige Philipp der Schöne (1494—1506) die Regierung an, unter einem Rat, den sein Vater ihm gesetzt und organisiert hatte. Maximilian hat immer, wie seinem Sohn Philipp, so seiner Tochter Margarete und seinem Enkel Karl V. gegenüber, des patriarchalischen Bewußtseins eines gottgeordneten Familienoberhauptes sich erfreut. Die burgundische Geschichte jener Jahrzehnte geht zu gutem Teil darin auf, wie man seiner Vielgeschäftigkeit sich zu erwehren sucht. Philipp stand zuerst durchaus unter dem Einfluß des Vaters. Franz von Busleyden, der als Erzieher und leitender Staatsmann den jungen Herzog eigne Wege zu führen beginnt, muß dem Unwillen des römischen Königs weichen.

Aber nur für eine Zeit. Als Philipp 1498 mit Frankreich den Vertrag zu Paris schließt, hat eine neue Epoche für die burgundische Geschichte eingesetzt. Denn gegen den energisch ausgesprochenen Willen Maximilians hatte man diesen Schritt gewagt. Burgund ist wieder eine selbständige Macht geworden; freilich in neuen Formen. Es beginnt eine Reihe von Jahrzehnten, in denen die seit dem Zuge Karls VIII. nach Italien 1495 plötzlich in die Erscheinung getretene, aber ihrer selbst noch nicht mächtige europäische Politik an der burgundischen Regierung einen Vermittler findet. Die Gründe liegen zutage. Burgund mit seiner zentralen Lage zwischen Deutschland und England und Frankreich, durch Bande des Blutes eng verbunden mit Österreich und den spanischen Königreichen, war durch die verschiedenartigen Interessen und Strebungen seiner Landschaften auf Frieden und gutes Einvernehmen nach allen Seiten angewiesen. Von Philipp dem Schönen ging die Rolle des Verhandlungsführers in der europäischen Politik über auf Margarete von Österreich und noch auf Maria von Ungarn.

Die Emanzipation Burgunds von Habsburg im Jahre 1498 schuf auch eine neue Konstellation der politischen Parteiung; und das beschränkte wieder die Fähigkeit der burgundischen Regierung zu ihrer Vermittlerrolle. Während seit dem Tode Karls des Kühnen eine dominierende Kraft gefehlt hatte, alles unsicher und labil gewesen war, jedem Anstoß preisgegeben, erhob sich in den ersten Jahren der Regierung Philipps des Schönen kraftvoll eine vermittelnde burgundische Nationalpartei. Hauptträger der Bewegung war der Adel des Hennegau, unter dem die Familie Croy die erste war. Hier verbanden sich alte feudale Traditionen mit der Erkenntnis, daß Krieg mit Frankreich fast immer das größte Übel für Burgund sei, und daß nur ein Rückhalt an Frankreich das Land davor schützen könne, Anhängsel des habsburgischen Hausbesitzes zu werden. Die Partei übernahm die schutzzöllnerischen Traditionen zugunsten der flandrischen Industrie, die durch die englische Konkurrenz immer schwerer bedrängt wurde. Demgegenüber schlossen sich England und Maximilian enger zusammen. Ihre Interessen wurden in Burgund vertreten durch die nördlichen Provinzen, die von möglichst ungehinderter Handelsverbindung mit England alles zu erwarten hatten. Mit dieser bis weit in die Regierung Karls V. hinein maßgebenden Konstellation verband sich, besonders seit dem Tode der Isabella von Kastilien 1504, die spanische Parteiung. Die Burgunder wollten ihrem Fürsten das Erbe seiner Gemahlin auch gegen den Willen Ferdinands von Aragon verschaffen und begünstigten die gegen den Aragonesen sich erhebenden kastilianischen Adligen, die in Scharen am burgundischen Hof eintrafen. So rückt Ferdinand von Aragon, also die offizielle spanische Regierung, auf die Seite Englands und Maximilians. Ihre Erfolge in so schwieriger Lage hat die Nationalpartei dem Enkel des Kämmerers Philipps des Guten, Wilhelm von Croy

Herrn von Chièvres, zu verdanken, dem es gelang, Parteiführer und Vermittler und Versöhner zugleich zu sein.

Von der Persönlichkeit Philipps des Schönen wissen wir wenig. Selbständig ist er kaum gewesen, wenn auch der Name „Croit-Conseil“, den Olivier de la Marche auch „Croy-Conseil“ schreibt — die Zeit hatte ihre Freude an Wortspielen dieser Art — von der Partei erfunden sein dürfte. Jedenfalls würde es sich lohnen, den Plan Höflers wieder aufzunehmen und die Geschichte des jungen Fürsten zu erforschen, dem es gelang, den Vater zum Beitritt zu dem gegen seinen Willen geschlossenen Frieden mit Frankreich zu gewinnen, die englische Frage durch einen Handelsvertrag zu lösen, von Ferdinand Kastilien zu ertrotzen, bis er in blühendster Jugendkraft, eine glänzende Zukunft vor Augen, an den Folgen eines unvorsichtigen kalten Trunkes gestorben ist, in Burgos am 25. September 1506.

Noch einmal richteten sich die Blicke aller auf die flandrischen Städte. Würden sie ihren alten Gegner als Regenten anerkennen, würden sie, denen er die Kraft für immer gebrochen hatte, eine Weigerung durchsetzen? Sie haben protestiert, konnten aber den Widerspruch nicht aufrecht erhalten. Es ist vor allem dem Einfluß Chièvres' zuzuschreiben, den Philipp während seiner zweiten spanischen Reise als Regenten zurückgelassen hatte, und der das Vertrauen des Landes besaß, wenn die Landschaften schließlich doch einmütig Maximilian zum Vormund der Kinder des verstorbenen Herzogs beriefen. Der Kaiser bestellte nach einigem Zaudern seine Tochter Margarete zu seiner Stellvertreterin. Nicht aus Sympathie, sondern weil es einen andern Weg nicht gab, hatte man Maximilian zum zweitenmal gerufen. Als dann Margarete nach anfänglicher vermittelnder Haltung eine den Interessen des Landes widersprechende habsburgische Politik begann und gar unter den Einfluß englischer Agenten geriet, als diese Politik schließlich zusammenbrach, da Heinrich VIII. und Maximilian des Krieges gegen Frankreich abwechselnd — nämlich sobald für den andern ein Gewinn zum Vorschein kam — müde wurden, da hat man dem Kaiser hinter dem Rücken Margaretes die Mündigerklärung Karls abgehandelt.

Die drei ersten Jahre der Regierung Karls V. in den Niederlanden, 1515—1517, sind die letzten des alten Burgund. Durch ein freudiges und starkes Blühen des Nationalbewußtseins sind sie charakterisiert, ein Zurückgreifen auf die national-burgundischen Traditionen der Zeiten Philipps des Guten und Philipps des Schönen.

Es ist dieselbe Gruppe, der Adel des Hennegau, und dieselbe Familie, die Croy, die unter Philipp dem Guten, Philipp dem Schönen und in den ersten Regierungsjahren Karls V. das Regiment führten. Die Politik Chièvres' hatte glänzende Erfolge. Als Karl V. im Herbst 1517 sich einschiffte, um sein spanisches Erbe in Besitz zu nehmen, lehnte er gleichmäßig die dringenden Einladungen ab, doch auf dem sichren Landweg durch Frankreich zu ziehen, doch der gastlichen englischen Küste einen Besuch abzustatten.

Aber nicht mehr der burgundische Herzog, sondern der spanische König und Erbe der Habsburger war es, der so umworben wurde. Nicht lange mehr dauerte es, da nannte man im Rate Karls V. die reichen burgundischen Lande: „Votre vache de Flandre." Burgund war ein Anhängsel eines fernen Großstaates geworden, und nur die nördlichen Provinzen hat der Aufstand gegen Spanien zu neuem prächtigen Blühen befreit.

I. Gerichtshöfe. — Grand Conseil.

1. Übersicht.

Bis ins 13. Jahrhundert hinein war der Rat der französischen Könige ein sehr freies Gebilde. An ihm nahm teil, wer Mach genug besaß, um seiner Stimme Geltung zu verschaffen, und wer des Vertrauens des Herrschers sich erfreute. Diese beiden Elemente in ihrem Ineinander und Nacheinander sind vielleicht der entscheidende Gradmesser dafür, wie weit die Fürsten und die Zeiten auf dem Wege gekommen waren, an dessen Anfang der Feudalstaat, an dessen Ende die absolute Monarchie steht. Nicht diese innere Entwicklung, wie allmählich anstatt der Macht der Feudalherren das Vertrauen des Fürsten zum Rate beruft, soll uns beschäftigen, vielmehr eine zweite, äußerlich mehr in die Augen fallende Bewegung.

Es handelt sich um die Differenzierung der Ratskollegien. Der Anfang ist auch hier eine völlig freie Form. Unterschiedslos werden im Rate die politischen, administrativen, gerichtlichen und finanziellen Angelegenheiten besprochen[1].

Wie nun Ordnung diese Unbestimmtheit zu durchdringen beginnt, das wird allgemein im Schema des Begriffs der Arbeitsteilung dargestellt. So durchaus zutreffend das für die spätere Zeit ist, als die Verwaltungsentwicklung von Menschen gemacht wurde, so irreführend kann es für das Mittelalter sein, in dem auch auf diesem Gebiet ein Wachsen, wie nach Naturgesetzen das Beherrschende ist. Gewiß ist das Treibende im letzten Grunde das Bedürfnis nach einer Arbeitsteilung, wie auch der Erfolg eine Arbeitsteilung ist. Aber die Form des Geschehens ist keineswegs die einer „Teilung". Vielmehr muß die Anschauung einer Bildung

---

[1] Valois, Etude p. VI, Decrue 7, Pike 28.

und Verselbständigung neuer Zentren mit Eigenleben zu Grunde gelegt werden.

Das Gesetz, das wir zunächst in mehrfacher Anwendung beobachten werden, ist folgendes. Der eigentliche Hofrat, der vertraute Rat des Herrschers, bleibt bis ins 16. Jahrhundert hinein durchaus in der alten Unbestimmtheit, beschäftigt sich mit politischen, administrativen, gerichtlichen, finanziellen Angelegenheiten. Die gesteigerten Bedürfnisse auf den einzelnen Gebieten fordern beamtenmäßige, bureaukratische Arbeit; und immer um das Beamtenmäßigste und Bureaukratischste bildet sich ein neuer Kern, zunächst noch völlig vom Hofrat eingeschlossen, allmählich an seine Peripherie rückend, in sich lebensfähig werdend, den Hofrat immer mehr belastend, schließlich von ihm abgestoßen. Das Resultat ist die Ablösung besonderer Kollegien für Gerichtsbarkeit, Verwaltung und Finanzwesen, so daß im Zentrum ein immer entschiedener vorzüglich der äußeren Politik dienender Rat zurückbleibt. Nirgends aber eine scharfe Linie wie bei einer „Teilung". Fast unmerkbar langsame Verschiebungen des Schwergewichts und der Grad, wie weit die verschiedenen Angelegenheiten in beamtenmäßigen, bureaukratischen Formen erledigt werden müssen, sind die treibenden Kräfte des Geschehens, jener immer wiederholten Bildung neuer Zentren mit Eigenleben.

Ich rede zunächst von der Gerichtsbarkeit. Sie hat sich am frühesten verselbständigt und ist doch wieder am längsten mit dem Hofrat verwachsen geblieben. Denn der Begriff „Justice" war weit und unbestimmt, umfaßte einen großen Teil dessen, was wir heute Verwaltung nennen würden. Die Entwicklung der Behörden für diese „Justice" im weiteren Sinne fasse ich zunächst in einer Übersicht zusammen, so weit es sich um die in den Niederlanden fortgehende Reihe handelt. Die Reihe am Hof Karls V. seit 1517 steht unter anderen Gesetzen.

Im 13. Jahrhundert werden einzelne Glieder des französischen Hofrats speziell mit der Gerichtsbarkeit beauftragt[1]. Es ist der Kern, aus dem das Pariser Parlament[2] geworden ist; nicht durch einen bestimmten Akt, sondern langsam in kaum merklicher Entwickelung sich lösend und verselbständigend[3]. Dem Hofrat,

---

[1] Boutaric, La France sous Philippe le Bel, p. 163, und sonst.

[2] Bibliographie bei Viollet III, 360—363.

[3] Lavisse III, 2, p. 323; Violett III, 295—300. Noch lange sind Plenarsitzungen, auch mit der um dieselbe Zeit sich verselbständigenden Chambre des Comptes, häufig; und noch bis ins 15. Jahrhundert hinein findet

den man als Grand Conseil zu bezeichnen sich gewöhnt, bleibt ein Teil der Gerichtsbarkeit. Da er nun auch auf Kosten des Parlaments seine Befugnisse wieder ausdehnt, und die Menge der zum Zentrum strömenden Prozesse immer zunimmt, so bildet sich nach dem genannten Gesetz eine neue Gerichtssektion im Rat, diesmal von solchem Schwergewicht, daß sie den Namen des Ganzen auf sich hinüberzuziehen vermag. Am 2. August 1497 wird die schon vorher tatsächlich vollzogene Ablösung dieses Grand Conseil de justice in einer Ordonnanz festgelegt. Den Hofrat nennt man Conseil étroit, auch Conseil secret oder Conseil privé[1], und das Grand Conseil hat die schwierige Aufgabe, sich mit seinem älteren Bruder, dem Parlament, zu vertragen[2].

Die eigentümlichen Lebensbedingungen des burgundischen Staates, daß ihm Zentrum und Residenzstadt fehlen, daß während der Bildung seines Verwaltungsorganismus immer neue Gebiete großen Schwergewichts ihm angefügt werden, bewirken unter denselben Grundformen eine ganz individuelle Entwicklung. Es wird in jeder neu erworbenen Provinz, teilweise im Anschluß an schon bestehende Einrichtungen, ein Gerichtshof geschaffen, für den die Bezeichnung Conseil üblich wird: Conseil de Dijon, de Flandre, de Brabant etc., Hof van Holland, Hofgericht zu Luxemburg. So ist das Resultat eine Reihe von Provinzialgerichtshöfen[3], und gerade die krönende Spitze, die dem Parlament entsprochen hätte, fehlt. Die Folge ist um so mehr, daß der Hofrat, wie in Frankreich Grand Conseil genannt, mit Gerichtsbarkeit überlastet wird, daß seine gerichtliche Sektion sich verselbständigt, den Namen des Ganzen an sich zieht, und schließlich durch das Edikt vom 22. Januar 1504 (n. st.) in Mecheln fixiert wird.

Diese Bildung des Grand Conseil de Malines ist historisch Parallele zur Entstehung des französischen Grand Conseil (1497/1504), auf das Ganze der Entwicklung gesehen aber Parallele zur Bildung

---

man Formulierungen wie die folgende von 1331: „Quatre personnes de nostre Conseil, c'est assavoir deux personnes de nostre Parlement et deux autres personnes des maistres de nostre Chambre des Comptes“ (Valois, Étude, p. VIII).

[1] Decrue 8.

[2] Neben Valois vgl. besonders Violett III, 393—397. Interessant ist es, wie das Grand Conseil dem Parlament gegenüber die Priorität für sich in Anspruch nimmt (Valois, Étude, p. XXXVII), mit Recht und Unrecht zugleich.

[3] Die Litteratur wird in Anhang 1 besprochen werden.

des Pariser Parlaments, — eine zweite, zum gleichen Resultat führende Parallele, nachdem die erste praktisch auf Bildung von Provinzialgerichtshöfen hinausgekommen war. Wenn nun die burgundische Entwicklung noch weiter drängt, so könnte man glauben, daß sie auf eine sachliche Parallele zum französischen Grand Conseil de justice hinziele. Aber es war ein Bedürfnis rein quantitativer Art, die Menge der zum Zentrum strömenden Prozesse, was die Bildung zweier Zentralgerichtshöfe in Frankreich begünstigt hatte. In Burgund genügte das Grand Conseil de Malines, ganz einfach, weil das Reich kleiner war.

Vielmehr setzt nun, in Frankreich wie in Burgund, eine ganz neue Reihe ein. Es sind die Angelegenheiten der Juridiction gracieuse, die nach einer Ablösung streben. Ein Grundgedanke dieser Zeit ist der, daß Recht und Gesetz selbständig für sich stehen, etwas Gottgeordnetes, an dem auch der Fürst nicht zu deuteln hat. Und zwar sind es, wenn ich recht sehe, die römischen Rechtsgelehrten gewesen, die die alte Anschauung, nach der viel entschiedener der Herrscher die Quelle des Rechtes ist, in dieser Richtung modifiziert haben. Diese streitenden Tendenzen bewirken das Entstehen eines scharfen Unterschiedes zwischen den Matières de justice (im engeren Sinn) und den Matières de grâce. Was den „cours ordinaire de la justice“ betrifft, wird vom Fürsten unabhängig, ist nur noch abhängig vom Gesetzesbuchstaben. Die Matières de grâce aber bleiben der persönlichen Entscheidung des Herrschers.

Wenn nun der Prozeß der Entlastung des Hofrates und des Fürsten fortdauert, so zeigen sich überall auch Verselbständigungen von Kollegien für Erledigung der Matières de grâce[1]. In Frankreich führt dieser Vorgang ziemlich rein ausgeprägt während der zweiten Hälfte der Regierung Franz' I. zur Ablösung des Conseil privé, auch sehr bezeichnend Conseil des Parties genannt[2].

---

[1] Ich erwähne nur (außer dem im Text zu Nennenden) in England die Billigkeitsgerichtsbarkeit des Kanzlers, den Court of Requests gerade unter Heinrich VIII., in Frankreich die Requêtes de l'Hôtel, in Burgund die Audience Karls des Kühnen (unten Seite 13). Die Aufeinanderfolge der Gerichtshöfe in Deutschland (Reichshofgericht, königliches Kammergericht, Reichskammergericht, königlicher Hofrat, Reichshofrat, mit allen Verzweigungen und Komplikationen) ruht auch im letzten Grunde auf jenem doppelten Charakter der Gerichtsbarkeit, die einerseits dem Fürsten gehört (ein letzter Rest das Begnadigungsrecht), andererseits von ihm unabhängig ist.

[2] Valois, Étude, p. XLVII—LX.

Dagegen bewirken die Regentschaftsverhältnisse in Burgund, daß das 1531 verselbständigte Conseil privé zugleich Zentralbehörde für Erledigung der laufenden Verwaltungsgeschäfte wird. Der zentrale Rat, der so zum zweiten Mal seines Namens beraubt ist, wird in Burgund seit 1531 unter spanischem Einfluss Conseil d'État genannt. Conseil privé und Conseil d'État, zu dem als drittes der „Conseils collatéraux" das Conseil des Finances kommt, bilden mit dem Grand Conseil de Malines zusammen die Organe der Zentralregierung in den Niederlanden bis zur französischen Revolution. —

Blicken wir zurück und suchen das Gesetz auf eine einfache Formel zu bringen, so ist zu sagen: Der Umstand, daß der gelehrte Rat, der Rat der Juristen, das Schwergewicht des Hofrates bildet, führt in Burgund (wie in Frankreich) zweimal zu einer Namensverschiebung, die als solche zu erkennen (die belgischen Arbeiten geben keinen Anhalt dazu) der Schlüssel für das Verständnis der ganzen Entwicklung ist. Der Name des Hofrats, das erste Mal Grand Conseil, das zweite Mal Conseil privé, wird in fast unmerklicher Entwicklung, zuerst vorzugsweise, dann ausschließlich für die gelehrte Sektion des Rates gebraucht, eine Entwicklung, die 1504 und 1531 durch offizielle Verselbständigung des Grand Conseil und des Conseil privé zum Abschluß gebracht wird.

Mit dieser Verschiebung des Namens geht Hand in Hand eine Erstarrung der Begriffe Grand Conseil und Conseil privé einerseits für den Zentralgerichtshof, andrerseits für das oberste Verwaltungskollegium. Diese Erstarrung geschieht in der Weise, dass ein Geschmack nach Gerichtsbarkeit und nach besoldetem, gelehrt oder praktisch ausgebildetem Beamtentum seit etwa 1450 dem Begriff Grand Conseil, seit etwa 1507 dem Begriff Conseil privé in zunehmendem Maße eigen wird. —

Ich habe weit vorgegriffen und stark vereinfacht, und kehre zur Einzelausführung zurück. Die erste Phase der Entwicklung ist also die, welche abschliesst mit der Erstarrung des Begriffs Grand Conseil zum Terminus technicus für den Zentralgerichtshof. Ich stelle diese Entwicklung in zwei Abschnitten dar.

2. Das Grand Conseil als ambulanter Hofrat, 1446—1504.

Man könnte den Titel des grundlegenden Buches von Lameere[1]: „Le Grand Conseil des ducs de Bourgogne" kurzerhand für verfehlt erklären, denn er gibt nur eine Einheit des Namens, nicht

[1] Besprochen in Anhang 1.

der Sache. Lameere ist sich in der Tat kaum bewußt geworden, daß er es am Ende seiner Arbeit mit einem fundamental andern „Grand Conseil" zu tun hat als am Anfang. Ihm ist die Verschiebung des Namens von dem Hofrat auf den sich abspaltenden Gerichtshof entgangen. Obwohl ihm die vernünftigen Erwägungen von Frederichs vorlagen, bestreitet seine zu sehr durch das Aktenmaterial gebundene Darstellung die Existenz eines zweiten Rates neben dem Grand Conseil, weil ein solcher in den Ordonnanzen und Rechnungen nicht hervortritt — natürlich nicht, denn er hatte sich noch keine festen Formen gebildet. Erst um 1462 hat Lameere urkundlich neben dem Grand Conseil ein Conseil privé oder secret gefunden [1]. Nach der früheren Ansicht dagegen wurde schon 1446 neben dem in freien Formen fortbestehenden Hofrat ein neues organisiertes Ratskollegium (das dann den Namen Grand Conseil auf sich hinüberzieht) geschaffen. Die Ordonnanz ist von Gachard veröffentlicht worden [2] und hat zusammen mit der zu nennenden Stelle bei Wielant den Ausgangspunkt für die neueren Untersuchungen über das burgundische Conseil [3] gebildet.

Die Frage nach dem Zeitpunkt der Verselbständigung der gerichtlichen Sektion braucht nicht auf die Entscheidung von Auslegungsfragen [4] zu warten. Es gibt ein zuverläßigeres Kriterium als den Wortlaut der Quellen, der natürlich nur das unklare Verwachsensein wiederspiegelt. Die entscheidende Wendung, die prinzipielle Verselbständigung des Grand Conseil dem Hofrat gegenüber, ist bezeichnet durch das Auftreten des Procureur général am Grand Conseil, des herzoglichen Anwalts an dieser Behörde [5].

[1] Lameere 102. Vgl. u. S. 21 und Kap. II, Abschn. 2.

[2] CRH. 3. XII. 141—147.

[3] Besprochen in Anhang 1.

[4] Lameere versucht S. 82 f. nur ein Conseil zu finden in folgender Stelle: „Nous ... ordonnons ..., sans toutevoyes deschargier ne déporter ceulx qui sont de nostre conseil, en nostre hostel, de leurs estas et offices, ung conseil estre et résider devers nous."

[5] Litteratur siehe Anhang 1. Einen Procureur général unterhielt der Herzog auch an den Provinzialgerichtshöfen und am Pariser Parlament. Der dem Grand Conseil zugeteilte Procureur général ist nicht eine Art Vorgesetzter der übrigen (so Lameere 116); vielmehr fordert der Zweck des Amtes einzelne Delegierte, widerstrebt von selbst einer Hierarchie. Über die Befugnisse vergleiche man Gaillard, Conseil de Brabant II, 347—386, vor allem aber die Instruktionen für den Procureur général am Grand Conseil in der großen Ordonnanz für diese Behörde von 1522 (Rec. des Ord. II, 177 f.) und die detaillierten Bestimmungen für den Procureur général und Avocat fiscal am Conseil de Brabant von 1529 (Rec. des Ord. II, 564—567). Der am

Wie das Amt des Fiskalprokurators in Deutschland gleichzeitig mit der Bildung des Kammergerichts erscheint[1], wie in Frankreich die Verselbständigung sowohl des Grand Conseil unter Ludwig XI. als auch des Conseil privé unter Franz I. charakterisiert ist durch das Auftauchen dieses Beamten[2], so bringt Wielant ihn für Burgund in Zusammenhang mit der von ihm angenommenen ausdrücklichen Konstituierung des Grand Conseil als eines Zentralgerichtshofes „um 1454“ (p. 133 f.). Nach Lameere 116 (vgl. 123) ist der Titel zuerst 1452 in den Dokumenten zu belegen. — Jedenfalls also in den Jahren 1446—1454 hat sich die entscheidende Ablösung des Grand Conseil vom Hofrat vollzogen.

Noch aber beschäftigt sich das Grand Conseil mit der Gerichtsbarkeit nur im Nebenamt; seine Mitglieder werden durch die „charges ordinaires“ ihrer Ämter, wie es in der Begründung des Edikts von Thionville 1473 (vgl. u.) heißt, an der normalen Erledigung der Prozesse gehindert. Durch zwei Neuschöpfungen suchte Karl der Kühne das Grand Conseil wieder zu entlasten. Die erste ist die singuläre Bildung der „Audience“: Zweimal wöchentlich nach dem Essen werden die eingelaufenen Bittschriften, die bisher im Grand Conseil erledigt worden waren, in feierlicher Versammlung dem Herzog vorgetragen und von ihm sofort entschieden[3]. Wichtiger war die Errichtung des Parlaments in

---

24. Oktober 1524 an Stelle des verstorbenen Jehan Artus zum Procureur général am Grand Conseil ernannte Jacques Stalpart erhält Vollmacht, „de garder noz droiz, haulteur, seignourie et justice, de occuper en toutes noz causes, besoingnes et affaires meues et à mouvoir, tant en demandant que en deffendant, contre toutes personnes, et pardevant tous juges tant d'église que séculiers, de quelque povoir, auctorité qu'ils usent ou soient fondez, de comparoir pour nous en jugement et dehors, nous, nosdites causes et drois garder, poursuyr et soustenir, maintenir et deffendre, de soy opposer à toutes fins de plaix, causes entamer, de advoer et desadvoer, soy joindre, emprendre garantie, de requérir garantie et veue de lieux, de affermer articles, et respondre à ceulx de partie adverse, de jurer en l'âme de nous, et faire tous serrimens requis de droict, de produire tesmoings et lettres en forme de preuve, de contredire et reprocher ceulx de partie adverse, et généralement de faire ..“, (Registres mémoriaux du Gr. Cons. I. 685 f.).

[1] J. Lechler, Reichshofgericht und königliches Kammergericht im 15. Jahrhundert, MJöG., Erg. 7, 1904, p. 83.

[2] Der Procureur du Roi au Grand Conseil ist seit 1447 bezeugt (Valois, Étude, p. XXVIII, auch n. 8, Viollet III, 394), der Procureur du Roi au Privé Conseil seit 1535 (Valois, Étude, p. XLVIII).

[3] Wielant 135, Olivier de la Marche, État 4—7 gibt eine anschauliche Beschreibung. Über diese beiden wichtigen Quellen siehe Anhang 1.

Mecheln durch das Edikt von Thionville (Diedenhofen) Dezember 1473[1]. Der gleichzeitige französische Zustand ist Vorbild. Es gibt nun also das Parlament für die Matières de justice, die Audience für die Matières de grâce, das Grand Conseil für alles, was an juristisch bestimmter Tätigkeit übrig bleibt[2], und natürlich einen vertrauten Rat ohne erkennbare Organisation.

Mit Unrecht wird Karl der Kühne als genialer Organisator gerühmt. Man braucht ihn nicht herabsetzen zu wollen, man kann vollstes Verständnis haben für die stürmende Wucht, die dämonische und doch so jugendstarke Maßlosigkeit in seinem Wesen — einen „genialen Organisator" aber nenne ich einen Mann, der kühl und sicher beobachtend das Notwendige und das Mögliche abwägt und mit fester Hand Bleibendes schafft. Philipp der Gute ist ein solcher Organisator gewesen. Aber die allzu hastig unternommenen und nicht auf burgundischem Boden gewachsenen Schöpfungen Karls des Kühnen, die er mit eiserner Hand gegen den Willen des Landes zusammengezwungen hielt, brachen mit seinem Tode in einer großen Katastrophe zusammen. Nicht nur daß die Institutionen verschwanden; die Erbitterung des Volkes legte auch Hand an die leitenden Beamten.

Die Herzogin Maria sah sich genötigt, am 11. Februar 1477 (n. st.) den Ständen das „Große Privileg"[3] zu bewilligen. Man hat diese Verfassungsurkunde wohl mit der Magna Charta verglichen. Nur eine allgemeine sachliche Ähnlichkeit gibt dazu das Recht. Die eine ist in dem großen Kampf zwischen ständischer und fürstlicher Gewalt wie ein Traum kraftlos vorübergezogen, die andere hat für alle Zeiten das Leben einer großen Nation mächtig beeinflußt.

Hat man zum Ruhm des Großen Privilegs diesen Vergleich gezogen, so betont umgekehrt Pirenne III. 9—11 stark und mit sehr deutlicher Geringschätzung das Rückschrittliche der den Ständen gemachten Zugeständnisse. Wir haben eine von den historischen

---

[1] Placcaerten van Brabant IV, 321—328. Eine Zusatzordonnanz, datiert Brüssel, 27. Juni 1474, findet sich ChC. 134, fol. 184 v.°—186.

[2] Für die genauere Abgrenzung der Befugnisse zwischen Parlament und Grand Conseil muß ich auf p. 326—328 der Ordonnanz verweisen.

[3] Verzameling van XXIV origineele charters, privilegien ende keuren van de provincie van Vlaenderen, Gent 1787 f., Nr. 10. Da der Text schwer zugänglich und nicht ohne weiteres verständlich ist, nenne ich die Analysen bei Frederichs CRH. 4. XVII, 458, Gaillard CRH. 5. VI, 308—310, Pirenne III, 10 f., Blok II, 291, besonders Poullet II, 265 f. und am besten Kervyn de Lettenhove, Histoire de Flandre, 3. Ausg. IV, 122 f.

Fragen vor uns, die vom Auf- und Abwogen der politischen und sozialen Stimmung der Zeiten weitergetragen werden, immer gelöst und immer unlösbar. Aber die einfache sachliche Frage, was es mit dem neu geschaffenen Grooten Raed auf sich habe, muß und kann aus dem mit Pathos vorgetragenen Werturteil gelöst werden.

Es ist zu viel gesagt, wenn Pirenne zum guten Teil auch aus den Bestimmungen über das neue Grand Conseil folgert, durch das große Privileg sei das „gouvernement central“ (III, 10, 47), die „unité politique“ (III, 169) zerstört worden. Da spielt das Mißverständnis eine Rolle, als ob das Grand Conseil noch für diese Zeit der Hofrat gewesen wäre. In Wirklichkeit erscheint der die eigentliche Regierung führende Rat in den „princen ende heeren van onsen bloede bi ons wesende“, die zum „Grooten Raed“ Zutritt haben sollen; und die Forderungen der Stände beziehen sich auf das Grand Conseil als Zentralgerichtshof. Es handelt sich erstens um die auch in Deutschland wohlbekannte Forderung provinzialer Vertretung im Zentralgerichtshof. Die Räte sollen in bestimmtem Verhältnis aus den einzelnen Provinzen genommen werden; nur zur Hälfte sollen sie Juristen sein, d. h. an fremdem Recht gebildete und trotz theoretischer Anerkennung aggressiv gegen die Coutumes vorgehende Männer, zur andern Hälfte Adlige; die vlämische Sprache soll der französischen gleichberechtigt sein. Zweitens handelt es sich um einen Protest gegen die Übergriffe der Behörde in die ordentlichen lokalen und provinzialen Jurisdiktionen. Auch das ist nichts Burgund Eigentümliches. Überall sucht man sich gegen die konkurrierende Gerichtsbarkeit der Zentralbehörde, besonders gegen die Überhandnahme der Evocationen, zu wehren, und Bemühungen um neue Privilegien de non appellando sind an der Tagesordnung. Wenn nun 1477 in Burgund die lokalen Jurisdiktionen in ihren alten Rechten wiederhergestellt wurden, so darf darum das Grand Conseil nicht ein „simulacre de conseil“ genannt werden, das sich „mit nichts zu beschäftigen“ haben würde (Pirenne III, 11), denn die Menge der den provinzialen Gerichtshöfen von Natur entzogenen Angelegenheiten war eine sehr große, wie die Aufzählungen bei Wielant[1] oder in dem Memoire von 1482 (vgl. u.) zeigen. Dazu

[1] Er sagt (133, Lameere 122 f.), daß die „consaulx particuliers de chascun pays ne povoient pourveoir à tout, meismement à régler les ressors de Malines, Valenchiennes, Flobecq, Lessines, ne des aultres terres de débat, ne congnoistre de la garde des esglises de Cambray ne des debatz que journellement surviennent entre les pays l'ung contre l'aultre, pour arrestz et contre arrestz, prinses et reprinses divers, entendemens de franchises et priviléges,

erlangten nur Brabant und der Hennegau das Urteilen in letzter Instanz für ihr Provinzial-Conseil[1]. Karl V. hat dem Hennegau 1515 dasselbe Recht neu erteilt[2]. Solche Exemtionen wurden erst wirklich bedenklich, wenn sie wie in Deutschland die Territorialherren stärkten.

Demnach sind bei der Beurteilung des Grossen Privilegs keine Deklamationen angebracht, wie sie etwa auch bei Lameere 195 f. sich finden: „La politique moderne fit de nouveau place à la politique médiévale ... L'œuvre des ducs de Bourgogne était à refaire, et ce fut lentement ...“ etc. Lehrreich ist ein Vergleich z. B. mit den Zugeständnissen, die Maximilian 1518 im Innsbrucker Libell den Ständen machte, und die in jeder Richtung eine Steigerung der Bewilligungen des großen Privilegs darstellen. Dort wird ein permanenter Hofrat für das Reich einschließlich der österreichischen Lande, bestehend aus 18 Personen, Adligen und Doktoren, die in bestimmtem Verhältnis, nicht ohne der Stände Zustimmung, aus den einzelnen Provinzen zu nehmen sind, mit den weitgehendsten

---

ny aussy des matières touchant les chevaliers de l'ordre et les aultres grands maistres de la maison, ny des limites, ny des prinses faictes sur la mer, ny des représailles, ny de l'office de l'admiral, ny des dons gratuitz, aydes et submissions accordez pour tout le pays ensemble, ny des priviléges des Lombars ny d'aultres nations estrangéres et de ce qui en dépend, de l'entrecours de la marchandise, des traittez de paix faictz avecq les princes voisins, ny des concordatz faictz avecq les archevesques et évesques, du faict de la monnoye, et de cent mille aultres matières journellement survenans.“

[1] Gaillard, CRH. 5. VI, 309. Vgl. auch Guicciardini, Descrittione 1567, p. 36 f.; französische Ausgabe 1582, p. 64 f. Auf folgende wichtige Notiz, die eine versteckte Bewilligung des Privilegium de non appellando für Luxemburg durch Maximilian auszusprechen scheint, möchte ich wenigstens hinweisen, da sie an einem etwas entlegenen Ort sich findet, und auch die Form eines Protokolls, die ich bei Giry (Manuel de diplomatique, cf. p. 785 über die Brevets) nicht finde, von Interesse ist. Im Archiv des Conseil de Luxembourg findet sich folgendes Billet: „Au jour d'uy, 5e de novembre, l'an mil IIIIc IIIIxx, les causes et procès encommencez ou grant conseil de mon très-redoubté seigneur Monseigneur le duc d'Austrice, de Bourgogne ...., entre les subgetz oudit pays de Luxembourg, ont par mondit très-redoubté seigneur esté et sont renvoyés par-devant les gouverneur et gens du conseil audit Luxembourg, pour illec en estre congneu et décidé par diffinitive. Fait à Luxembourg, le jour et an dessusdis.

Moy présent

De Comines.

(Van Werveke, Publ. de l'Instit. de Lxbg. 40, p. 303.)

[2] Die Urkunde findet sich Rec. des Ord. I, 448—450.

Regierungs- und Verwaltungsbefugnissen ausgestattet: nur die „geheimen großen Sachen" behält der Kaiser sich vor[1].

Wielant, der all diese Ereignisse aus nächster Nähe mit erlebte und wahrlich Übergriffe der Stände gehörig herausgehoben hätte, urteilt nur einfach (p. 137), Maria habe die Bitte der Stände bewilligt, „que désormais elle fist régir et gouverner iceuls ses pays en leurs natures et par gens d'iceuls ses pays, et non par estrangiers, en gardant à [chacun] sa liberté, franchise, privilèges, coustumes et usaiges." Er sieht das Unglück in ganz andern Dingen, denn er fährt fort: „Mais après la venue du ducq Maximilian, icelluy conseil vint en confusion[2], singulièrement pour ce que nul n'estoit payé de ses gaiges, aussy que rebouter les Bourgoignons lors, et estoit content que les Allemands surmontassent en conseil, tellement qu'il n'y avoit ordre ny règle, et de tant plus que les guerres et rébellions survindrent."

Aus der Zeit kurz vor diesen Wirren, nämlich aus dem Jahre 1482, haben wir ein umfangreiches Memoire „über die Nützlichkeit des Grand Conseil"[4], wie der Herausgeber es zutreffend benennt. Es behandelt (außer der Frage, ob dem Wunsch nach Entfernung aller Geistlichen aus dem Regierungsorganismus nachzugeben sei) die Forderung „einiger", „d'abolir et mectre à néant le grant conseil de la justice souveraine de mondit seigneur en délaissant en chacune chambre de Conseil de ses pays l'expédition de ladicte justice souveraine" (p. 470). Die Forderung ist also lediglich die, daß nun generell, nicht mehr nur für Brabant und den Hennegau, Appellationen und Evokationen von den Provinzialgerichtshöfen an das Grand Conseil unzulässig sein sollen. Es ist nun höchst interessant zu sehen, wie sich dem Verfasser die Fragestellung verschiebt. Auf jene spezielle Forderung geht er so

[1] Adler 477 f., Huber-Dopsch, Österreichische Reichsgesch.[2] 90 f., und sonst.

[2] Danach steht fest, daß die Behörde 1477 wirklich in Tätigkeit getreten war (anders Pirenne III, 12, auch n. 1).

[3] In der Regel bezeichnet das Wort Männer aus der Franche-Comté, die den burgundischen Herzögen wie noch Karl V. und Philipp II. die leitenden Juristen stellte. In unserm Fall ist der Ausdruck vielleicht in großburgundischem nationalen Sinne gemeint.

[4] Mitgeteilt von Frederichs CRH. 4. XVII, 470—481. Die Kopie des Brüsseler Archivs (ChC. 104, fol. 1—5), nach der das Stück publiziert wurde, ist nicht datiert, aber steht so auf gleichem Papier zwischen Dokumenten aus dem Jahre 1482, in der Schrift der Zeit, daß die Ansetzung kaum einem Zweifel unterliegt.

gut wie garnicht ein, sondern er verteidigt angelegentlich den Stand der Juristen und Geistlichen und demonstriert in einer langen Aufzählung (p. 475—481), deren Absicht auf Vollständigkeit dem Memoire eine grundlegende Bedeutung gibt, die Notwendigkeit des Grand Conseil für die den Provinzialgerichtshöfen von Natur entzogenen Gerichtssachen, für die Verwaltung und das politische Leben des Staates, in dem die Sachverständigenurteile der Juristen und eine geschickte, juristisch unanfechtbare Redaktion von Verträgen und Instruktionen[1] nicht entbehrt werden könnten. Mit dem ganzen weitschauenden Idealismus und doch wieder eng parteiischen Fanatismus der Juristen jener Jahrzehnte wird dargetan, daß man den „mauldictes parcialitez" der Niederländer auch keinen Schritt breit nachgeben dürfe. Die Stimmung des Ganzen bricht kraftvoll im Schlußsatz hervor: „Et pour conclusion, l'on dit communément: Qui de son serf fait son seigneur, vivre ne peult sans deshonneur" (p. 481). Es ist genau die Stimmung Pirennes im Urteil über das Große Privileg.

Für unsern Zusammenhang entnehmen wir dem Dokument vor allem, daß das Grand Conseil noch ganz umfassend allgemein der gelehrte Rat, der Rat der Juristen ist, aber doch nunmehr, umgekehrt wie 1473 (oben S. 13), im Hauptamt Gerichtshof geworden. Diese gerichtlichen Befugnisse sind jetzt namengebend: „Grand Conseil de la justice souveraine".

Vielleicht ist das Memoire von dem älteren Jean Carondelet selbst verfaßt worden, der seit dem 26. März 1480 Kanzler war[2]. Unter ihm, so sagt uns Wielant (p. 137), hat das Grand Conseil in leidlicher Ordnung der Pflege der Gerichtsbarkeit obgelegen.

---

[1] S. 479 f. Daß nicht etwa die Entscheidung über Krieg und Frieden usw. im Grand Conseil getroffen wird (das geschieht im vertrauten Rat), lassen die Ausdrücke deutlich erkennen. So ist etwa die Rede von Verhandlungen mit dem Papst, dem gegenüber man, wie es scheint, besonders gut seine Klauseln setzen muß, über „pluseurs grandes matières qui doivent estre advisées et instruictes par gens lettrez, expers et bien saichans pour respondre à tout" (p. 479).

[2] An diesem Tage schreibt Carondelet an Dadizeele, heute habe ihm der Herzog die Ehre erwiesen, „que de me baillier ses seaulx et me faire et créer son chancellier, et puisque il luy a pleu ainsi le faire, je me acquitteray au bien de luy, de ses pays et subgetz, et mesme ou fait de la justice au mieulx qu'il me sera possible" (Mémoires de Jean de Dadizeele, veröffentlicht von Kervyn de Lettenhove im Recueil de chroniques etc. concernant l'histoire de la Flandre-Occidentale, 3me série, Bruges 1850, 4°, p. 107).

Um so wirrer ist die Geschichte des die Regierung führenden Rates in dem Jahrzehnt nach dem Tode der Herzogin Maria 1482. Ende dieses Jahres konstituierte sich in Gent, wo die Kinder Maximilians zurückgehalten wurden, ein „Grooten raed", der im Namen des unmündigen Philipp im Gegensatz zu Maximilian die Regentschaft zu führen begann. Philipp von Cleve Herr von Ravenstein war „d'eerste ende d'oeuverste" dieses Rates [1]. Im Oktober 1483 hat Maximilian der organisierten Opposition ein Ende gemacht [2].

Während seiner Abwesenheit November 1485 bis Juni 1486 übergab er die Regierung den führenden Adligen des Landes, die Gerichtsbarkeit dem Kanzler Carondelet [3]. Ich übergehe die Zugeständnisse im Sinne des Großen Privilegs und zugleich des Regentschaftsrates von 1482/83, die der gefangene König 1488 den Ständen machte, freilich nicht hielt [4], und wende mich der von Chmel mitgeteilten Ordonnanz von 1493 zu, die Maximilian erließ, als er nach dem Tode Friedrichs III. die Regierung seinem Sohne Philipp dem Schönen übergab [5]. Wir haben es wie 1485/86 mit zwei völlig getrennten Ratskollegien zu tun. Das ist mehr als eine Fortsetzung der burgundischen Entwicklung in der Richtung auf Ablösung eines Gerichtshofes, muß vielmehr als eine Übertragung österreichischer Formen nach Burgund angesehen werden [6]. Während der burgundische Kanzler vorher und nachher auch dem vertrauten Rat präsidierte, und alle Regierungsangelegenheiten durch seine Hand gingen [7], wird er in unsrer Ordonnanz lediglich auf den Gerichtsrat (und die Kanzlei) beschränkt, dafür aber mit der Befugnis der Beamtenernennung für diese Behörden ausgestattet, während ihm

---

[1] So genannt in der Einsetzungsurkunde eines Audiencier vom 10. Juli 1483, veröffentlicht von Lameere in den Dokumenten zur Geschichte des Audiencier, CRH. 5. VII, 156—158.

[2] Pirenne III, 39.

[3] Nach Molinet, éd. Buchon, III, 4 ließ Maximilian Philipp zurück „en garde et tutelle de monseigneur de Ravestein .... Les pays demourèrent en la protection de monseigneur Philippe de Clèves, du comte de Naussou et aulcuns chefs de guerre ...., et l'administration de la justice en la main et conduict de Jehan Carondelet ... son chancelier, et de messieurs de son conseil ..."

[4] Pirenne III, 47.

[5] Siehe Anhang 2.

[6] Anders Bachmann (Die Behördenorganisation Kaiser Maximilians I., Neue Jahrbücher für das klassische Altertum usw., III, 1900), dessen Besprechung unserer Ordonnanz (p. 380 f.) nicht zuverlässig ist.

[7] Vgl. unten S. 24 und 21, Anm. 5.

zu den andern Räten nur das Recht des Zutritts gegeben wird[1]. Das entspricht aber der Stellung, die am deutschen Königshof z. B. Ulrich von Passau und Adolf II. von Mainz in dem „Doppelamt eines Kanzlers und Kammerrichters" inne gehabt hatten[2]. Noch deutlicher ist den burgundischen Traditionen fremd, völlig abweichend von dem noch in ganz freien Formen sich bewegenden Rat der hohen Herren, der unter dem ersten Adligen des Landes, Engelbert von Nassau, stehende kollegial organisierte Rat für Regierung und Verwaltung, der zwar im allgemeinen dem Herzog Philipp folgen, aber auch während seiner Abwesenheit ohne weiteres als Regentschaftsrat in Kraft bleiben soll. Schon der in Burgund unbekannte Name „Regenterie" (p. 544) erinnert an die österreichischen „Regimente" und „Regenten". Aus der deutschen Kanzlei übernommen sind die Unterschriftsformeln, nämlich für den Regentschaftsrat: „Per dominum archiducem per se ipsum", für den Gerichtsrat: „Per dominum archiducem in consilio" (p. 541, 543 f.).

Diese Einrichtungen Maximilians haben in Burgund nicht Wurzeln geschlagen. Aber auch ein regelloser Anstoß bestimmt die Richtung der Resultierenden mit. Freilich folgt unter Philipp dem Schönen eine Restauration der alten burgundischen Institutionen, in bewußter Reaktion gegen das von Karl dem Kühnen und Maximilian hereingetragene Fremde, so daß auch das Grand Conseil wieder ganz überwiegend als der Gesamtrat erscheint[3]. Aber eine schärfere Scheidung des Rates der „Grans maistres et affaires", wie Olivier de la Marche einmal sagt[4], von dem der Juristen ist deutlich erkennbar. Der Begriff „Conseil privé" tritt häufiger auf und beginnt eine technische Bedeutung anzunehmen.

---

[1] Chmel 539, 543: „Myne heer den cancellier sal verwaren den groeten zeghel, ende sal houden den raedt van den justicie, ende alse hem goet duncken zal, zoe zal moegen zyn in allen d'anderen raeden".

[2] Seeliger, Kanzleistudien I, MJöG. VIII, 1887, p. 3, 11.

[3] In den Rechnungen des Receveur général in Lille sehr häufig. Gedruckte Quellen aus diesen Jahren sind sehr spärlich. August 1496 heißt es, die Glieder der Chambre des Comptes von Brabant sind nach Mecheln gekommen „pardevers vostre chancellier de Bourgogne, monseigneur le conte de Nassou et autres de vostre grand conseil" (Gachard, Inventaires I, 124).

[4] Nach dem guten Manuskript Cart. Man. 795 fol. 1 v.°, das für die neue Ausgabe von Beaune et d'Arbaumont nicht benutzt worden ist (vgl. Anhang 1). Der Zusatz des Manuskripts in der Schrift der Zeit: „maistres et" ist in jedem Fall von Interesse, auch wenn er nicht von Olivier selbst stammen sollte.

Das war früher nicht der Fall, wie die Ausdrücke etwa 1462/63 deutlich erkennen lassen: „privetz affaires et secretz consaulx“, „secret et privé conseil“, „conseilliers commis à ses privez affaires“ [1]. Jetzt aber heißt es etwa am Schluß einer Zeugenreihe aus dem Jahre 1493: „et plusieurs autres du Conseil privé“ [2]; bald darauf gibt Nassau seinem Regentschaftsrat diese Bezeichnung [3]. In der Ordonnanz für die Hofhaltung vom 14. März 1497 (n. st.) [4] erscheint der Kanzler als Haupt des Grand Conseil, das Wielant zurückschauend einfach „Conseil de justice“ nennt (p. 139), Nassau aber als „Chef de notre conseil qui se tiendra en notre maison“ [5]. Juli 1497 heißt er direkt: „Chief du conseil privé“ des Erzherzogs [6]. Eine weitere Ordonnanz Philipps für die Hofverwaltung vom 1. Februar 1500 (n. st.) bezeichnet ein Mitglied des „Grand Conseil“ als „conseillier, maistre des requestes et du privé conseil de monseigneur [7].

Solche Erwähnungen weisen darauf hin, daß der vertraute Rat nach einer Organisation strebt. Aber sehr groß ist die Verschiebung seit dem großen Privileg doch nicht. Wie dort neben dem Grand Conseil, dem Reich der Juristen, als vertrauter Rat erscheinen „die Fürsten und Herren des Geblüts“ so ist noch immer der Gebrauch überwiegend, neben dem Grand Conseil nicht ein Conseil privé, sondern die Kategorie der Seigneurs du Sang zu nennen [8].

---

[1] Lameere 102 n, 103 n, vgl. oben Seite 12.

[2] In der Kommission Maximilians für die Adligen, die die auf Grund des Friedens von Senlis aus Frankreich zurückkehrende Margarete in Empfang nehmen sollen, datiert: Mecheln, 3. Juni 1493 (Dumont, Corps universel diplomatique III, 2, p. 310 f.).

[3] In einer Ordonnanz vom 28. Oktober 1493 spricht er von den „gens du privé conseil du roy (Maximilians) et de mondit seigneur (Philipps) lors estans vers nous (Ordonnantien ... ende Placcaerten van Vlaenderen, Eerste deel, Antwerpen 1662, p. 70).

[4] Siehe Anhang 2.

[5] CRH. 1, XI, 680: „Le comte de Nassou, 3000 l., et sera chef de notre conseil, qui se tiendra en notre maison, en l'absence de notre chancelier, et aura l'autre scel pour en user come luy avons ordonné.“ Man bemerke, daß formell dem Kanzler die Präsidentschaft auch im vertrauten Rat zurückgegeben ist.

[6] CRH. 2. III, 277. Auch B. 2162, fol. 165, bei der Buchung der Summe, die er für die Reise nach Frankreich erhalten hat, in deren Verlauf der Vertrag von Paris (vgl. oben Seite 3) geschlossen wurde.

[7] Aud. 22, fol. 125. Vgl. Anhang 2.

[8] Z. B. in der Ordonnanz von 1497 (CRH. 1, XI, 678), in der Proposition, die Maximilian 1499 den Generalständen macht (CRH. 3, XII, 160, 161, 162),

Es lag nicht mehr am Grand Conseil, daß die Scheidung beider Kollegien nicht zum Abschluß kam. Das Grand Conseil war lange reif zur Selbständigkeit. Anders aber das Conseil privé, das die Beihülfe der Juristen nicht entbehren konnte. Und so könnte man sagen, die Ordonnanz vom 22. Januar 1504 (n. st.), die das Grand Conseil als Zentralgerichtshof in Mecheln fixierte und dem Rat der hohen Herren einen Stab von Juristen beiordnete, habe nicht so sehr das Grand Conseil als vielmehr das Conseil privé neu geschaffen.

3. Das Grand Conseil de Malines seit 1504.

Die bisherigen Formulierungen für den grundlegenden verwaltungsgeschichtlichen Vorgang des Jahres 1504 [1] sind merkwürdig verschieden. Einfach von einer Wiederherstellung des Parlaments Karls des Kühnen reden Blok (I. 406) und Pirenne (III, 171). Das gibt keine Anschauung des Vorgangs, wohl aber die Sache, denn das Muster des Ediktes von Thionville ist zum Teil sogar für den Wortlaut maßgebend geworden; und zufällig fügte es sich noch, daß das Grand Conseil das alte Gebäude des Parlaments bezog. Was nun die Anschauung des Vorgangs betrifft, so ist am schiefsten die Formulierung von Alexandre (14), Philipp habe das Parlament wieder erstehen lassen (ressuscita) und es in zwei Abteilungen geschieden (divisa en deux classes). Nicht viel besser denken Frederichs (469) und Lameere (Audiencier 18) an Errichtung von zwei neuen Kollegien an Stelle der beiden alten, die aufgehoben worden wären. Ein wenig glücklicher ist Gaillard (310 f.), der von einer Teilung des Grand Conseil in zwei „départements" redet. Die Anschauung von Poullet (II, 302), daß Philipp von seinem ambulanten Hofrat einen örtlich fixierten Gerichtshof mit der Bezeichnung Grand Conseil abgelöst (détacher) habe, kommt der Wirklichkeit schon nahe. Wielant, der stellvertretende Vorsitzende der Behörde zu dieser Zeit, sagt (p. 142), Philipp „schickte zu dauerndem Aufenthalt nach Mecheln 16 seiner Maîtres des requêtes und schuf so einen örtlich fixierten obersten Gerichtshof (conseil souverain arresté); er behielt

---

in einer Chronik (Lalaing, Voyage de Phil. le Beau en Espagne en 1501, Coll. des voyages des souverains des Pays-Bas, I, 125).

[1] Der Druck Placcaerten van Brabant IV, 328—330 steckt voll von Fehlern. Aber in der Bestätigung des Grand Conseil durch Maximilian vom 8. März 1509 (n. st.) findet sich unsre Ordonnanz als Vorurkunde wiederholt (Rec. des Ord. I, 76—78).

bei sich zurück den Kanzler und 4 Maîtres des requêtes, woraus ein Hofrat wurde (conseil lez luy), den man das Conseil privé nennt". Aber diese, wenige Jahre nach der Einsetzung der Behörde geschriebenen Sätze sehen schon zu sehr auf das Resultat, die Entstehung zweier getrennter Kollegien. Sie lassen eine entscheidende Nuance vermissen, die in der Ordonnanz selbst deutlich zur Geltung kommt. Philipp bestimmt, weil die „immer" vom Grand Conseil geübte Gerichtsbarkeit leiden müsse, wenn die Behörde wie bisher dem Hoflager zu folgen habe, darum „establissons nostredit grand conseil (nicht also einen neuen Rat, sondern das alte Grand Conseil selbst) arresté" — d. h. einfach, die bisher ambulante Behörde wird an einem bestimmten Ort fixiert. Der erste Artikel setzt dann fest, das Grand Conseil solle in Mecheln bleiben, „pardessus quatre maistres des requestes, de nostre hostel telz que chosirons, qui nous suivront avec nostredit chancellier, l'évesque d'Arras, le domprévost d'Utrecht et maistre Gérard de Playne" — und noch deutlicher im nächsten Satz: „Oudit grant conseil aura, oultre et pardessus les dits maistres des requestes qui nous suyvront comme dit est, quatorze conseillers, assavoir: cinq d'église et neuf lays et ung président qui y présidera en l'absence de nostredit chancellier"[1]. Also das Grand Conseil selbst verläßt den Hof, muss aber einen Teil seiner nun gleichsam außerordentlichen Glieder dem Hofrat zurücklassen, zu dem ferner die hohen Herren und der Kanzler mit drei besonders ausgezeichneten gelehrt gebildeten Räten gehören[2]. Nur Fruin formuliert gelegentlich (p. 137) in dieser Art, wohl in engem Anschluß an das Dokument — einem zu engen Anschluß, denn er behält auch das Jahr „1503" bei, ohne in den neuen Stil umzurechnen.

Die in Mecheln zu beschäftigenden Maîtres des requêtes sollen auch künftig als „noz serviteurs domestiques" gerechnet werden und dürfen den Titel weiterführen: „Maître des requêtes de l'hôtel" (p. 77)[3]. So hält man in der Idee den alten einheitlichen Rat fest;

---

[1] Rec. des Ord. I, 76. Vgl. p. 454, in der Bestätigungsurkunde des Grand Conseil durch Karl V. vom 20. Dezember 1515.

[2] Die Fortsetzung gibt unser drittes Kapitel.

[3] Bei der Erwähnung einer Ordonnanz für die Hofhaltung vom 15. Dezember 1504 (vgl. Anhang 2) erfahren wir, daß Philipp an diesem Tage ernannt hatte eine Anzahl von „secrétaires ordinaires et domestiques pour servir et estre comptez les aucuns devers lui, et les aultres jusques

es heißt ausdrücklich noch einmal: „Et sera tout ung colliège" (p. 77). Es galten ja auch die Provinzialgerichtshöfe und sogar die Chambres des Comptes noch immer als Delegationen der alten Curia. Im allgemeinen hat das nur für das Personal dieser Behörden, nicht für die Organisation, eine praktische Bedeutung[1]. In unserm Fall aber wird ausdrücklich bestimmt, daß „jedesmal wenn der Kanzler in der Stadt sein wird, wo sich besagter Rat befindet, das neue Siegel des Grand Conseil ruhen, und der Rat in der Wohnung des Kanzlers abgehalten werden soll, wie es früher Brauch gewesen ist"[2]. Da nun aber der Hof bis zum Regierungsantritt Karls in Mecheln residierte, so ist (wenngleich es von 1507—1515 keinen Kanzler gab) die tatsächliche reinliche Scheidung der beiden Kollegien erst von 1515 an zu datieren. Die Regentschaftsverhältnisse kamen hinzu, um die Entwicklung noch einmal zu komplizieren.

Die Reise Philipps nach Spanien 1505—1506 machte eine Spaltung des Conseil privé nötig. Der kleinere Teil folgte dem König, der größere blieb zur Unterstützung des in den Niederlanden eingesetzten Lieutenant général Wilhelm von Croy Herrn von Chièvres zurück[3]. Nach der Ernennungsurkunde des Regenten vom 26. Dezbr.

au nombre de dix . ., pour . . résider en nostre ville de Malines, sans estre tenu le siévir" (Reg. mém. du Grand Conseil I, fol. 143 = And. 788, fol. 138). Als Maximilian durch Urkunde vom 1. Februar 1509 (n. st.) zu Brüssel von neuem Sekretäre für das Grand Conseil ernannte, bestimmte er: „Voulons et déclairons en oultre que noz secrétaires dessus nommez et chacun d'eulx joiront en et par touttes noz villes, pays et seigneuries de telz droiz, libertez, franchises et exemptions que font et doivent faire noz autres officiers et serviteurs domestiques comptez par les escroes de la despense ordinaire de nostre hostel, et comme font et feront noz conseillers et maistres des requestes résidans et ordonnez en nostredit grant conseil à Malines" (Aud. 788, fol. 139). Vgl. die Urkunde über Ernennung von Huissiers vom 28. Febr. 1509 (n. st.), die für Grand Conseil und Privé Conseil gemeinsam gilt (Rec. des Ord. I, 72—74).

[1] Vgl. vorige Anmerkung und die Bestätigung eines Exemptionsprivilegs für die Mitglieder der Chambre des Comptes zu Lille vom 22. Mai 1537, wo es heißt: „Car nous les tenons et reputons et voulons en tout et partout estre tenus de telle nature et condition d'exemption de touttes servitudes et exactions comme nos propres officiers domestiques et suivants nostre court, et non estre du nombre des mannans et habitans de nostre ditte ville [Lille], mais seulement y tenans résidence à nostre plaisir et rappel" (Rec. des Ord. IV, 31 f.). Dabei war die Chambre des Comptes seit 1½ Jahrhunderten eine selbständige, fast eine Landesbehörde.

[2] Rec. des Ord. I, 77. Der Präsident des Grand Conseil soll präsidieren „en l'absence de nostre chancelier"; vgl. oben S. 19 und 21, Anm. 5.

[3] Die Urkunde habe ich nicht gefunden. Aber Coll. des voyages des

1505[1] sollte er militärischer Oberbefehlshaber sein, die Verwaltung der Polizei und eine Oberaufsicht über die Gerichtsbarkeit stand ihm zu, er hatte Ämter zu vergeben, die Stände zu berufen, ja er erhielt Vollmacht zum Abschluß von Verträgen und Bündnissen; dazu war er seit 1504 Chef der Finanzen. Freilich muß von Bestimmungen in solchen Ernennungsurkunden in praxi manches abgezogen werden. Häufig ist nach einer geheimen Instruktion zu suchen, neben der öffentlichen, die dem Gouverneur für Notfälle die erforderliche Autorität geben soll[2]. In unserm Fall bleibt aber das allgemeine Bild einer unerhörten Zentralisation trotzdem bestehen. Da die Befähigungen des Gouverneurs den umfassenden Befugnissen entsprachen, war es nur natürlich, daß die beiden in Mecheln bleibenden juristischen Kollegien in dem in derselben Stadt residierenden Regentschaftsrat nahezu wieder aufgingen. Dieser Rat, der von Ende 1505 bis Anfang 1507 in Tätigkeit war, heißt nie Conseil privé (wie gelegentlich der von 1493 und regelmäßig der seit 1517). In vorsichtig gewählter Ausdrucksweise heißt er auch nicht Grand Conseil, sondern nennt sich: „Le conseil ordonné par .. le roy .. estant icy“ (in Mecheln)[3], oder als schon Maximilian die Vormundschaft übernommen hatte: „Vostre Conseil et de monseigneur vostre filz estant à Malines“[4], oder in einem Schreiben an die Chambre des Comptes zu Lille: „Les chancelier et gens de conseil de monseigneur estans lez lui à Malines“[5]; eine Formulierung, die Maximilian nicht sonderlich gefallen haben würde. Daneben ist freilich auch die Bezeichnung Grand Conseil für den Regentschaftsrat gebräuchlich[6].

souverains des Pays-Bas I, 345—372 ist gedruckt die vor der ersten spanischen Reise festgesetzte Hofliste (vgl. Anhang 2); dort findet sich p. 369 das Verzeichnis der dem Hof folgenden Maîtres des requêtes und Sekretäre, p. 371 f. der in den Niederlanden unter dem Regenten Engelbert von Nassau zurückbleibenden.

[1] Coll. des voyages etc. I, 491—493.

[2] Der Ernennung Margaretes zur Regentin vom 1. Juli 1519 folgt am 16. Juli eine einschränkende Urkunde: „Instruction et mémoire“ (Rec. des Ord. I, 688); der Kommission der Maria von Ungarn vom 27. September 1531 am 1. Oktober eine „Instruction particulière“ (Rec. des Ord. III, 260 f.).

[3] Am 4. Oktober 1506 (Coll. des voyages I, 556), vgl. 27. Oktober 1506 (Rec. des Ord. I, 4).

[4] Am 22. Febr. 1507 (Nijhoff, Gedenkwaardigheden uit de geschiedenis van Gelderland, VI, 1, p. 388).

[5] Am 13. Februar 1507 (Rec. des Ord. I, 8).

[6] Mehrfach in den Rechnungen des Receveur général, auch Rec. des Ord. I, 3, 5, 24.

Nachdem aber 1507 Maximilian und für ihn Margarete die Regentschaft übernommen haben, stehen Conseil privé und Grand Conseil sich deutlich und vielfach bezeugt als zwei getrennte Kollegien gegenüber.

Der Name „Grand Conseil" war ursprünglich, ebenso wie „Conseil privé" (oben S. 21), in seinem einfachen, anschaulichen Sinn gebraucht worden. Daß dieser Gebrauch nie ganz aufhört, bringt Launen in die Terminologie. Freilich ist der Sinn klar, wenn Margarete aus Anlaß der für die Niederlande so bedrohlichen Friedensverhandlungen zwischen Frankreich und England 1514 schreibt: „Et à ceste cause avons fait assembler ung grant conseil" (P. 27), d. h. zu der wichtigen Beratung möglichst viele Räte zusammengerufen. Schon mißverständlich ist es dagegen, wenn sie in demselben Sinne den Rat am Hofe Maximilians nennt: „Vostre grant conseil" [1]. Da ist der bestimmte Artikel nicht glücklich. Eine interessante Zwischenstufe zeigt uns noch eine Stelle in einem Memoire von der Hand Gattinaras, wohl von Anfang 1508 [2]. Gattinara hatte geschrieben: „Maximilian und Karl bestimmen auf den Rat „des gens de nostre conseil estantz lez nous." Das war zu allgemein geraten, darum wird verbessert: „des chevaliers de nostre ordre de la thoison d'or et gens de nostre grant conseil à Malines"; so nannte man ja auch früher erstens den vertrauten Rat, nur in unserm Fall nach einem etwas weiteren Kreis als dem der Herren des Geblüts (oben S. 21) benannt, und zweitens den gelehrten Rat. Wenn nun Gattinara schließlich die Worte „à Malines" wieder streicht, so zeigt sich, daß „Grand Conseil à Malines" schon Terminus technicus für den Zentralgerichtshof geworden ist (von dem er nicht reden will), während „Grand Conseil" allein noch den Hofrat bezeichnen kann. Aus derselben Zeit aber haben wir schon ein Beispiel der erfolgten

[1] Le Glay, Corr. de Max. et de Marg. II, 266.

[2] P. 59, 7 Seiten, überschrieben: „La minute des lettres que requiert madame touchant son cas particulier de Bourgongne"; undatiert, aber nach der Bemerkung, daß Margarete jetzt im dritten Jahr ihre Witwenrente aus Kastilien bezieht (das scheint nach dem Tode Philipps Ende 1506 geordnet zu sein), wohl in Verbindung zu bringen mit Corr. I, 41 vom 28. Februar 1508, wo Maximilian von Margaretes „cas particulier" schreibt. Es wird sich nur um die Schenkung der Franche-Comté handeln können, die ihr schließlich durch Urkunde vom 17. Februar 1509 bewilligt wurde (Quinsonas II, 197—202; vom Herausgeber fälschlich zu 1508 gesetzt). Vgl. die neuerdings von Kooperberg (siehe Anhang 1) veröffentlichten Briefe Gattinaras von August 1507 bis März 1508.

Erstarrung des Begriffs Grand Conseil zum Terminus technicus für den Zentralgerichtshof, das nicht überboten werden kann. Dezember 1509 wird das Conseil de Brabant in Kompetenzansprüchen dem Grand Conseil gegenüber abgewiesen, „attendu que les président et gens du conseil à Malines sont le grand conseil de mesdits très redoubtés seigneurs en général, sans limitation des pays“ [1]. Da haben wir nicht mehr nur eine Identität der Sache und der Bezeichnung (das Grand Conseil ist Zentralgerichtshof; der Zentralgerichtshof heißt Grand Conseil), sondern eine Identität des Begriffs; es kann nur übersetzt werden: „Der Mecheler Rat ist der Zentralgerichtshof.“ —

Ich hielt es für nötig, diesen Prozeß der Namensverschiebung und Begriffserstarrung einmal genauer zu verfolgen. Denn er ist typisch und gilt, mutatis mutandis, in vielfacher Anwendung in allen Staaten des ausgehenden Mittelalters. Ein auf einigermaßen umfangreicher Aufnahme des Materials für einen begrenzten Zeitraum ruhender Versuch dieser Art ist noch nicht gemacht worden, so sehr die Arbeiten von Valois zum französischen Conseil und die schöne Zusammenfassung von Pike zum englischen Rat diese Fragen berühren. —

Ich verfolge die Geschichte des Grand Conseil nicht weiter. Es steht von nun an abseits von der lebendigen Fortentwicklung der Zentralbehörden, die ich zu beschreiben suche. Aber darum war seine Bedeutung für die Zentralverwaltung nicht zu Ende. Diese vom Hof isolierte Behörde, lediglich aus Juristen bestehend, verkörperte in sich den Geist der Rechtsgelehrten jener Zeit. Es ist bekannt, wie die Juristen es gewesen sind, die in die feudale kleinliche Zerrissenheit eine größere, stärkere, bedeutendere Welt hineingetragen, die mit der Wucht eines fast religiösen Glaubens das Evangelium von Recht und Ordnung und Beamtenpflicht und Zentralisation durchgesetzt haben. Die feudale Reaktion, die nach dem Regierungsantritt Karls V. wieder gestärkt wurde, von den Regentinnen nicht überwunden werden konnte und noch den Charakter des Aufstandes wesentlich bestimmt, fand im Grand Conseil ihren entschiedensten Bekämpfer. Besonders ist das Protestieren der Behörde gegen die Errichtung neuer großer zusammenhängender Adelsherrschaften in den Niederlanden hervorzuheben (Wielant 159—161). So begreift sich, daß sie angefeindet wurde und 1515 nahe daran war, wieder abgeschafft zu werden.

[1] Rec. des Ord. I, 111 f.

Man sagte, „qu'il estoit inusité et ne servoit de rien, puisque chascun pays avoit son conseil à part, aussy estoit-il trop rigoureux et vindicatif, et sans aulcune civilité, et estoient pluisieurs grands personnaiges qui avoient esté condemnez audict conseil" (Wielant 147). In der Tat, „civilité" gegen die hohen Herren paßte nicht zu jenem Geist, der alle Einzelfragen, in die die Entwicklung sich verlieren will, heftig beiseite schiebt mit dem Wort: „Et pour conclusion, l'on dit communément: Qui de son serf fait son seigneur, vivre ne peult sans déshonneur"; nicht zu dem Geist, der einen ihrer Führer die wuchtigen Worte bewunderungswürdigen Pflichtbewußtseins hat schreiben lassen: „Lesdictz du grand conseil ainsy instituez pour acquitter leur serment et faire la raison à chascun, sans faveur ny dissimulation, et sans acceptation de personne et aussy bien contre le grand que contre le petit, vuidèrent tous procès à la rigueur, dont ilz, et mesme le président, encourusrent indignations des grans maistres et de plusieurs aultres condemnez. . . . Touteffois ilz ne laissèrent point pourtant de tousjours passer oultre, et continuer leur sévérité et rigueur de justice contre tous, sans fleschir pour l'ung ni pour l'aultre" (Wielant 145). Diese Stimmung ist rein an Idealen orientiert, hat gar keine Fühlung mit der Wirklichkeit und ihren Einzelfragen und Einzelansprüchen. Das hat ihr die Wucht und die siegende Kraft gegeben. Wir werden an einem Beispiel aus dem Leben Gattinaras, der der eigentlich typische Vertreter der im Humanismus lebenden Juristen in dem uns beschäftigenden Kreise ist, in fast bizarrer Steigerung die ganze Schwäche und Gefahr dieses unhistorischen Idealismus sehen.

4. Die Gerichtsbarkeit.

Auf die Organisation und Prozedur des Grand Conseil als eines Gerichtshofes kann ich hier nicht eingehen. Das Verfahren ist nichts dieser Behörde Eigentümliches. Es sind die damals allgemein in einem Gerichtsrat gebräuchlichen Formen. Ausführlich handelt davon Gaillard, Conseil de Brabant II und III. In diesen Dingen kann aber nichts die Quellen ersetzen: die große Ordonnanz für das Grand Conseil vom April 1522 [1], die Instruktionen für das Conseil de Flandre vom 18. Juni 1510 und 9. Mai

[1] Rec. des Ord. II, 173—187.

1522[1], für das Conseil de Brabant vom 7. Juni 1522[2], für das Conseil de Namur vom 18. Januar 1529[3]. Van Werveke hat zahlreiche Beispiele von Gerichtsurkunden veröffentlicht[4]. Man nehme dazu die Kompetenzstreitigkeiten mit dem Pariser Parlament über Flandern und Artois, von denen Wielant so ausführlich handelt[5], die Exemption des Hennegau (oben S. 15 f.), die Auseinandersetzungen des Grand Conseil mit dem Conseil de Brabant[6], mit dem Conseil de Flandre, das am 16. November 1517 das Recht des Urteilens in letzter Instanz für Kriminalsachen erhält[7], mit der konkurrierenden Gerichtsbarkeit des Conseil privé[8]. In seiner Arbeit über das Grand Conseil gibt Matthieu[9] die Reproduktion eines Gemäldes des Mecheler Museums, eine Sitzung des Parlaments unter Karl dem Kühnen darstellend. Leider sind die Namen und Titel der Personen und Gruppen fortgelassen worden: In der Mitte erhöht thronend der Herzog, zu seiner Rechten 6 Maîtres des Requêtes, darunter Thomas de Plaine († 1507 als Kanzler), anschließend 12 Conseillers lays, darunter Wielant, links vom Herzog der Kanzler (Hugonet), der Chef du conseil, dann die „Présidens et chevaliers", dann 10 Conseillers d'église; im Mittel- und Vordergrund die Secrétaires, Greffiers, Avocats fiscaux, Procureurs généraux, der Receveur des exploits, der Huissier und Volk.

Nicht aber darf ich den Versuch unterlassen, ein Bild von dem Charakter der Gerichtsbarkeit zu geben, so weit sie den zentralen Verwaltungsorganen am Hof auch künftig zu schaffen macht. Freilich wird niemand in diesem Zusammenhang eine vollständige Behandlung des Gegenstandes erwarten. Dazu müßten in weitem Umfang territoriale Fragen herangezogen werden. Aber auch der Versuch, wenigstens Systematik, wenn auch nur in einer Skizze, zu geben, stößt auf Schwierigkeiten. Denn außer der all-

---

[1] Rec. des Ord. I, 136—139, II, 192—206; vgl. die Spezialbestimmungen über Sekretäre und Siegelrechte vom 17. Febr. 1516, ib. I, 466—469.

[2] ib. II, 217—223.

[3] ib. II, 528—540, vgl. die Bestimmungen vom 26. Februar 1510, ib. I, 115—117.

[4] Vgl. Anhang 1.

[5] Vgl. auch die von Höfler edierten Depeschen Quirinos August 1505, AöG. 66, 1885, p. 144 f.

[6] Rec. des Ord. I, 111 f.

[7] ib. I, 597 f.

[8] ib. I, 577 f., II, 573.

[9] A. Matthieu, Histoire du Grand Conseil de Malines, Annales de l'académie d'archéologie de Belgique XXX, 1874, p. 171—372. Die Arbeit ist sehr unzulänglich.

gemeinen Bestimmung der Ordonnanz von 1504, daß das Grand Conseil lediglich die eigentlichen Prozeßsachen zu erledigen hat, ist in der Abgrenzung der Befugnisse kaum noch Systematik vorhanden. Und auch jene Bestimmung wird wieder möglichst allgemein eingeschränkt, wenn es heißt: „sauf que pourrons évocquer pardevant nous et nostre conseil estant lez nous telles causes que bon nous semblera, selon que le cas le requerra [1].“ So handelt es sich in der Kompetenzabgrenzung zwischen Grand Conseil und Conseil privé in Prozeßsachen um Einzelfragen; indem entweder von Fall zu Fall entschieden wird, welche Behörde sich mit einer bestimmten Sache zu beschäftigen hat; oder indem generell etwa bestimmt wird, daß für alle Streitfragen, die über Privilegien der Kirche von Cambrai entstehen können, das Grand Conseil zuständig sein soll [2]; oder indem Personengruppen, wie den Ordensrittern, den Hofbeamten und den Gliedern des Grand Conseil und des Conseil privé, das Privileg gegeben wird, auch vom Conseil privé gerichtet werden zu dürfen [3]; oder, um noch eine besonders wichtige Bestimmung herauszuheben, wenn 1515 die Finanzgerichtsbarkeit dem Grand Conseil genommen und dem Conseil privé gegeben wird [4]. Noch mehr Schwierigkeiten werden einer systematischen Darstellung dadurch geboten, daß man nur sehr ungern das Conseil privé mit den langwierigen Prozessen beschäftigte, vielmehr in der Regel eine besondere, ad hoc zusammengesetzte Kommission mit ihrer Erledigung beauftragte.

Unter diesen Umständen wird ein konkretes Beispiel am besten zeigen, um was es sich handelt. Ich wähle einen damals berühmten Prozeß, der wegen der ungewöhnlichen Verhältnisse und der ungewöhnlichen Persönlichkeit, mit der wir es zu tun haben, uns einigermaßen die ganze Reihe der Möglichkeiten vorführt.

Mercurino di Gattinara, der aus Savoyen der verwitweten Herzogin Margarete von Österreich gefolgt war, um dann in allen Welthändeln Maximilians seine Hand im Spiel zu haben und schließlich 1518 Großkanzler und bald leitender Minister Karls V. zu

[1] Rec. des Ord. I, 76. Mit der Zeit werden solche Evokationen seltener; vgl. Beilage 7.

[2] Registres mémoriaux du Grand Conseil I, fol. 557—563.

[3] Bei den Kompetenzabgrenzungen gibt es Verwicklungen genug, vgl. Rec. des Ord. II, 573.

[4] Wielant 147 f., 149. Vom Standpunkt der Chambre des Comptes gesehen ist es ein Privileg, daß die Behörde nun ressortiert direkt „par-devant la personne du prince et du chancellier“, oder, was dasselbe ist, „devers sa personne et en son conseil privé“ (Wielant 113 f.).

werden, — Gattinara hatte am 12. November 1511, der Gesandtschaftsreisen müde, und gewillt, ganz seinem Amt als Präsident des Parlaments zu Dôle zu leben, die Herrschaft Chévigny bei Dôle von Claude de Champdivers für 6000 frs. gekauft (fol. 148)[1], am 22. November die Zustimmung des Marschalls der Franche-Comté, Guillaume de Vergy, im Namen Margaretes erhalten, am 25. November feierlich von Schloß und Herrschaft Besitz genommen, am 9. Dezember zur größeren Sicherheit eine ausdrückliche Übertragung der „en lieu limitrophe" gelegenen Seigneurie als Lehen von Margarete erwirkt. Am 11. Oktober 1512 hatten die Kinder des Champdivers vor dem Bailli von Dôle ihre Zustimmung zu Protokoll gegeben. Aber gestützt auf eine zu Recht bestehende, schriftlich fixierte Coutume der Franche-Comté, nach der altes Familiengut innerhalb Jahr und Tag von den nahen Verwandten des Veräußerers wieder zurückgekauft werden kann[2], ließen zwei Nichten jenes Champdivers, Anne und Marguerite, verheiratet an die Brüder Claude und Nicolas de Cicon, Gattinara am 8. November 1512, also kurz vor Ablauf der Frist, auffordern, ihnen Chévigny zurückzugeben; die Kaufsumme liege bereit (fol. 149 v°).

Gattinara weigert sich. Die Frage nach der Beurteilung dieses psychologischen Rätsels (er hat natürlich seinen Prozeß in allen Instanzen verloren) muß ich unten berühren. Die Damen machen noch an demselben Tag die Sache durch eine Requête anhängig beim Bailli von Dôle, „juge ordinaire en ceste partie" (fol. 150). Auf Vorladungen durch den Sergeanten der Baillage zum 10., 12. und 15. November erscheint Gattinara nicht (es waren Mißverständ-

---

[1] Hauptquellen für das Folgende sind die Sentenzen des Grand Conseil de Malines vom 26. Oktober 1515 und 31. Oktober 1517 in den „Registres aux sentences" des Grand Conseil, von 1515, fol. 148—164, und von 1517, fol. 206 bis 226. Es sind die Nummern 332 und 334 des in Brüssel aufbewahrten Archivs des Grand Conseil. Eine Neuordnung und Inventarisierung dieses Fonds ist in Vorbereitung. Wenn man bedenkt, daß meine Angaben nur die Umrisse aus einem überreichen, auf nicht weniger als 76 Folioseiten ausgeführten, Material herausnehmen, so wird die Bedeutung dieser Dokumente für eine lebendige Anschauung von der Gerichtsbarkeit jener Zeit einleuchten. Man sollte einmal die Akten eines so instruktiven Prozesses wie des vorliegenden vollständig herausgeben. Über das Zustandekommen der Sentenzen kann man sich nach der Ordonnanz für das Grand Conseil von 1522, Nr. 30 und 31, unterrichten (Rec. des Ord. II, 176 f.).

[2] „Et s'estoient lesdites damoiselles demanderesses fondées sur la coustume générale de nostre conté de Bourgogne, rédigée par escript, par laquelle le parent povoit retraire par droit de proximité la chose vendue par son parent, parmy rendant le pris et les frais raisonnables dedans l'an et jour" (fol. 157).

nisse mit untergelaufen), erhält Unrecht und legt am 16. November 1512 Protestation beim Parlament zu Dôle ein (fol. 152). An dieser Behörde (sie entspricht, obwohl mit höherer Autorität ausgestattet, doch ungefähr einem Provinzial-Conseil in den Niederlanden) ist am 4. Mai 1513 die Sache „instruit et mis en estat de jugier". Die gründlichen Gutachten des Parlaments über das Vorgehen des Bailli scheinen aber die Angelegenheit nicht besonders geklärt zu haben, denn als die beiden Damen Januar 1514 (n. st.) in einer andern Sache mit dem Parlament zu tun bekommen, fordern sie, daß der Präsident Gattinara, mit dem sie in einen großen Prozeß am Parlament verwickelt seien, von den Verhandlungen ausgeschlossen werde. Da Gattinara erklärt, von diesem Prozeß nichts zu wissen, trägt das Parlament am 8. April 1514 den Damen auf, bis zum 8. Mai ihre Behauptung zu begründen. Als der Termin verstrichen ist, wird ihnen über die Angelegenheit „perpétuelle silence" auferlegt, aber nachträglich doch noch mit Gattinaras Zustimmung die Frist verlängert. Nun aber reichen sie bei Margarete selbst eine Requête ein, „par laquelle elles suspectoient toute nostredite court de parlement à Dôle, et en chargeant et notant aussi nostredit président illecq d'avarice, de convoitise et de pluiseurs autres faultes", und bitten, die ganze Sache zu „évocquier .. en nostredite court .. par-devant nostre personne" oder unverdächtige Kommissare (fol. 154). Margarete bewilligt die Bitte und beauftragt am 30. Juli 1514 das Grand Conseil de Malines mit der Erledigung der Angelegenheit (l'entière congnoissance des dites causes, procès et différens)[1]. Nachdem mehrfache Versuche, auch Maximilians, „pour abatre la rigueur en ceste partie et accorder lesdites parties" (fol. 163 v°), vergeblich gewesen sind, geht die Verhandlung ihren Gang, und am 26. Oktober 1515 wird Gattinara verurteilt, Chévigny den Damen zurückgegeben und die Kosten des Prozesses zu tragen (fol. 164). Eine Beleidigungsklage, die sich gegen die Behauptung wendet, er habe seine Stellung als Präsident des Parlaments dazu benutzt, das Gut billig an sich zu bringen, geht am Grand Conseil fort[2].

---

[1] Das Grand Conseil gilt als eine von Margarete für diesen besonderen Fall eingesetzte Kommission, wird gelegentlich am 21. Juli 1517 von ihr genannt: „les président et autres conseilliers du conseil du roy monseigneur et nepveur à Malines, commis et déléguez par nous au lieu de nostre court de parlement de Dôle à la vuydange dudit procès" (P. 35). So gehen auch die Sentenzen in der Form von Urkunden Margaretes aus: „Marguerite .. salut" usw.

[2] In einem Memoire an Margarete aus dieser Zeit (vgl. u.) verwahrt er

Größere Sorgen, ein Konflikt mit dem Marschall Vergy, woraus ein kleiner Bürgerkrieg zwischen Adel und Beamtenschaft in der Franche-Comté entstanden war [1], auch eine Reise nach Deutschland [2], zwangen Gattinara, seinen Prozeß einige Monate ruhen zu lassen. Aber Anfang Juni 1516 reichte er bei Margarete eine Requête ein, in der er das Urteil anfocht, da „erreur tant de droit que de fait" vorliege [3], und zugleich bat, anstatt derer vom Grand Conseil, „qu'il tenoit pour suspectz, avoir autres juges non suspectz" [4]. Darauf ließ Margarete am 20. Juni 1516 lettres patentes ausfertigen, „pour faire adiourner pardevant nous en nostre privé conseil [5] lesdites demoiselles" (fol. 208). Diese Vorverhandlung im Conseil privé wird aber vereitelt durch eine Gegenvorstellung der Damen, die Margarete veranlaßt, am 28. Juli 1516 den Jehan Gormet Propst von Béthune, der auch „raporteur" des Prozesses gewesen war, und einen Huissier des Grand Conseil zunächst mit der Ausführung des Urteils von 1515 zu beauftragen. Die beiden begeben sich am 2. September 1516 zu Gattinara nach Brüssel und fordern ihn auf, Chévigny zurückzugeben; zur Festsetzung alles Einzelnen laden sie ihn oder einen Stellvertreter vor sich zum 10. Oktober 1516 morgens 9 Uhr ins Hôtel zum goldenen Löwen in Dôle (fol. 209).

Unterdessen befassen sich am Hof alle Instanzen mit der Frage wer über Gattinaras Forderung der Revision des Urteils zu befinden habe. Da das Grand Conseil für befangen erklärt worden ist, Margaretes Conseil privé, dessen Chef Gattinara ist, zu sehr

---

sich gegen diesen Vorwurf (p. 271 f.). Er versichert, wenn er von den Parteien jemals einen einzigen Pfennig genommen habe, „je me submetz à perdre la teste" (p. 281).

[1] GGA. 1908, p. 282, zu Nr. 591.

[2] GGA. 1908, p. 283, zu Nr. 623.

[3] Von hier an nach dem Registre aux sentences von 1517.

[4] In einem Brief vom 7. Juni 1516 aus Dôle an Margarete (P. 33) zeigt er ihr die Einreichung der Bittschrift an über seine „proposicion d'erreur et de nullité"; er werde sich bei ihr einfinden „accompaigné d'une couble de bons advocatz qui vous démonstreront mon cas mieulx que moy".

[5] Der Verwaltungsorganismus Margaretes ist ganz dem Karls V. analog. Daher sind alle Behörden und Ämter am Hof doppelt vertreten, was leider zu endlosen Verwechslungen führt. So prangt z. B. Gattinara im Titel der (sehr unzulänglichen) Studie von Le Glay über ihn (Mémoires de la Société royale des sciences etc. de Lille, Année 1847, 1re partie, p. 183—260) als „Chef du Conseil privé des Pays-Bas", während er nur Chef des Conseil privé Margaretes gewesen ist, freilich einmal beinahe daneben auch Chef des Conseil privé der Niederlande geworden wäre (Vgl. GGA. 1908, p. 274).

beteiligt scheint[1], prüft eine Kommission, bestehend aus dem Kanzler Sauvage und einigen andern Gliedern des Conseil privé Karls V., die Angelegenheit, und auf ihren Rat schickt Margarete am 23. September 1516 die Sache an das Grand Conseil zurück. Gattinara habe nur das Recht, mit besonderen Gründen einzelne als befangen abzuweisen; die Ausführung des Urteils von 1515 solle trotzdem ihren Fortgang nehmen (fol. 210)[2].

In der Tat verhandeln die Kommissare im goldenen Löwen zu Dôle einen Monat lang mit Gattinaras „procureur" Jacques Basan, und begeben sich schließlich am 8. November 1516 nach Chévigny, um die Herrschaft für die beiden Damen in Besitz zu nehmen, finden aber alles verschlossen und verbarrikadiert und müssen sich damit begnügen, die Bewohner aufzufordern, Gattinara künftig nicht mehr als ihren Herrn zu betrachten. Gegen dies Vorgehen der Kommissare legt Gattinara ebenfalls Berufung ein. Diese (zweite) Sache wird zuerst im Conseil privé Margaretes („pardevant nous en nostre conseil") eingeleitet; ja am 7. März 1517 hat die Fürstin „retenu à nous la congnoissance des susdites matières appellatoires." Aber wieder auf den Rat des Kanzlers und des Conseil privé Karls V. hat sie am 18. Juni 1517 diesen Beschluß aufgehoben

---

[1] Vgl. auf dem der Rats- und Kanzleiordnung Margaretes vom 17. Dez. 1516 beigelegten Zettel (unten Beilage 4) die merkwürdigen Bestimmungen über die Verwahrung des Siegels, so lange Gattinaras Prozeß nicht erledigt sei.

[2] Wir haben aus der Zeit kurz nach dieser Bestimmung eine Denkschrift Gattinaras an Margarete, das menschlich interessanteste Dokument, das mir im Verlauf meiner Arbeiten begegnet ist. Trotz einiger Auslassungen füllt es gedruckt 50 Seiten (G. Claretta, Notice pour servir à la vie de .. Gattinara, Mém. et doc. publ. par la soc. savoisienne d'hist. et d'archéologie, Bd. 37, Chambéry 1898, p. 260—309). Die Ansetzung Clarettas zu 1517 (Notizie per servire alla vita ... di Gattinara, Memorie della R. accad. delle scienze di Torino, Ser. 2, Bd. 47, 1897, 4°, p. 83) ist irrig. Nach p. 304 ist Gattinara vor drei Jahren auf einer Ständeversammlung zu Salins gewesen; er war aber am 23. September 1513 aus den Niederlanden in die Franche-Comté zurückgekehrt (B. 2237, fol. 294 v°), und die Ständeversammlung ist Dezember 1513 und Januar 1514 bezeugt (Lettres de Louis XII, Tome IV, p. 223, P. 26). Das damals abgelegte Gelübde hat sein Beichtvater vor zwei Jahren abgeändert (p. 304); von den beginnenden Verhandlungen über diese Änderung ist am 12. Februar 1514 die Rede (Lettres de Louis XII, Tome IV, p. 240 ff.). Er ist jetzt seit einiger Zeit aus der Franche-Comté in die Niederlande gekommen (p. 261), [nämlich Juni oder Juli 1516 (vgl. oben S. 33 Anm. 4). Wenn er sich endlich beklagt, daß er mit seinem Prozeß wieder nach Mecheln geschickt sei, und daß er die „Befangenen" einzeln namhaft machen solle (p. 264), so ist die Denkschrift sicher kurz nach 23. September 1516 zu setzen.

und die ganze Sache an das Grand Conseil zurückgeschickt (fol. 217)[1].

Es sind nun glücklich vier Prozesse, die hier, kompliziert vereinigt und getrennt, zur Verhandlung stehen: 1. Die Revision des Urteils von 1515 („la matière principale de Chévigny")[2], 2. Appellation gegen die Beschlüsse der Kommissare in Dôle („appellacions de l'exécucion de l'arrest sur icelle matière principale"), 3. Appellation wegen der Kosten des Prozesses von 1515 („sur la taxe des despens du principal procès"), 4. die Beleidigungsklage. Am 8. Juli 1517 beginnen die Verhandlungen (fol. 218), am 9. Juli hat Gattinaras Advokat eine glänzende Rede gehalten[3]; aber trotz aller Bemühungen[4] läßt das Resultat sich bald voraussehen. Da scheint Gattinara, als alle Instanzen erschöpft waren, das Unerhörteste versucht zu haben, nämlich beim Papst, der höchsten sittlichen Autorität, das Recht zu suchen, das ihm nach seiner Meinung verweigert wurde[5]. Ein energisches Einschreiten Karls und Margaretes wird

---

[1] Von der Zurückweisung des Versuches, trotzdem noch persönlich etwas bei Margarete zu erreichen, meldet folgender Zettel aus P. 35, von der Hand des Des Barres (vgl. GGA. 1908, p. 262), wieder eine Willensäußerung in der Form eines Protokolls (vgl. o. S. 16 Anm. 1): „Aujourd'hui XXVI[e] de juing XV[c] XVII ceste requeste a esté présentée à madame par monseigneur le président de Bourgogne suppliant en icelle: laquelle sans l'avoir veue elle revoye à messeigneurs les président et gens du grant conseil à Malines, pour y pourveoir selon que de raison, et entant faire le semblable de toutes autres requestes qui luy seront présentées concernantes le procès de Chévigny. Fait à Bruges les an et jour que dessus.

Marguerite [eigenhändig].

[2] Die Ausdrücke nach einem Brief des Grand Conseil an Margarete vom 7. September 1517 (vgl. unten Anm. 5).

[3] Gattinara an Margarete, Mecheln 9. Juli 1517: „Aujourd'huy ha esté plaidoyé ma matière bien amplement et élégantement par monsieur l'advocat présent pourteur: qui luy ha aquis grand honneur" (P. 35).

[4] Er schreibt am 9. Juli 1517 aus Mecheln an Margarete, er habe nun drei Wochen lang nur für seinen Prozeß Zeit, denn seine „escriptures seront grandes et requièrent tout l'homme" (P. 35). Es ist erstaunlich, was alles er in diesen „grandes, longues et prolixes escriptures", wie das Grand Conseil sich ausdrückt (Reg. von 1517, fol. 218), an Rechtsgründen vorbringt, die alle geduldig im Urteil widerlegt werden; etwa in der Form: „Quant à ce que l'on avait besongné en une hostelerie et taverne et non en lieu publique, ladite hostellerie, où pendoit pour enseigne le lyon d'or, estoit lieu décent et honneste sans vilité aucune, et tel que les princes et princesses et mesmes nous avions accoustumé de y logier" (fol. 222 v°).

[5] Das Grand Conseil an Margarete, 7. September 1517: „Madame, nous sommes advertiz, que le président de vostre parlement de Dôle s'est party seul avec ung homme tirant à Rome, pour se plaindre au pape de

ihn davon abgebracht haben. Es bleibt zunächst bei der neuen Sentenz des Grand Conseil vom 31. Oktober 1517: „Disons et déclarons que l'appellant a appellé sans grief" (fol. 225). — Bald führt dann sein Konflikt mit den feudalen Gewalten der Franche-Comté zu seiner Absetzung vom Amt des Parlamentspräsidenten. Er zieht sich nach Savoyen zurück, wird aber Ende 1518 zum Großkanzler Karls V. berufen. Als solcher hat er den Prozeß wieder aufgenommen; und noch sein Testament[1], datiert Barcelona, 23. Juli 1529, fordert mit leidenschaftlicher Bestimmtheit, daß er fortgeführt werde bis zur Wiedergewinnung von Chévigny. —

Man wird nicht leicht ein Beispiel finden, das lebendiger anschaulich machte, was bei einem Prozeß, der an den Zentralbehörden ausgetragen wurde, möglich war und noch für möglich gehalten werden konnte. Wir haben die typische Form des Instanzenzuges gesehen, von den niederen Jurisdiktionen, in unserm Fall der Baillage, über eine Mittelbehörde, das Provinzialparlament, an die Zentralbehörde. Daneben haben wir die freien, schwankenden Formen beobachten können, das direkte Eingreifen der fürstlichen Autorität, Margaretes, auch Karls V., ja des Kaisers Maximilian, und als bizarre Möglichkeit das des Papstes[2]; auch die Unsicher-

---

faulte de justice touchant son procès de Chévigny et les dépendences, et entend là fai[re] aler la matière et y estre congneue et décidée, qui seroit emprinse non jamais veue en cas semblable, et de très malva[ise] conséquence, grandement à la foule de vostre juridiction, et de tant pire qu'elle se feroit par ung chief de justice." Man habe sich eifrig mit all seinen Appellationen beschäftigt. „Parquoy il n'a cause se plaindre de faulte de justice; mais y a grande matière pour povoir procéder contre luy, qui en ses escriptes et diverses requestes parle en grande irrévérence contre vous, madame, monsieur le chancellier, et tous autres qui se sont meslez et meslent de la matière. Et sera besoing pour garder la haulteur de vous, madame, y remédier, mesmes contre emprinse de se tirer à Rome, comme en avons aussi présentement escript au roy nostre seigneur" (P. 35).

[1] Veröffentlicht von V. Promis in den Miscellanea di storia Italiana XVIII (Turin 1879), p. 61—147. Über den Prozeß p. 106 f.

[2] Hätte es sich um eine Sache aus Flandern gehandelt, so würde auch das Pariser Parlament in Frage gekommen sein. Eine Kassierung eines Urteils des Grand Conseil de Malines durch das Pariser Parlament vom 10. Januar 1508 (n. st.) findet sich Rec. des Ord. I, 39—41. Es ist bekannt, daß Maximilian 1488 Aussicht hatte, vom Pariser Parlament als Hochverräter abgeurteilt zu werden. Für die Gebiete östlich der Schelde war rechtlich oberste Instanz „nostre chambre impériale", wie Maximilian 1507 wenigstens noch einmal drohen kann (Le Glay, Corr. de Max. I, 3).

heit dieses Eingreifens, das an objektive Rechtsgründe sich gebunden achtet. Wir sahen endlich, daß man lieber als dem Conseil privé vielmehr einer ad hoc eingesetzten Kommission[1] die Erledigung eines Prozesses überträgt, wenn irgend möglich aber dem Grand Conseil de Malines, das so auf Umwegen Appellationsinstanz werden kann selbst für die Franche-Comté, obwohl diese Landschaft nicht zu Karls V. Landen gehörte, sondern Eigentum Margaretes war.

Das Beispiel mag geeignet sein, einen falschen Eindruck von der Persönlichkeit Gattinaras zu erwecken. Die Geschichte wird vor allen Dingen den heiligen Ernst, die tiefe Innigkeit, die hinreißende Kraft seines Idealismus festzuhalten haben, die von tiefgehendstem Einfluß auf die Charakterbildung Karls V. gewesen sind, denn Gattinara war weitaus die überragende Persönlichkeit in dem Kreis, von dem wir handeln. Fragen wir, wie dieser Mann einen so törichten und aussichtslosen Prozeß unternehmen und das Recht geradezu mit Füßen treten konnte, so ist in unserm Zusammenhang auf das für die Juristen jener Zeit Typische dieser Erscheinung zu verweisen. Es ist nur eine übertriebene Steigerung des Bewußtseins der geistigen und sittlichen Überlegenheit, die ihn felsenfest an sein Recht glauben läßt, auch wenn er notorisch unrecht hat; es ist eine Verirrung des Buchstabengelehrtentums, die ihm immer wieder die Überzeugung gibt, er werde mit erdrückender Häufung von Buchstabenautoritäten seinen Willen schon durchsetzen; es ist vor allem das völlige Aufgehen in einer Welt, die der Wirklichkeit fremd ist, die Kampfesstellung gegen das Volksmäßige und Feudale[2], wenn er bei aller theoretischen Anerkennung jener Coutume der Franche-Comté doch einfach ihr Gewicht nicht sieht, das ihn von vornherein erdrücken muß.

Und hierzu stimmt das allgemeine Bild, das jener Prozeß uns darbietet. Es ist kein ganz gesundes Bild. All dem Aufwand entspricht nicht die Leistung[3]. Uns bleibt der Eindruck zurück, daß

[1] Ich nenne nur noch ein Beispiel, das eine Illustration für die Konstruktionssucht Maximilians abgibt. 1509 soll Margarete in Anwesenheit der Mitglieder des Grand Conseil und des Conseil privé (also feierliche Plenarsitzung) zur Erledigung eines Prozesses eine Kommission zusammensetzen aus dem Präsident des Conseil privé (fast gleich Kanzler), zwei Räten des Grand Conseil, und je einem Rat aus den fünf Provinzial-Conseils von Brabant, Luxemburg, Flandern, Holland, Hennegau (Le Glay, Corr. de Max. I, 156).

[2] Gattinara stammt selbst aus altem Adel, aber „je n'actribue point à ma gloire ce qui ne dépend pas de moy“ (Claretta, Notice 278).

[3] Die Klage über die endlose Dauer aller Prozesse ist bekannt. Für

man durch eine Flut importierter, fremdartiger Formen, die man noch nicht zu beherrschen gelernt hat, unsicher und mühsam sich hindurcharbeitet.

So sehen wir gerade am Anfang des 16. Jahrhunderts die Juristen überall zurücktreten. In Frankreich steht der Kanzler bald als Justizminister abseits, am Hofe Karls V. wird das Amt ganz aufgehoben. Finanzbeamte und vor allem die Staatssekretäre treten an die Stelle der Juristen, und die neuen juristisch gebildeten Beamten haben nichts mehr gemein mit den Rechtsgelehrten des ausgehenden Mittelalters. Die neue Wirklichkeit forderte nicht mehr Idealismus, sondern einen reale Mächte kühl abwägenden Blick und ein rasches, sichres Handeln.

die burgundischen Provinzial-Conseils vgl. z. B. Quirinos Relation von 1506: „Sono lunghissimi in giudicare" (Albèri, Ser. 1, Bd. I, p. 14).

II. Die Finanzen.

1. Die Grundformen.

a) „Justice" und „Finances".

Den schärfsten Schnitt in der Verwaltung jener Zeit macht der Gegensatz von „Justice" und „Finances".

Ein Gebiet freilich, das beiden angehört, gibt es, die Finanzgerichtsbarkeit. Für die gerichtlichen Befugnisse in Finanzangelegenheiten sind noch in weitem Maße Finanzbeamte und Finanzbehörden, vor allem die Chambres des Comptes, zuständig. Aber dabei handelt es sich mehr um Verwaltungsgerichtsbarkeit und ausgedehnte Kontrollbefugnisse. Für die in Finanzsachen sich ergebenden wichtigeren Streitfragen, vor allem die eigentlichen Prozesse, sind schon die Zentralbehörden zuständig. So wurde oben S. 30 die Übertragung der Finanzgerichtsbarkeit vom Grand Conseil auf das Conseil privé im Jahre 1515 erwähnt. Wenn Wielant für diesen Vorgang die Worte wählt: „Et fusrent les finances jointes avec ledict conseil privé" (p. 147), so versteht er unter „finances" eben die Finanzgerichtsbarkeit. Man möchte sagen, er, der nur von der Gerichtsbarkeit handelt, scheidet auch auf diesem Gebiet noch einmal „justice" und „finances".

Abgesehen von dem Grenzgebiet der Finanzgerichtsbarkeit ist der Gegensatz rein ausgeprägt. Vor allem in dem Beamtenpersonal. Es gibt keine Brücke von einem Gebiet zum andern, wie wir sie zwischen Sekretären und Finanzbeamten finden werden. Schon die Universitätsbildung der Juristen schließt aus, daß ein Finanzbeamter in ihren Kreis komme; und noch 1725 heißt es in einem Memoire, das sich mit dem Plan beschäftigt, die drei Conseils collatéraux wieder in eins zusammenzulegen, es sei „manifeste, que les conseillers de longue robe n'ont jamais eu l'occasion de s'instruire des affaires des domaines et finances" (Alexandre 137). So hat denn in Finanzsachen selbst die Autorität und Verantwortlichkeit des Kanzlers ein Ende. Die Pariser Chambre des Comptes hat das Recht, einen schon vom Kanzler gesiegelten Akt zu beanstanden und zurückzuhalten (Vuitry I, 283).

Wichtiger als der Gegensatz ist die Parallele der beiden Gebiete. „Justice" und „Finances" sind im Bewußtsein der Zeit die beiden großen Ressorts, in die alle reguläre beamtenmäßige Arbeit sich teilt. Olivier de la Marche, der in seiner Darstellung Vollständigkeit anstrebt, zählt 1473 „quatre chambres ordinaires de l'ostel du duc" auf (Estat p. 2—11) und handelt 1. von der Kapelle, 2. „du conseil et de la justice", 3. vom Krieg, 4. von den Finanzen. Lassen wir die Kapelle[1] und den nur gelegentlich in Kriegszeiten sich verselbständigenden Kriegsrat beiseite, so bleibt die Chambre du conseil für die „Justice" und die Chambre des finances für die Finanzverwaltung. Wenn also die Ordonnanzen sich geben als beschlossen auf den Rat „des gens du grand conseil et des finances"[2], so will das sagen, daß weder auf dem Gebiet des Rechts, noch auf dem der Finanzen, also von keiner Seite, etwas Gegenstehendes geltend gemacht worden ist. Diese Formel zerfließt zwar in dem Maße, wie das Gebiet der „Justice" im weiteren Sinne durch Ablösung einer Behörde für die eigentliche Gerichtsbarkeit sich spaltet. Aber jene Parallele bleibt auch nach dieser Ablösung. Die von Maximilian 1493 erlassene Ordnung bestimmt, daß die Regenterie sich beschäftigen soll mit allen Sachen „behalven van den justicie ende van den financien" (Chmel 541), wo dann unter „justicie" die Verwaltungsgerichtsbarkeit und die Erledigung der Matières de grâce zu verstehen ist, da ja ein „raedt van den justicie" für die eigentlichen Prozeßsachen mit besonderem Personal neben der Regenterie steht[3].

---

[1] Neben Olivier vgl. besonders Molinet III, 2 f., über die Neueinrichtung der Kapelle durch Maximilian 1485. Die nur in kleinen Dosen erträgliche Blumenrede des Schwätzers Molinet ist recht in ihrem Element beim Preisen der melodiösen, harmoniösen und wohl proportionierten Stimmen der Sänger.

[2] Lameere 87, 173, auch in der unten als Beilage 1 mitgeteilten Finanzordnung von 1487.

[3] So wird denn auch gelegentlich der Ausdruck „justice" für die Juridiction gracieuse gebraucht (Morel 322, Viollet III, 372). Wie sehr das aber Übertragung ist, zeigt folgendes: Das Conseil de Brabant beanspruchte, gestützt auf die Bestimmung, daß es zuständig sei für alle Angelegenheiten aus Brabant, die die „justice" betreffen, neben der eigentlichen Gerichtsbarkeit auch die Erledigung der Matières de grâce für sich; aber das Conseil privé erklärte diese weite Fassung des Begriffs für ungerecht-

Zwar sind die beiden Ressorts koordiniert zu denken; aber wenn in den letzten Jahrhunderten des Mittelalters die Bedeutung der „Justice", der inneren Verwaltung, überwog, so trat gerade in den uns beschäftigenden Jahrzehnten die äußere Politik, und damit das Gebiet der Finanzen, in den Vordergrund[1]. Früher hingen „justice" und Regierung eng zusammen, wie denn der Gerichtsrat noch „Conseil, Consilium" schlechthin heißt (oben S. 9, 20); in der neuen Zeit dagegen gehören fiscus und status zusammen (ein Beispiel unten), besonders deutlich in dem französischen „Conseil d'État et des finances" (siehe unten Seite 49, 51). Diese Verschiebung des Schwergewichts hat es auch im letzten Grunde bewirkt, wenn anstatt der Juristen jetzt die Finanzbeamten und Staatssekretäre, die ja aus den Finanzsekretären hervorgegangen sind, in die leitenden Stellungen kommen.

Noch muß das Verhältnis von „Justice" und „Finances" zu einem dritten besprochen werden. Nach den Ernennungsurkunden der Regentin Margarete soll sie „avoir le regard et superintendence tant sur le fait de la justice et des finances, comme sur la gendarmerie et les gouverneurs et capitaines généraulx et particuliers, et tous autres officiers de justice et de recepte"[2]. Da ist zunächst der Gegensatz von „justice" und „finances", von „officiers de justice et de recepte" deutlich ausgeprägt, aber beide Gebiete werden zusammengefaßt einem andern entgegengesetzt, nämlich dem, was zur eigentlichen Landesregierung (gouverneurs) und zur Militärorganisation (gendarmerie, capitaines) gehört. Dasselbe haben wir, auf die Behörden übertragen, wenn Olivier de la Marche einmal ein „Conseil des grans maistres et affaires" erwähnt (oben S. 20), das aber nicht den „Chambres ordinaires de l'hôtel du duc" koordiniert gedacht wird, sondern auf einer anderen Linie liegt. Demnach ist es nicht korrekt, wenn allgemein von

---

fertigt (Gaillard, Conseil de Brabant II, 44 f., besonders auch die Urkunden Rec. des Ord. II, 467, 491 f.).

[1] Interessant ist eine Äußerung Ferdinands von Aragon, die er Februar 1509 dem venetianischen Gesandten Francesco Corner gegenüber tat. Corner berichtet: „Et disse, il re di Franza et poi la signoria son quelli che hanno danari et presto si mettono in ordine, che l'imperatore non puol cosi, che non ha danari; ne io etiam ho mai danari in cassa, che quanti ne ho tutti consumo, et ben vero che a tempi de necessità non mi mancano, et faccio le imprese mie con pochi danari." (Nach der Kopie des Brüsseler Archivs, Cart. Man. 175[5], fol. 50.)

[2] Gleichlautend in den Urkunden von 1519, 1520 und 1522 (Rec. des Ord. I, 683, II 27, 168).

einer Dreiteilung des alten Rates gesprochen wird. Man sollte auch nicht neben der gerichtlichen und finanziellen Sektion einfach von einer „section politique“ oder nur einer „section proprement politique“ reden[1]. Der zentrale vertraute Rat ist den Sektionen für Erledigung der regulären beamtenmäßigen Arbeit auf den Gebieten der „Justice“ und der „Finances“ nicht nebengeordnet, in gewissem Sinne aber übergeordnet.

b) Verwaltung und Kontrolle.

Richten wir nun unsern Blick auf die französisch-burgundische Finanzorganisation selbst, so tritt uns am deutlichsten entgegen die Trennung der Kontrolle von der Verwaltung, die Entstehung selbständiger Kontrollbehörden in den Chambres des Comptes[2]. Wie im 13. Jahrhundert einige der Glieder des französischen Rates speziell mit der Gerichtsbarkeit beauftragt wurden, so andere mit der Prüfung der Rechnungen (Vuitry I, 278f.), und gleichzeitig mit dem Parlament löst sich die Chambre des Comptes vom Hofrat.

In Burgund ist auch hier — wir sahen dasselbe bei den Gerichtshöfen — der Anfang eine Mehrheit. Vier Chambres des Comptes, zu Dijon, Lille, Brüssel, Haag, wurden eingesetzt. Es handelt sich durchaus um eine Kopie der Pariser Behörde. Für die Einrichtung der Kammern zu Dijon und Lille 1386 ließ Philipp der Kühne sich Maîtres des comptes aus Paris kommen[3]. Diese Mehrheit der burgundischen Chambres des comptes entsprach dem Bedürfnis der Kontrolle, erlaubte eine sehr wirkungsvolle Fühlung mit den provinzialen und lokalen Finanzbeamten; und dem Bedürfnis der Zentralisation war dadurch Genüge getan, daß die Chambre des Comptes in Lille sich zur Kontrollinstanz für die Spitzen der zentralen Finanzverwaltung entwickelte. Darum ist die Zusammenlegung der drei Kammern des nördlichen Gebietsteils[4] zu einer einzigen in Mecheln, wie Karl der Kühne

[1] Ersteres Valois, Étude, p. VIII, letzteres Viollet III, 387, beide für das Conseil des beginnenden 14. Jahrhunderts. Dagegen wird man nichts einzuwenden haben, wenn Valois, Étude, p. XXXIX, das „Conseil des affaires“ unter Franz I., also 200 Jahre später, ein „petit Conseil politique“ nennt; obwohl das immer noch nur eine Bezeichnung a potiori ist.

[2] Vuitry I, 278—288, II, 554—582, Viollet III, 364—383. Literatur für Frankreich Viollet III, 385 f., für Burgund siehe Anhang 1.

[3] Gachard 5, Lameere p. VIII, vgl. Viollet III, 381 f.

[4] Das Herzogtum Bourgogne (Hauptstadt Dijon) wurde bekanntlich 1477 von der französischen Krone eingezogen, die dortigen Behörden kommen

sie Dezember 1473, gleichzeitig mit der Errichtung des Parlaments, versuchte[1], anzusehen als ein Mißverständnis der Aufgaben der Zentralisation, hervorgerufen durch das Vorbild der Pariser Behörde. Gerade die Dezentralisation der Kontrolle wird „neuerdings wieder von fachkundiger Seite als Vorzug gerühmt“ (Rosenthal 199); so standen ja auch der Pariser Chambre des Comptes provinziale Rechnungshöfe zur Seite (Viollet III, 378 ff.). Philipp der Schöne hat 1496 den Versuch der Zentralisation wieder aufgenommen[2]. Das fällt zeitlich mit seiner Reise nach Deutschland und der Entlassung Busleydens (oben S. 3) zusammen. So mag man an einen Zusammenhang mit den umfassenden Reformplänen Maximilians um dieselbe Zeit denken, vielleicht gar an ein Eingehen Philipps auf die großösterreichischen Unifizierungsversuche des Vaters, die besonders in einem Entwurf eben aus dem Jahre 1497 (unten S. 59—61) zur Erscheinung kommen. Schon 1498 aber, als Philipp sich politisch von Maximilian emanzipierte, als er Busleyden zum Erzbischof von Besançon beförderte, nahm er die an die Chambres des Comptes gerichteten Befehle zurück. Die Zentralisation der Kontrolle wurde erst 1735 durchgeführt; die verfeinerte Technik des Verwaltungsorganismus hatte inzwischen gelernt, größere Kreise zu beherrschen.

In Burgund war die Scheidung von Kontrolle und Verwaltung reinlicher als irgendwo sonst ausgeprägt, weil die der zentralen Finanzverwaltung dienende Kontrollbehörde, die Liller Chambre des Comptes, sich fern vom Hof befand. Die autoritative Stellung, die die Pariser Rechenkammer einnahm, ihr Eingreifen in die eigentliche Finanzverwaltung (Vuitry II, 554 ff.), fällt in Burgund, wo die Behörde nur durch schriftliche Gutachten einen Einfluß ausüben konnte[3], nahezu fort. Am stärksten ist wohl der Kontrast zu den damaligen österreichischen Raitkammern, die in der Regel Organe für Finanzverwaltung und -kontrolle zugleich waren, ja

---

also für uns nicht mehr in Betracht. Die im Jahre 1500 aufgehobene Chambre des Comptes der Grafschaft Bourgogne (Franche-Comté) wurde 1562 in Dôle wieder eingerichtet; Dokumente dazu Aud. 815, fol. 50 ff., und besonders Aud. 787, fol. 184—191, wo sich das Originalkonzept findet, signiert von Margarete von Parma, mit dem Befehl an Bave, hiernach die Ordonnanz auszufertigen.

[1] Die Urkunde, die zugleich die Chambre du trésor und die Chambre des aides einrichtet, bei Gachard 109—112.

[2] Die Dokumente bei Gachard 120—128.

[3] Siehe unten Beilage 8.

häufig mit den Behörden für die allgemeine Verwaltung und Regierung sich wieder vereinigten (siehe Anhang 6).

Im allgemeinen ist es gewiß richtig, daß die Einrichtung von stehenden Kontrollbehörden eine höhere Stufe der Finanzverwaltung darstellt als die Kontrollabnahme durch Kommissare. Es darf aber nicht übersehen werden, daß in kleinen Verhältnissen die Konstituierung einer dauernden Behörde nur für die Rechnungsabnahme unsinnig sein würde. So läßt auch Margarete von Österreich, deren Hof mit dem burgundischen verwachsen, deren Verwaltungsorganisation ganz nach burgundischer Art gebildet war, ihren Receveur général vor einer Kommission abrechnen: „les commis ou à commectre de par nous à l'audition de sesdites comptes“ [1].

c) Finances ordinaires und Finances extraordinaires.

Die eigentliche Finanzverwaltung nun verlangt für Frankreich eine Darstellung unter den Rubriken Finances ordinaires (die alten Einnahmen aus der „Domäne“) und Finances extraordinaires (die Erträge der neu erschlossenen Einnahmequellen, vor allem aides, tailles, gabelles) [2]. Die ältere Organisation für die Finances ordinaires findet nach langen Schwankungen ihre Spitze in vier Trésoriers des finances [3], unter die das Reich in vier geographische „Circonscriptions“ geteilt ist. Das Bestreben, über ihnen einen Zentralbeamten zu schaffen, bleibt erfolglos [4]. Neben dies System schiebt sich das der Finances extraordinaires; vier Généraux des finances [5] walten in denselben „Circonscriptions“ wie die Trésoriers ihres Amtes. Eine Chambre du Trésor und eine

---

[1] Häufig z. B. im Registre aux mandements en finances Margaretes von 1515—1517, Aud. 871; die übrigen Bände befinden sich in Lille.

[2] So darf man, etwa mit Jacqueton, p. VI, und Lavisse V 1, p. 229, kurz formulieren. Über alles Einzelne geben die drei Bände von Vuitry reiche Auskunft. Der allgemeine Unterschied ist allen Feudalstaaten gemeinsam. Für Burgund ist besonders wichtig die große „Ordonnanz über die Reintegration der Domäne“ vom 6. Mai 1495, in der für Holland bestimmten Fassung gedruckt bei Kluit, Historie der Hollandsche staatsregering V (1805), 380—484. Das Dokument zeigt sehr gut, was „Domäne“ ist, wie sich von den konkreten Einzelfragen aus gesehen diese Einkünfte und ihre Verwaltung darstellen.

[3] Vuitry I, 289 ff., II, 583 ff. Es gelang der Chambre des Comptes nicht, diesen Rivalen, der sie immer mehr zur reinen Kontrollbehörde herabdrücken mußte, zu beseitigen (Viollet III, 433).

[4] Viollet III, 423 f., 423 n. 1.

[5] Vuitry II, 605 ff.

Chambre des Aides sind die Zentralorgane[1]. Der jährlich aufgestellte Etat général des finances ist die einzige Verbindung zwischen den beiden Organisationen[2]. Die Schwerfälligkeit dieses doppelten Systems mit achtköpfiger Spitze wird deutlich empfunden, aber alle Versuche zur Einheit scheitern[3]. Erst Franz I. hat unter schwersten Finanzkrisen die notwendige „centralisation, uniformité, simplification" durchgesetzt[4].

Hatten die eigentümlichen Lebensbedingungen des burgundischen Staates ihm die Zentralisation der Gerichtsbarkeit, mit der die Entwicklung in Frankreich begann, erst am Schluß gebracht, so schenkten sie ihm als wertvolleren Ersatz von vornherein eine Zentralisation der Finanzverwaltung, die Frankreich nicht gelingen wollte. In der einen Provinz, von der der burgundische Staat ausging, konnte die Zentralisation durchgeführt werden, und die im kleinen gefestigte Organisation konnte stufenweise die Schwierigkeiten überwinden, die durch das Anwachsen des Reiches sich ergaben. Was Frankreich bis ins 16. Jahrhundert vergeblich anstrebte, einen „receveur unique" [5], das besaß Burgund mindestens schon seit 1400, wie die Auszüge beweisen, die Coville aus den in Dijon aufbewahrten Rechnungen des Receveur général während des ersten Jahrzehnts des 15. Jahrhunderts gegeben hat[6]. Der Verschiedenartigkeit der Einnahmequellen entsprach es, wenn für die provinziale und lokale Erhebung in der Regel das doppelte System beibehalten wurde; häufig freilich findet man auch in den Provinzen einen Receveur für Domäne und Aides gemeinsam. Die einheitliche Zusammenfassung im Zentrum aber ist das Bedeutende der burgundischen Organisation.

---

[1] Viollet III, 432 f., 495 f.

[2] Jacqueton p. XIV—XVI, Viollet III, 510.

[3] Viollet III, 492 f., besonders auch die Zusammenfassung bei Lavisse-Lemonnier V 1, p. 229.

[4] Die Ausdrücke nach Jacqueton, Revue historique 56 p. 38, in dem für die Finanzverwaltung unter Franz I. grundlegenden Aufsatz: Le trésor de l'Épargne sous François Ier 1523—1547 (Rev. hist. 55 und 56, 1894). Vgl. auch Valois, Étude, p. LXII, und die Ernennungsurkunde für Semblançay bei Boislisle p. 228.

[5] Viollet III, 494. Der französische Receveur général ist etwas ganz anderes als der burgundische. Dieser konzentriert die gesamte Einnahme, jener ist einer der vier Receveurs généraux des aides (Viollet III, 493 f.). Vielleicht wird eine gleiche Wurzel sich nachweisen lassen; aber man muß sich immer gegenwärtig halten, wie wenig solche Ausdrücke schon fest geprägte Termini technici waren.

[6] Siehe Anhang 1. Vgl. auch Lameere 18.

Kaum wird Franz I. seine Reformen ohne Anregung von der überlegenen [1] Finanzverwaltung seines Rivalen vorgenommen haben. An sich wäre das eine vage Vermutung; die ersten Mißerfolge im Kriege mit Karl V. zwangen von selbst zu einer straffen Zusammenfassung aller Hilfskräfte. Aber der Umweg über die „Épargne" erklärt sich nicht ohne weiteres aus sich selbst. Während in Burgund, wie wir sehen werden, schon lange eine „Épargne" zum Sammeln der Einkünfte außer denen aus Domäne und Aides bestand, schafft Franz I. am 18. März 1523 eine analoge Kasse — nach Jacqueton (Rev. hist. 55, p. 3 ff.) muß man annehmen, daß es früher nichts derartiges gegeben hat — und setzt einen „trésorier de l'Épargne et receveur général des parties casuelles et inopinées des finances" ein. Indem zu dieser Épargne bald zugleich die außerordentlichen, dann auch die ordentlichen Einnahmen geschlagen wurden, entstand die zentrale Zusammenfassung aller Einnahmen in der Hand eines „receveur universel" (Jacqueton, Rev. hist. 55, p. 10).

d) Kollegiale und bureaumäßige Organisation.

Überschauen wir nun die zu beschreibende Entwicklung eines Jahrhunderts, so bietet sich dem flüchtigen Blick das Bild steten Wechsels dar. Aber dieses Bild täuscht. Denn was in die Augen fällt, der äußere Umriß der Behörden, ist gerade das Unwesentliche. Das übergroße Gewicht, das vielfach darauf gelegt wird, ob die Behörde für Leitung der Finanzen kollegial organisiert ist oder nicht, trübt den Blick für das Wesentliche. Nur wenn man die Organe, die beamtenmäßig die Geschäfte führen, in den Vordergrund rückt, steht man wirklich im Zentrum der bei aller äußerlichen Umgestaltung der Behörden unablässig fortgehenden Bewegung des Einlaufens und Abfließens der Gelder. Ob die Anweisungen, die diesen Organismus in geordnetem Gang halten sollen, von einem einzelnen ausgehen, oder von dem frei organisierten Rat des Fürsten, oder endlich von einer in sich geschlossenen kollegialen Behörde, ist erst eine Frage zweiten Ranges.

Wird sie aber gestellt, so gestehe ich, daß ich den Nimbus des Wortes „Kollegialität" für die Finanzverwaltung nicht begreife. Niemand würde es als Verbesserung empfinden, wenn heute die

[1] Daß das in Frankreich durch starkes Anziehen der Steuerschraube ausgeglichen wurde (vgl. z. B. die Meldung bei Brewer I, 401, über die vielen Unzufriedenen in Frankreich wegen der hohen Steuern), verändert das Urteil über die Verwaltungsorganisation nicht.

Staatsfinanzen, anstatt bureaumäßig, vielmehr durch ein nach Stimmenmehrheit beschließendes Kollegium verwaltet würden. So war auch damals, falls nur die Kontrolle ausreichte, die bureaumäßige Art der Finanzverwaltung technisch weit überlegen und der Selbständigkeit des Fürsten geradezu notwendig.

Wenn ich recht sehe, haben wir es zu Beginn des 16. Jahrhunderts zu tun mit einer Übertragung der in den Gerichtshöfen üblichen Kollegialität auf die Finanzverwaltung, vertreten gemeinsam durch die Juristen und die Stände, die nur so eine Kontrolle über die Leiter der Finanzen, vor allem auch den Fürsten selbst, für möglich hielten. Als der Jurist Gattinara unter Karl V. die Leitung in Händen hat, erscheint plötzlich in der Ordonnanz für die Finanzverwaltung von 1522 das „collégialement“ stark betont als ethische Forderung (u. S. 62 Anm. 1). Und bezeichnend genug ist es, daß gerade Maximilian, der als Schöpfer der kollegialen Finanzbehörden gerühmt wird, am Ende seiner Regierung den Ständen gegenüber die bureaumäßige Form, zu der er seit Jahren zurückgekehrt war, angelegentlich verteidigt (siehe Anhang 6).

Verweist man darauf, daß doch noch während der ersten Hälfte des 16. Jahrhunderts überall Kollegialbehörden für die Finanzverwaltung entstanden und sich nicht übel bewährten, so ist zu erwidern, daß ein fundamentaler Unterschied besteht zwischen einem selbständig beschließenden Finanzkollegium, wie Maximilian es konstituierte, und einer Behörde, die dienend als Kollegium von Geschäftführenden und Sachverständigen einer Zentralstelle zur Seite steht. Die Ausbildung der Kabinettsregierung hielt der Schwerfälligkeit der Kollegialbehörden die Wage.

Die burgundische zentrale Finanzbehörde nun ist weder kollegial noch bureaumäßig organisiert. Diese Schlagworte sind überhaupt ganz und gar ungenügend, um das komplizierte Werden, um das es sich handelt, zu bezeichnen. In vielfacher Weise durchdringen sich und durchkreuzen sich in diesen Behörden Nebenordnung und Unterordnung, wenn ich so das Wesentliche und Einfache der Begriffe kollegialer und bureaumäßiger Organisation herausheben darf. Der Schlüssel des Verständnisses scheint mir die Erkenntnis zu sein, daß in diesen Behörden drei Gruppen zu unterscheiden sind: erstens die der nur ausführenden, der wesentlich bureaukratisch arbeitenden, zweitens die der beaufsichtigenden, prüfenden, als Sachverständige beratenden, in den laufenden Angelegenheiten geringerer Bedeutung auch beschließenden, und drittens die der repräsentierend und im Zusammenhang mit der gesamten Regierung leitenden Finanzbeamten. Es dürfte die Formel für eine alles Wesentliche herausstellende Behandlung von verwaltenden Finanzbehörden jener Zeit, nicht nur Burgunds, gefunden sein, wenn man diese drei Gruppen aufsucht und beschreibt. Wo es nicht gelingt, weil die Gruppen ineinanderfließen, da ist gerade dies der charakteristische Zug der betreffenden Organisation. Für jede Gruppe kann man die Frage kollegialer oder bureaumäßiger Organisation stellen.

Am meisten bureaumäßige Form hat die Gruppe der die Kassengeschäfte führenden Beamten. Zwar nicht um Vorgesetzte und Untergebene handelt es sich; aber der Receveur général, der alle Einnahmen konzentriert, läßt, so weit er nicht selbst unmittelbar auch die Ausgaben besorgt, jedem Ressort die ihm bestimmten Summen zufließen, wo sie dann weiter geleitet werden vom Maître de la chambre aux deniers, Trésorier des guerres, Receveur de l'artillerie und anderen. Jeden von ihnen, wie auch den Receveur général selbst, kann man wieder Chef eines Bureaus für seinen Verwaltungszweig nennen. Diese Gruppe ist, weil sie (neben der Chambre des Comptes) am bureaukratischsten arbeitet, weitaus die älteste und bleibt durch die Jahrhunderte hindurch sich wesentlich gleich. Wer nach dem technischen Wert der Finanzverwaltung fragt, hat hier einzusetzen. Allgemeines ist oben (S. 45) beim Vergleich mit der französischen Entwicklung gesagt worden; unten soll versucht werden, mit einigen Strichen ein Bild von der Technik selbst zu geben.

Die äußere Entwicklung der Behörden aber wird bestimmt durch Art und Verhältnis der beiden leitenden Gruppen. Die Extreme sind, auf der einen Seite die Zusammenfassung beider in einer Person, wie etwa des Villinger, des Generalschatzmeisters Maximilians in den Jahren um 1514; auf der andern Seite die Potenzierung der Kollegialität in dem von Maximilian 1487 versuchten burgundischen „Conseil des finances", bei dem die kollegiale mittlere Gruppe überbaut wird durch eine kollegiale Gruppe von Seigneurs. Die französische[1] Form der Chambre du trésor und

[1] Die englische Form dürfte das denkbar Vollendetste darstellen, weil unendlich natürlich und selbstverständlich gebildet, reich gegliedert und doch völlig einheitlich: der Exchequer mit seiner Account side und Receipt side, auf die sich nach innerer Logik die Kontrolle, Finanzgerichtsbarkeit und das Kassenwesen verteilen, auf beiden Seiten leitend zusammenfassend der Treasurer.

der Chambre des aides ist eine Spaltung der mittleren Gruppe in zwei Kollegialbehörden, während die leitende Gruppe durch den königlichen Rat selbst repräsentiert wird; noch bis ins 17. Jahrhundert ist geradezu das „Conseil d'État et des finances" eine Einheit[1]. Das widerspricht offenbar der weit verbreiteten Meinung, die den Grundzug der französischen Organisation in der Trennung der Finanzverwaltung von der übrigen Administration sieht. Solche Mißverständnisse dürften darauf zurückzuführen sein, daß die mittlere und die obere Gruppe nicht unterschieden werden — oder vielmehr im letzten Grunde darauf, daß überhaupt die Vorstellung der Ablösung eines Verwaltungszweiges als eines Ganzen vorliegt, während in Wirklichkeit viel weniger das Materiale, als vielmehr das Formale des Grades bureaukratischer, beamtenmäßiger Arbeit die Stufen der Ablösung bestimmte, also für die Finanzverwaltung: zuerst das Kassenwesen am Hof, dann eine Kontrollbehörde, dann die verwaltende mittlere Gruppe, endlich sehr spät erst die leitende Administration. Ganz durchzuführen ist diese letzte Ablösung nie, da es nun einmal im Wesen der Dinge liegt, daß Regierung und Finanzen zusammengehören — während die Gerichtsbarkeit sich schließlich reinlich hat abtrennen können.

2. Äußere Geschichte der Finanzbehörde.

Dem Receveur général als dem Kassenbeamten stand unter Philipp dem Kühnen (1363—1404), Johann dem Unerschrockenen (1404—1419), und Philipp dem Guten (1419—1467) bis 1447 als die Geschäfte führender Beamter zur Seite ein Trésorier gouverneur général[2], während die Leitung dem herzoglichen Rat zustand[3]. Wenn die entscheidende Ablösung der gerichtlichen

[1] Neben Valois, am einfachsten nach der graphischen Darstellung in den Nouvelles Recherches (siehe Anhang 1), z. B. die von Decrue publizierte Ordonnanz von 1543, in der von einem Conseil die Rede ist „tant pour les dictes finances que pour les matières d'Estat" (p. 92), wovon getrennt sind „les requestes", d. h. das Conseil privé oder „des parties" (oben S. 10).

[2] Nach Lameere 18 f. seit 1397. Das Amt war 1400—1410 doppelt besetzt (ib. 20, 36). Seine Befugnisse, ebenso die des Receveur général, wurden 1426 aus Sparsamkeitsrücksichten für kurze Zeit in den Rat zurückgezogen (ib. 59 f.).

[3] So 1433 (Lameere 60). Die zwölf Mitglieder des Rates, die 1438 speziell mit der Finanzverwaltung beauftragt werden (ib. 62, 69), sehen dem Gesamtrat noch allzu ähnlich. 1446 ist es der neu eingesetzte Rat (ib. 78 f., 169; oben S. 12).

Ratssektion nur ungefähr um 1450 angesetzt werden konnte (oben S. 13), so ist für die Bildung des Finanzkollegiums ein bestimmtes Datum zu nennen. Eine Ordonnanz vom 14. August 1447 setzt an Stelle des Trésorier gouverneur général drei nicht dem hohen Adel angehörende „Commissaires des finances“[1]; und umgekehrt wird der Kreis der oberen Schicht verengt, indem fünf der hervorragendsten Mitglieder des Rates die Oberaufsicht führen sollen[2]. Es gehört zur Geschichte der Konflikte Philipps des Guten mit seinem Sohn, dem späteren Karl dem Kühnen, und der entsprechenden Parteibildung, auf der Seite des alten Herzogs der Kämmerer Antoine de Croy, auf der des Kronprinzen der Kanzler Nicolas Rolin, wenn nach dem Zurücktreten des Kanzlers 1457 an Stelle der beiden Gruppen der Finanzbehörde eine einheitliche Kommission zur Neuordnung der finanziellen Angelegenheiten gebildet wird[3]. Von einem Zusammenfließen der beiden Gruppen wird man reden dürfen; nicht aber darf man einfach eine gerade Linie ziehen von den drei „Commissaires des finances“ von 1447 zu diesen sechs „Commis sur le fait des demaine et finances“[4].

Eine interessante Erscheinung dürfen wir noch festhalten, ehe der Sturmwind der Reformen Karls des Kühnen erst einmal alles gründlich verwirrt. Es finden sich nämlich zu Anfang der sechziger Jahre Hinweise auf ein Conseil privé oder secret, und zwar so, daß dieser geheime Rat mit dem Finanzkollegium identisch zu sein scheint[5]. Lameere gesteht S. 103, sich „assez per-

---

[1] Lameere 87, 170—173. Er gibt glücklicherweise immer die Namen, ein wesentliches Hilfsmittel zur Erkenntnis des Charakters der Behörden.

[2] Lameere 88, auch n. 1, 90, 173.

[3] Lameere 174 f., 101. Chastellain sagt III, 335: „Créèrent six souverains gouverneurs sur le fait des finances, par lesquels tous lesdits deniers se distribuoient“. Er gibt sehr lebendig den historischen Hintergrund; aber seine Darstellung der Parteiverschiebungen, die überall, besonders auch bei Pirenne, zugrunde liegt, ist mit Vorsicht aufzunehmen. Der Hofhistoriograph wechselte mit dem neuen Regime auch seine Sympathien.

[4] So Lameere 177, cf. 88, 173. Die Bezeichnung ib. 176 n.

[5] Martin Steenberch hat dem Herzog gedient als „secrétaire signant tant sur le fait de ses finances comme en ses privetz affaires et secretz consaulx“, und wird Ende 1462 berufen als „l'un des quattre secrétaires pour continuellement servir ou secret et privé conseil d'icelui seigneur et signer ou fait de ses finances“ (Lameere 102 n.). Vor allem aber die Erwähnung einer „ordonnance et tauxacion derrenierement faicte par mondit seigneur à ses conseilliers commis à ses privez affaires et sur le fait de ses finances dont icelui maistre Jehan Jaquelin estoit l'un“ (1463; Lameere 103 n).

plexe" zu finden über die Bedeutung solcher Ausdrücke. Eine negative Bestimmung dürfte die Klarstellung geben. Die Räte und Sekretäre, um die es sich handelt, sollen nicht dem „Grand Conseil", das als ein Rat für die „Justice" sich abzulösen beginnt, zugeteilt werden, sondern verwandt werden in den Geschäften, die dann dem alten Rat noch bleiben; das sind aber einerseits die geheimen Angelegenheiten, anderseits alles, was zum Ressort der „Finances" gehört. Es ist eine ziemlich genaue Parallele zum französischen „Conseil d'État et des finances" des späteren 16. Jahrhunderts. Wenn ich im ersten Kapitel das Werden des Grand Conseil beschrieben habe, so sehen wir hier das notwendige Gegenstück: den vertrauten Rat, in dem nun, nach der Entlastung von der „Justice", die Finances" eine Hauptrolle spielen.

Danach kann ich nicht mit Lameere (S. 177, 187) annehmen, daß die Kommission von 1457/58 bis ans Ende der Regierung Philipps des Guten in Tätigkeit geblieben sei. Sie hatte wohl nur die Verwaltungsmaschine wieder in Gang zu bringen und löste sich dann von selbst auf — es sind ja die gleichen Mitglieder — in jenen Rat, der nicht das Grand Conseil ist. Lameere ist vermutlich zu seiner Annahme dadurch veranlaßt worden, daß er auch fernerhin die Bezeichnung „Commis" gefunden hat. Der Ausdruck ist aber in diesen Jahrzehnten sehr unbestimmt und variabel und dürfte (das ist der überwiegende Gebrauch) jetzt nur die mittlere, geschäftsführende Gruppe benennen.

Ungefähr in dieser Form — daß das Schwergewicht sich auf der Linie zwischen dem herzoglichen Rat und dem Kollegium der Commis dauernd verschiebt, ist selbstverständlich — hat Karl der Kühne die Finanzverwaltung übernommen[1]; und eine Ordonnanz vom 8. Februar 1468 (n. st.) ernennt neben den Kassenbeamten fünf nicht dem hohen Adel angehörende „Commis sur le fait de ses finances et demaine"[2]. Bald aber beginnen die sich überstürzenden Reformen, bei denen es sich zum großen Teil um eine sklavische Nachahmung der französischen Institutionen handelt. Am 13. Januar 1469 (n. st.) führt Karl der Kühne die Teilung zwischen Finances ordinaires und Finances extraordinaires, die Burgund glücklich überwunden hatte, wieder

[1] Es ist z. B. in einem Akt vom 18. September 1467 die Rede von einer Enquête über die Domänen von Brabant durch „noz amez et féaulx conseilliers par nous commis au fait de noz finances et autres de nostre conseil qui nous en ont fait rapport" (ChC. 134, fol. 46).

[2] ChC. 134, fol. 42—45. Vgl. Lameere 187—191.

ein, indem er dem bisher einzigen Receveur général zur Seite stellt einen „Trésorier pour recevoir les aides et autres parties extraordinaires“ [1]. Dezember 1473 aber, in demselben Dokument [2], das die Chambres des Comptes zusammenlegte, gleichzeitig mit der Errichtung des Parlaments, wird an ihrer Seite in Mecheln eine Chambre du trésor und eine Chambre des généraux (des aides), die wir als französische Institutionen kennen lernten (oben S. 44 f.), geschaffen.

Lameere meint (S. 193), die Kommission von 1468 habe daneben fortbestanden; wohl wieder weil die Bezeichnung Commis auch jetzt noch vorkommt. Dafür würde in der Tat sprechen, daß die neuen Kollegien Landeszentralbehörden, keine Hofbehörden sein sollen [3]. Schwerer Wiegendes aber steht entgegen. Abgesehen davon, daß man auch die beiden Trésoriers und die beiden Généraux „Commis“ nennen konnte, und daß Mecheln, wo all diese Behörden konzentriert wurden, offenbar als Residenzstadt nach Pariser Muster gedacht war — die von den großen Provinzen unabhängige und nicht unter französischer Lehnshoheit stehende Stadt war in der Tat zur Residenz besonders geeignet — abgesehen davon wurden der Chambre du Trésor und der Chambre des Aides die wesent-

---

[1] Die Berufungsurkunde des Guillaume de Clugny, datiert Brüssel 13. Januar 1469 (n. st.), beginnt: „Charles . . . salut. Comme pour certaines considéracions à ce nous mouvans et par l'adviz et délibéracion de noz amez et féaulx les commis sur le fait de noz demaines et finances, nous avons présentement conclut, délibéré et ordonné que les deniers de nosdites finances qui parcidevant ont esté receuz par ung receveur général d'icelles finances seullement, se recevront et recouvreront doresenavant par deux personnes, c'est assavoir les deniers de noz demaines par ung qui se intitulera nostre receveur général, et tous noz aides qui ont et auront cours en tous noz pais et seigneuries avec tous deniers et parties extraordinaires qui nous sont et seront deuz par une autre personne que à ce vouldrons ordonner et commectre, Savoir faisons que nous . . . icellui maistre Guillaume de Clugny . . . commectons par ces présentes nostre trésorier pour recevoir de par nous tous les deniers de nosdites aides qui ont et auront cours en nosdits pais et seignouries avec tous autres deniers et parties extraordinaires“ . . . (ChC. 135, fol. 79 = fol. 95). Ebenso wird in dem Edikt von Dezember 1473 neben dem Receveur général für die Domäne ein „Trésorier ou receveur général de nosdites aydes“ genannt (Gachard, Inventaire I, 110). Vgl. auch Olivier de la Marche, Estat 9 f.

[2] Gachard, Inventaire I, 109—112, cf. Lameere 192 f.

[3] In der Begründung der Ordonnanz heißt es: . . . „parce que aucuns ne sont ordonnez en lieu arresté qui entendent discretement et séparéement au fait de nosdiz demaine et aydes . . .“ (Gachard 110).

lichen Befugnisse der früheren Kommission zugesprochen[1]; und wir finden z. B. in einer Urkunde vom 8. Juli 1475 von Finanzbeamten nur anwesend genannt „les trésoriers sur le fait du demaine, les généraulx sur le fait des aides“[2]; eine Finanzbehörde von einiger Bedeutung am Hof hätte nicht unerwähnt bleiben können, auch wenn die Urkunde in Mecheln ausgestellt wurde. Danach wird nun auch das anschauliche Bild von der Bureauarbeit in der Chambre des Finances, das Olivier de la Marche uns entworfen hat, ebenso wie das der Gerichtsbarkeit, vor den Reformen vom Dezember 1473 verfaßt worden sein (siehe Anhang 1). Die vier präsidierenden Conseillers entsprechen den fünf Commis der Ordonnanz von 1468[3].

Als 1477 der Tod Karls des Kühnen auch all seinen Institutionen ein Ende bereitete, dürfte man auf diese Form des Beginns seiner Regierung zurückgekommen sein. Denn 1484 sind „Les commis sur le fait des demaine et finances“ bezeugt[4]; und in der unten mitzuteilenden Ordonnanz Maximilians vom 26. Dezember 1487 sind „Les deux commis“, die die mittlere Gruppe vertreten, als bereits bestehend vorausgesetzt[5].

Diese Ordnung von 1487 (siehe Beilage 1) ist eine Zusatzordonnanz. Sie steht außerhalb der durch Jahrhunderte sich hinziehenden Tradition der großen chaotischen Finanzreglements (vgl. unten S. 71). So erlaubt sie, das tatsächlich Bestehende und das neu Geschaffene zu unterscheiden, und das gibt ihr einen besonderen Wert. Wirr genug ist freilich auch sie; lauter einzelne Artikel sind mit „Item“ in bunter Reihenfolge aneinandergefügt.

---

[1] Gachard S. 110. Die vier zugeordneten Conseillers, die mit ihnen zusammen Recht sprechen sollen („cognoistre“), dürften Juristen sein. Wie in Frankreich sollte die Finanzgerichtsbarkeit eine Haupttätigkeit dieser Behörden bilden.

[2] Als Vorurkunde gedruckt Rec. des Ord. I, 375.

[3] „Là sont ordonnez deux prothonotaires de l'Eglise, grans seigneurs, et deux notables chevaliers“ (Estat S. 10). Die nötige Einschränkung des Ausdrucks „grans seigneurs“ gibt schon der kirchliche Titel der beiden. Wir haben zwei geistliche und zwei weltliche Herren aus der oberen Schicht des Beamtenstandes, da, wo sie sich mit der niederen des Adels vermischt.

[4] Als Vorurkunde im Rec. des Ord. III, 231; einer von ihnen ist der Unterzeichner Gondeval. Nur an entlegenen Stellen findet man einmal eine Notiz für diese wirren Jahrzehnte.

[5] Einer dieser beiden Commis scheint Pierre Lanchals gewesen zu sein, der 1488 während der Gefangenschaft Maximilians in Brügge hingerichtet wurde; Olivier de la Marche nennt ihn „ung des principaulx trésoriers du Roy (Maximilians) et de monseigneur son filz“ (Mémoires III, 289).

Die Ordonnanz setzt als bereits in Funktion befindlich voraus „die beiden Commis, den Greffier[1] und die anderen Beamten, die in den Finanzgeschäften zu dienen gewohnt sind" [1]. Von diesen „anderen Beamten" werden genannt der Receveur général [3, 12] und der Argentier [6]. Artikel 12 bestimmt, daß durch die Hand des Receveur général und keines anderen sämtliche Einkünfte zu gehen haben, seien sie aus der Domäne, den Aides, oder aus anderen Einnahmequellen. Der „Trésorier pour recevoir les aides et autres parties extraordinaires" Karls des Kühnen (oben S. 51 f.) hat sich also nicht bewährt. — Den Argentier, der ursprünglich nur Garde des joyaux gewesen war[2], hatte Karl der Kühne dem Receveur général, dessen Befugnisse auf die Einnahme beschränkt wurden, für die Ausgabe zur Seite gestellt (cf. Lameere 191). Aber während ihm in unserer Ordonnanz noch die Bezahlung von außerordentlichen Pensionen und ähnlichem bleibt [6], ist er spätestens seit 1493 wieder aus dem Kreis der Finanzbeamten geschieden und auf die Verwahrung der Kostbarkeiten beschränkt. Wenn aber die Kostbarkeiten in erster Linie geschätzt wurden, weil sie einen Geldwert repräsentierten (cf. Pirenne II, 370 f.), so führte vollends die Doppelbedeutung des Wortes „argent, argentum" dazu, den Namen (nicht das alte Amt) gelegentlich wieder zu Bedeutung zu bringen. Das geschah während der Reisen Philipps des Schönen und Karls V. nach Spanien, als mit der Spaltung des Hofes eine Verdoppelung des Amtes des Receveur général nötig wurde[3].

[1] Der Greffier ist, wenn ich vereinfachen darf, der Schreiber für die internen, auf den Geschäftsgang bezüglichen Angelegenheiten eines Rates (vgl. besonders die Bestimmungen für die Greffiers des Grand Conseil in der großen Ordonnanz von 1522, Rec. des Ord. II, 178 f., und in der Kanzleiordnung von 1497 die Aufzählung der Schriftstücke, von denen die Greffiers, und nicht die Sekretäre, die Gebühren erheben, unten Beilage 3), während den Sekretären die Fertigstellung der Schriftstücke obliegt, durch die der Rat mit der Außenwelt in Berührung tritt. Darum hat in unserer Ordnung der Greffier mitzuunterzeichnen, wenn es sich um ein Mandement en finances handelt, auf dem die Namen der Anwesenden zu nennen sind [11], während z. B. Quittungen nicht vom Greffier, sondern vom Receveur général mit signiert werden [3].

[2] Lameere 21, 36; unter Philipp dem Guten hat Lameere ihn überhaupt nicht erwähnt gefunden (cf. S. 190). Auch in Frankreich nimmt der Argentier eine untergeordnete Stellung ein; in einer Aufzählung sämtlicher Finanzbeamten von 1510 steht er noch hinter den Trésoriers des guerres und dem Maître de la chambre aux deniers, während ihm im Rang gleich folgt der Receveur de l'écurie (Jacqueton 151).

[3] 1505/06 war es Micault (unten S. 62, 79), in den zwanziger Jahren am

Neu schafft die Ordonnanz von 1487 eine den Commis und den Kassenbeamten übergeordnete Gruppe von sechs Seigneurs [1]. Es sind Angehörige des höchsten Adels, die sich da täglich von 9 bis 11 Uhr zur Erledigung der Finanzgeschäfte versammeln sollen; zwei Princes du Sang, durch den Titel „Cousin" ausgezeichnet: Philipp von Cleve Herr von Ravestein, kaum ein halbes Jahr später Führer der Aufständischen; der Herr von Bèvre, Sohn des großen Bastard Anthoine de Bourgogne, Gouverneur von Artois und Admiral; dann Jean de Berghes Herr von Walhain, für lange Jahrzehnte Senior des Ordens, als Haupt der englandfreundlichen Partei während der ersten Regentschaft der Margarete von Österreich, die er noch um einige Wochen überlebte, ihre Hauptstütze; endlich neben Martin von Polhain zwei Glieder des Hauses Lannoy, der Herr von Molembais und der Grand maître d'hôtel Herr von Maingoval, Vater des bekannten Vizekönigs von Neapel. Zutritt haben ferner die höchsten an der Staatsleitung beteiligten Beamten, der Kanzler (sowie seine Stellvertreter) und der Kämmerer.

Endlich wird der Behörde eine aus drei Sekretären bestehende besondere Kanzlei zugeordnet [2, 10, 11]. Die Sekretäre sind Nicolas de Ruter, der es bis zum Bischof von Arras bringen sollte, Gérard Numan, der Vorgänger des Haneton im Amt des Audiencier et Premier Secrétaire, endlich Jacques de Gondebault, der unsere Ordonnanz gegengezeichnet und die Kopie kollationiert hat, nach der die Eintragung ins Register der Chambre des Comptes de Brabant gemacht wurde. Diesen Sekretären wird das Vorrecht gegeben, künftig allein in Finanzsachen zu signieren [10]. Sonst werden keine neuen Bestimmungen getroffen; die Einschärfung einer alten scheint notwendig gewesen zu sein, daß nämlich die Sekretäre nur diejenigen als anwesend eintragen sollen, die wirklich bei der „expédicion" zugegen waren [11].

Mit Recht erscheint für diese wohl furnierte Behörde zum ersten Male die Bezeichnung „Conseil des finances" [1, 9].

Hof Karls V. Jean d'Adurca, genannt „nostre amé et féal conseiller, argentier et commis à tenir le compte de la despence extraordinaire de nostre hostel", indem ihm aufgetragen wird, an Lannoy, den Vizekönig von Neapel, die Pension zu bezahlen, die verbunden ist mit dem Amt des Grand maître d'hôtel, zu dem er am 20. Februar 1527 (n. st.) ernannt wurde (die Urkunde Aud. 29, fol. 39). Ein Zahlungsbefehl vom 21. Mai 1524 aus Burgos lautet: „Nostre argentier Jehan d'Adurca, payez, baillez et délivrez comptant des deniers de vostre entremise à damoiselle Anne Haneton, vefue de feu maistre Jaques Lauweryn, à son vivant trésorier de nostre espargne, la somme de . . ." (Aud. 29, fol. 27).

Die Vorbedingungen für ein ersprießliches Wirken werden geschaffen: Nicht nur, daß exemplarische Strafen angedroht werden, wenn weiterhin „plusieurs oultraiges et injures" gegen die Finanzbeamten vorkommen sollten [16]; alle Vollmachten der zwischeneingekommenen „financiers extraordinaires" werden aufgehoben [13], und unter den Finanzbeamten resp. -Pächtern im Lande soll gründlich revidiert und aufgeräumt werden [5]. Damit aber ein geordnetes Wirtschaften nicht von vornherein an Geldmangel scheitert, sollen außerordentliche Ausgaben, besonders Pensionen und Geldgaben, auf die Aides assigniert werden, damit die (besonders in Konfliktzeiten, wie die achtziger Jahre waren) sicherer einkommenden Posten aus den Domänen nicht von Anfang an zu stark belastet seien [6, 14].

Alle übrigen Artikel (8 von 17) suchen das Verhältnis des neuen Conseil zum Erzherzog festzustellen. Nach der Einleitung ist es geschaffen worden, damit Maximilian besser seinen „grans et pesans affaires" sich widmen könne. So sollen denn künftig alle Schriftstücke, die die Finanzen betreffen, nicht mehr von ihm signiert werden, sondern von den Mitgliedern des neuen Rates [4, 9], die sogar Vollmacht erhalten, für das Verfahren des Kassenwesens Ordonnanzen zu erlassen [12]. Daß aber nicht nur der Wunsch nach Entlastung maßgebend war, zeigen andere Bestimmungen. Bei der Ämtervergebung [7], Geldgaben [15], Erlaß von Steuern, Gebühren und ähnlichem [17] will Maximilian sich an die Zustimmung des Rates binden; vor allem aber, wenn es sich in augenblicklicher Not um eine Minderung der Einkunftsquellen selbst handelt [8]; sollte er das nicht innehalten, so wird dem Kanzler verboten, die betreffende Urkunde auszufertigen [8]. Eigentümlich vermischt sich hier der Wunsch des Volkes nach Beschränkung der Willkür des Fürsten, die eigene ernstliche Absicht, nicht nur von Tag zu Tag so fortzuwirtschaften, und ein Mißbehagen über die „importunité de requérans", denen man ihre Bitten nicht immer abschlagen mag, die man aber wünscht an eine andere Instanz weisen zu können.

Es sind die beiden oberen Gruppen, die so selbständig in autoritativer Stellung hervortreten. Ausdrücklich wird mehrfach betont, daß beim Signieren und beim Abgeben eines Gutachtens wenigstens „l'un desdits six seigneurs" und „l'un desdits commis" vertreten sein soll [3, 8, 9, 11]. In Artikel 3 aber erscheint die ganze Reihe der an der Finanzverwaltung beteiligten Gruppen (außer den Sekretären): Die Dechargen sollen signiert werden von einem der Seigneurs, einem der Commis, dem Receveur général; und der Herzog wird vertreten durch das Anheften des Signet.

Eine Beurteilung stelle ich noch zurück. Denn wir können zum Glück die Probe machen. Aus der zweiten Regentschaft Maximilians werden wir eine ganz ähnliche Behörde kennen lernen, für die zwar die Ordonnanz fehlt, deren tatsächliches Wirken aber aus zahlreichen Zeugnissen erschlossen werden kann (unten S. 64).

Unsere Ordonnanz ist vielleicht über die Wechselfälle von 1488/89 hinüber in Kraft geblieben. Denn am 21. März 1490 (n. st.) werden „Les commis sur le fait des demaine et finances" erwähnt (hier einmal die beiden oberen Gruppen gemeinsam benennend), und von den acht hohen Herren und vier „trésoriers des finances" [1], die als anwesend genannt werden, unterzeichnet je einer, der Premier Chambellan Engelbert von Nassau und der Trésorier Barradot. Wenn freilich gleichzeitig in der Ordonnanz für die Épargne vom 20. Januar 1490 (n. st.) nur geredet wird von den „trésoriers et commis sur le fait de noz demaine et finance" (siehe Beilage 2), so mag diese Formulierung die hohen Adligen noch einschließen sollen; jedenfalls aber spielen sie keine selbständig hervortretende Rolle mehr in einer mit diesen Worten bezeichneten Behörde. In der Tat ist in der schon besprochenen Ordonnanz von 1493 zwar die dritte Gruppe wieder vertreten durch den Receveur général, die mittlere durch drei Beamte, die sonst als „trésoriers" oder „commis" bezeugt sind [2]; anstatt der oberen kollegialen Gruppe aber finden wir einen leitenden Einzelbeamten, einen „Superintendent ende hooft van allen den financie" (Chmel 538). Da auch die besondere Kanzlei wieder verschwunden ist, wird die Behörde folgerichtig nicht mehr „Conseil des finances" genannt.

Es ist in der Tat befremdend (vgl. Anhang 6), daß die von Maximilian noch bis gegen 1512 überall vertretene kollegiale Form hier aufgegeben ist. Man kann aber in unserem Falle mit einiger Sicherheit sagen, daß ihm eine andere Konstruktions- und Uni-

[1] Nachdem die hohen Adligen aufgezählt sind (ob sie einem besonderen Finanzrat angehörten, ist leider nicht erkennbar), heißt es: „Messire [der Betreffende ist also Chevalier] George Rotaller, maistre Thibault Barradot, Thierry le Begge trésoriers des finances, Loys Quarré trésorier de l'ordre et receveur général, et Hues du Mont aussi trésorier des finances" (ChC. 135, fol. 216 v⁰).

[2] Unter der Überschrift „Die financien" heißt es: „Meester Thibault Barradot [nicht Larradot] — Hues du Mont — Jan Bontemps — De greffier — de duerwaerder — Symon Longin ontfanger generael" (Chmel 540).

formierungsmethode dazwischengekommen ist. Wir sahen oben (S. 19 f.), daß der Kanzler im Widerspruch mit dem burgundischen Brauch 1493 auf den „raedt van den justicie" beschränkt wird. Neben dem Kanzler nun, und in gewissem Sinne über ihm, war in Burgund leitender Staatsbeamter der Premier Chambellan (siehe unten Anhang 3). Dies Kämmereramt hat Maximilian — ähnliches liebt er auch sonst — in seine Bestandteile zerlegt. Zunächst ist der Titel verdoppelt worden: Den Premier Chambellan du roy (Maximilians) sahen wir 1493 als Haupt der Regenterie (oben S. 20), der Premier Chambellan de monseigneur l'archiduc (Philipps), Jean de Berghes, Herr von Walhain, wird dem Hofstaat Philipps vorgesetzt[1]. Ihm steht aber nicht, wie sonst dem burgundischen Kämmerer, die Verwahrung des Geheimsiegels zu, vielmehr wird dies „kleine Siegel" (Chmel 543) dem Propst von Lüttich anvertraut, d. h. dem anderen, nicht adligen, Erzieher Philipps, Franz von Busleyden[2]. Wenn es heißt, daß er „immer bei Philipp sein soll", so haben wir eine weitere Teilung des alten Kämmereramtes in die Hofcharge und die Vertrauensstellung beim Fürsten vor uns. Überblicken wir aber das Ganze der Organisation, so sind in schönster Systematik alle Verwaltungsgebiete unter fünf leitende Männer verteilt: Gerichtsrat, Regenterie, Kabinett, Finanzbehörde, Hofstaat; die vier ersten mit einem Siegel ausgestattet, dem „großen", dem „mittleren", dem „kleinen" Siegel, dem Finanzsignet. Wir werden im Anhang 6 sehen, daß dieser strenge Schematismus ein charakteristisches, immer wiederkehrendes Element der Verwaltungseinrichtungen Maximilians bildet.

---

[1] Er soll haben „'tregiment van dem huyse" Philipps (Chmel 538). Premier chambellan Philipps wird er genannt schon Mitte 1490 (Gachard, Lettres de Max., CRH. 2, III, 246) und gleichzeitig mit unserer Ordonnanz bei Dumont III, 2, S. 309. Vgl. den Bericht des Zach. Contarini vom 9. Juni 1496 bei Sanuto I, 210 („che era il primo zamberlan, consier e governador suo") und die „Chronik Philipps I." des Lorenzo de Padilla (Colección de doc. ined. VIII) p. 39 f. („que era caballero muy principal, y habia sido ayo del Archiduque, y era su camarero mayor, y caballero del Tuson"). Die konkurrierende Autorität des adligen und des gelehrten Erziehers (vgl. folgende Anm.) ist von größter Bedeutung für die Entwicklung Philipps des Schönen wie Karls V. gewesen.

[2] Chmel 543. Er führt in diesen Jahren offiziell den Titel „Maistre d'escole" Philipps. Wie dies Amt Busleyden zum leitenden Minister und zum Erzbischof von Besançon gemacht hat, so Adrian von Utrecht zum Gouverneur von Spanien und zum Papst.

Dies System bleibt nun, obwohl abgeschwächt, zunächst auch unter Philipp in Geltung. Der État vom 14. März 1497 (siehe Anhang 2) zeigt uns Bèvre noch als „Chef de nosdites finances" — neben ihm stehen vier Commis[1] —, Berghes als Premier Chambellan, den Kanzler als Haupt des Grand Conseil, Nassau als Chef des vertrauten Rates (oben S. 21). Busleyden wird nur als erster der Maîtres des Requêtes geführt; aber sein allmächtiger Einfluß auf Philipp ist bekannt. Einige Wochen nach diesem Dokument, am 1. Mai 1497, erließ Philipp in Brügge eine neue Ordnung für seine Finanzen[2], in der wir nun, wieder neben vier Commis, Busleyden als „Chief principal desdites finances" finden. Das ist verwaltungsgeschichtlich von Interesse. Denn wenn wir beobachten, daß das Amt des Chef der Finanzen mit dem des Premier Chambellan sich zu verbinden liebt (siehe Anhang 3), und die Frage unlösbar scheint, was den Kämmerer zum Leiter der Finanzen machte, ob der Amtstitel, so daß eine Kontinuität vom Kämmereramt des frühen Mittelalters her vorliege — wie es wohl bei dem Finanzminister der römischen Kurie, dem Camerlengo, der Fall ist — ob einfach seine Bedeutung als angesehenster der an den Geschäften sich beteiligenden Adligen, ob endlich die persönliche Vertrauensstellung beim Fürsten, so werden wir durch obiges Beispiel, wo nicht der Kämmerer, sondern der Vertraute Philipps das Amt erhält, auf das letzte gewiesen. Die Finanzen galten eben als Privatangelegenheit des Fürsten.

Aus demselben Jahre 1497 ist ein Schriftstück[3] erhalten, das fälschlich für „niederländischen Ursprungs" gehalten worden ist (siehe Anhang 6), das uns aber ein neues, wohl das interessanteste, trotzdem bisher kaum bemerkte, Element der maxi-

---

[1] Sie werden genannt „4 trésoriers commis sur le fait de nosdites finances" (CRH. 1, XI, 708, 682), ein einzelner heißt auch „Commis de nos finances" (704). Es sind dieselben Namen wie am 1. Mai, vgl. folgende Anm.

[2] ChC. 136, fol. 74—78. Philipp ernennt: „pour chief principal desdites finances monseigneur le prévost de Liége et de St. Donas, et avec lui pour commis et trésoriers avans la charge et conduite desdites finances messire Thibault Barradot chevalier maistre d'hostel, maistre Nicolas de Ruter prévost de Louvain, Hues du Mont et Roland le Fèvre, pour receveur général desdites finances Symon Longin, pour secrétaire signant èsdites finances maistre Gérard Numan, et pour greffier d'icelles Gilles Scolin" (fol. 74).

[3] Gedruckt bei Adler 509—511, besprochen S. 78—80. Die Datierung ist ziemlich gesichert (Adler 78 Anm. 2, 511; S. 23 steht fälschlich 1498). Es könnte sich höchstens um wenige Jahre Differenz handeln.

milianischen Reformpläne nahebringt. Es führt uns eine in großem Stil gedachte einheitliche Organisation der Behörden, speziell der Finanzbehörden, aller habsburgischen Lande einschließlich Burgunds vor Augen. Und als Glied in den Bestrebungen — um es gleich pointiert zu formulieren — der systematisch einheitlichen Organisation eines unifizierten großösterreichischen Königreichs ist es zu würdigen. Einige Worte über diese Zusammenhänge.

Es wurde oben (S. 43) erwähnt, daß die Zentralisierung der Chambres des Comptes, die Philipp der Schöne 1496 in Mecheln versuchte, mit solchen Bestrebungen in Verbindung stehen dürfte. Dazu kommt folgendes. Bereits 1491 war der König mit dem Plan hervorgetreten, in den burgundischen Hausorden vom goldenen Vließ ungarische und österreichische Adlige aufnehmen zu lassen, hatte aber von den versammelten Ordensrittern eine ausweichende Antwort erhalten [1]. In der entschiedeneren Form einer prinzipiellen Ausdehnung des Ordens auf die österreichischen Erbländer hat dann Maximilian einige Jahre später auf einer Ordensversammlung in Antwerpen diesen Plan wieder aufgenommen, offenbar wieder ohne Erfolg. Und nun schreibt er, während Philipp schon die Regierung angetreten hat, am 22. August 1497 aus Innsbruck an den Herzog und die Ordensritter: Da seit dem Tode Karls des Kühnen die Häuser Österreich und Burgund verbunden seien, halte er, wie er schon damals in Antwerpen vorgetragen habe, es für sehr nützlich und notwendig, daß auch im Hause Österreich eine gleiche Anzahl von Ordensrittern ernannt würden, „dont le chief-prince de ladite maison d'Austriche seroit chief", daß aber bei den gemeinsamen Ordenskapiteln der Herzog von Burgund den Vorrang haben solle vor dem „chief d'Austriche, se ledit chief n'estoit roy: ouquel cas il précéderoit le duc de Bourgoingne" [2]. Das bedeutete — Maximilian war bekanntlich „roy"! — ein Eingefügtwerden Burgunds als eines dienenden Gliedes in die österreichische Hausmacht, denn der Orden war die Zusammenfassung des ganzen mächtigen Adels des Landes und bildete gerade unter Maximilian das Zentrum der Staatsregierung, den vertrauten Kreis der herzoglichen Räte, das Kabinett. Wenn man nun weiß, daß gerade in dieser Zeit die burgundische Nationalpartei ans Ruder zu kommen begann, glücklich, endlich wieder einen eigenen Herzog

---

[1] Reiffenberg, Histoire de l'ordre de la Toison d'Or, S. 204 f.

[2] Gachard, Lettres inédites de Maximilien I., CRH. 2, III, 277—280.

zu haben, so begreift man, daß „cette proposition du roi surprit et embarrassa l'archiduc et les chevaliers assemblés"; und sie bewiesen, daß sie Maximilian nur zu gut kannten, wenn sie beschlossen, die Antwort aufzuschieben, „dans l'espérance qu'à la longue il naîtrait quelque circonstance qui lui ferait abandonner son projet"[1]. Wir werden sehen, wie Pläne dieser Art während der zweiten Regentschaft Maximilians wieder eine Rolle spielen. —

In demselben Jahr 1497 ist unser Entwurf verfaßt worden. Er fordert neben vier Regimenten, für das Reich (12; ich numeriere die Artikel 1—13), für Oberösterreich, Niederösterreich (11) und Burgund (12), ebensoviele Schatzkammern, eine fürs Reich (1, 8), eine gemeinsame österreichische in Innsbruck (1, 9), eine am Hof (mit dieser beschäftigt sich der Entwurf speziell), und als entsprechende burgundische Behörden die „schatzcamer zu Rûssel" (Ryssel ist bekanntlich der flämische Name für Lille) und die „argentier camer an herzog Philipen hof", beide schon „vor vil jaren geordent" (10). Vier „Aufseher und Superintendenten" sollen als zentrale Finanzbehörde am Hof Maximilians allen jenen Kammern übergeordnet sein (6). Im Anhang 6 werde ich mich weiter mit diesem Entwurf zu beschäftigen haben.

Die Geschichte der Finanzverwaltung unter Philipp dem Schönen ist — ich lasse die zeitweise für Erhebung der spanischen Einkünfte geschaffenen Organe beiseite — durch Stetigkeit ausgezeichnet. Es gibt zu denken, daß, während keine Schöpfung der „genialen Organisatoren" Karls des Kühnen und Maximilians Bestand gehabt hat, die wenigen unruhigen Regierungsjahre Philipps auch hier eine organische Fortentwicklung brachten, wie auf dem Gebiet der „Justice" die Einrichtung des Grand Conseil de Malines 1504, so auf dem der „Finances" die Vereinigung der geschäftlichen Leitung in einer Hand. Durch eine Urkunde, datiert Gent, 3. Dezember 1499, wird an Stelle der vier Trésoriers des finances Jerôme Lauwerin ernannt zum Trésorier général des demene et finances[2]. So sind denn in den ersten Jahren des 16. Jahrhunderts die drei Gruppen vertreten

---

[1] Reiffenberg 224f. Daß nicht die Ordensstatuten, auf die man sich berief, der wahre Grund für die Abweisung Maximilians waren, sondern das Nationalbewußtsein, beweist die Erweiterung des Ordens, auch Aufnahme einer größeren Zahl spanischer Herren, 1516 und 1518 (Reiffenberg 304, 311f., 347). Der Unterschied der Lage ist deutlich.

[2] Nach B. 2169, fol. 39, ist seine mit dem Amt verbundene Pension ihm an diesem Tage bewilligt worden.

durch je eine Person, den Chef, den Trésorier général, den Receveur général.

Nun sagt uns Karl V. in der Ordnung vom 22. Mai 1522, daß seit 21 oder 22 Jahren, also offenbar seit der Ernennung des Lauwerin, die Finanzen nicht mehr kollegial, sondern meist nur von einem Trésorier und manchmal nur von einem Chef und einem Trésorier verwaltet worden seien[1]. Das bestätigt sich aber nur für die Regierung Philipps des Schönen. Hält man sich an das vielfache Zeugnis der Quellen für die zweite Regentschaft Maximilians, so muß angenommen werden, daß Karl V. falsch unterrichtet war.

Dem Receveur général Simon Longin folgt seit dem 14. Juli 1507 Jean Micault, ebenso dem Trésorier général Jerôme Lauwerin seit Ende 1508 Roland Lefèvre. Dessen Amt muß sich aber, wie 1493 das des Kämmerers, mehrfache Teilungen gefallen lassen. Durch eine Urkunde, datiert Brüssel, 16. Juni 1508, ernennt Maximilian den Guillaume Normand zum Contrôleur général des finances[2]. Trésorier und Stellvertreter des Lefèvre ist seit März 1510 Charles Leclerc. Problematischer ist die Erwähnung des Propstes von Cassel, George de Themsick, eines Juristen, als Trésorier oder gar Trésorier général[3].

Seit 1504 ist Wilhelm von Croy, Herr von Chièvres, ein-

[1] Rec. des Ord. II, 206: „Premiers, l'Empereur, adverti et bien informé que par ci-devant, du vivant de feurent ses très nobles prédicesseurs, que Dieu pardoint, le faict de leurs finances a esté bien riglé et conduict et gouverné par pluisieurs notables personnaiges, et ce collégiallement, meurement et par pluralité de voix et opinions, comme ce faict ès chambres de ses consaulx et de ses comptes, et que néantmoins, depuis XXI ou XXII ans ençà, icelles finances pour la pluspart ont esté conduites par ung trésorier et aucune fois par ung chief et trésorier seullement, ce que ledict Seigneur, à son advènement et réception à ses pays et seigneuries de pardeçà, qui feust au mois de janvier XVe XIIII, ne trouva bon ne convenable" ... Als eine Kuriosität, die aber methodisch instruktiv ist, ist zu erwähnen, daß in der Ordonnanz vom 1. Oktober 1531 dieselben „21 oder 22 Jahre" wiederkehren (Rec. des Ord. III, 244).

[2] Auch genannt: „Contrôleur général de tous leurs pays et finances, Contrôleur général des offices des pays de pardeçà" (häufig im Register des Receveur général). Das Amt erinnert an das des „Obersten Aufsehers und Gegenschreibers („Contrôleur") für Österreich ob und unter der Enns und für Gmunden" von 1491 (siehe Anhang 6). Sonst ist es mir nur in dem großen Edikt von 1495 begegnet: „le contrerolleur des offices de nosdits pays" (Kluit V, 390 f.).

[3] Kreiten, Der Briefwechsel Max.'s I. mit Marg., 69, wahrscheinlich auch Le Glay, Corr. I, 455 (vgl. GGA. 1908, S. 272).

ziger „Chef et gouverneur des demene et finances“ [1]. Aber ihm ist gleich Anfang 1507 ein zweiter „Gouverneur“ in der Person des Jacques de Luxemburg Seigneur de Fiennes beigegeben worden, so daß die beiden oberen Gruppen nun heißen: Les chief, gouverneurs [plur.] et trésorier général [2]. 1509 wird das Finanzsignet und damit die wesentlichste Befugnis des Chef der Finanzen, der Regentin Margarete anvertraut [3].

Die einschneidendste Änderung in der Zusammensetzung des Finanzkollegiums ist aber seit 1511 zu verzeichnen. In den zwölf Fällen einer Benennung der Behörde, die ich von 1511 bis 1514 notiert habe, fehlt nie das neue Element „conseillers“ resp. „raiden“ der Finanzen; in drei Fällen erscheinen diese allein (immer neben dem Trésorier général), in den neun anderen Fällen steht daneben „gouverneurs“; dreimal kommt außerdem der Ausdruck „chef“ vor, davon einmal im Plural, und in diesem Fall werden ausnahmsweise auch Margarete und der Receveur général als anwesend genannt [4]. Vergleichen wir mit diesen Zeugnissen den

---

[1] 20. Nov. 1504 (ChC. 136, fol. 198v°), 1. Okt. 1505 (Nijhoff, Gedenkwaardigheden VI, 1, S. 339, 341), im Compte von 1506 genannt: „Lieutenant général et chef des finances“ (B. 2194, fol. 98), Anfang 1509 (B. 2207, fol. 315v°; 2210, fol. 413v°).

[2] Mai 1507 (Rec. des Ord. I, 23f., 25), 28. Dez. 1507 (Le Glay, Corr. I, 29: chiefs, gouverneur), 24. März 1508 (ChC. 136, fol. 223v°), 7. Juni 1508 (ib.), 1. Febr. 1509 (Aud. 788, fol. 139), 17. und 22. Febr. 1509 (nicht 1508; Quinsonas, Matériaux III, 202: chef, gouverneur), 13. März 1509 (Rec. des Ord. I, 79), 12. Juli 1510 (Quinsonas III, 218). Es signieren (neben dem Trésorier général): Chièvres allein zweimal, Chièvres und Fiennes viermal, Fiennes allein einmal.

[3] Vgl. den Brief Maximilians vom 25. Mai 1509 (Corr. I, 147), und Margaretes Antwort, datiert Haag, Juni 1509 (R. 10, fol. 317).

[4] 8. Juli 1511: Thooft, raiden, gouverneurs ende tresorier generael, anwesend Nassau, Chièvres, Fiennes, Berghes, unterzeichnet von Chièvres und Berghes (ChC. 136, fol. 289); 20. Juli 1511: Chefz, conseillers, gouverneurs et trésorier général, anwesend Margarete, Chièvres, Berghes, Lefèvre, Micault (ib.); 21. Juli 1512: Chièvres und Berghes als conseillers et gouverneurs (Quinsonas III, 232); 28. Febr. 1513: Nassau, Chièvres, Berghes als conseillers et gouverneurs, unterzeichnet von Chièvres (lies Croy anstatt Croix) und Lefèvre (Quinsonas III, 226); 29. April 1513: Max schreibt an Margarete und die conseillers et trésoriers (ein Versehen des Sekretärs) général des finances, dem Herrn von Reux eine Summe auszuzahlen (P. 10); 4. Mai 1513: Nassau, Chièvres, Berghes als raiden ende gouverneurs, signiert von Chièvres und Leclerck (ChC. 136, fol. 302); 31. Mai 1513: Les gouverneurs, conseillers et trésorier général, signiert von Chièvres und Lefèvre (De la Brière, Dép. de Carondelet, Comité des trav. hist. 1895, S. 134); 8. Juni 1513: Max an Marg. und die conseilliers et trésorier général (GGA. 1908, S. 261); 23. Okt. 1513:

État von Mitte Dezember 1510 (siehe Anhang 2), in dem es heißt: „Premier, il y aura les 4 chambellans du conseil des finances, qui sont: les sires de Nassou, de Chierves, Fiennes et Berghes", so ergibt sich, daß die Verhandlungen der Deputierten, die am 31. Januar 1511 zu Maximilian abreisten, „um Ordnung in die niederländischen Angelegenheiten zu bringen" [1], unter anderem zur Einrichtung eines „Conseil des finances" führten, dessen Haupt Margarete war, und in dessen repräsentativ leitender Gruppe die vier höchsten Adligen des Landes durchaus koordiniert sein sollten: Sie werden in der Reihenfolge ihres Adelsranges aufgeführt.

Danach scheint jene Angabe Karls V. quellenmäßig widerlegt. Wenn sie nun dennoch zutrifft, so liegt darin eine Kritik der maximilianischen Institutionen, wie sie nicht schärfer sein kann. Das alles stand lediglich auf dem Papier; im besten Fall war die Anwesenheit der hohen Herren eine Formsache. Margarete schreibt am 22. Dezember 1513 an Maximilian, daß der Trésorier général Lefèvre „conduit et manye seul les finances comme scavés" [2]. Das war in der Zeit ihrer heftigsten Konflikte mit Chièvres als dem Haupt der burgundischen Nationalpartei. Eine Statistik der Unterschriften (S. 63 n. 2 u. 4), in denen fast ausnahmslos Chièvres allein oder mit anderen, dagegen Nassau, Fiennes und Berghes entweder überhaupt nicht oder nur gelegentlich erscheinen, ergibt, daß Chièvres mit dem „Chef" gemeint ist, von dem Karl V. 1522 redet. Das stolze „Conseil des finances" Maxi-

Max an Marg. und les chief, gouverneurs, conseilliers et trésorier general, abermals wegen Reux (P. 12); Nov. 1513: Max an Marg. und die conseillers et trésorier général, Gattinaras Forderungen zu begleichen (P. 12); 16. Febr., 17. und 18. März 1514: Chièvres und Berghes als conseillers et gouverneurs, signiert von Chièvres (ChC. 136, fol. 320 v°, 321 v°, 322 v°).

[1] Dies gibt Marnix als Zweck ihrer Reise an, indem er Barangier bittet, ihn als Margaretes Sekretär zu vertreten (R. 12, fol. 310; vgl. GGA. 1908, S. 262, 272). Vgl. Le Glay, Corr. de Max. I, 456.

[2] P. 12. Am 23. Nov. 1513 hatte sie an Max über ihre Absicht, Ordnung in die Finanzen zu bringen, geschrieben, und schließt: „Touteffois pour bien entendre le tout, veu que nulluy fois le trésorier Lefèvre seul ne l'entend ny scet à parler du fait desdites finances, me semble, Monseigneur, qu'il n'y auroit que bien que y ordonnassiés quelque bon personnaige pour entendre et vacquer de vostre part avec ledit trésorier en ceste affère de finances, lequel pourra veoir et se aidier à dressier toutes choses et faire saige moy et ceulx des finances qui n'y entendons, fors ce que ledit trésorier nous dit" (P. 69). Corr. II, 55 bietet ein Beispiel, wie Okt. 1512 Chièvres und Lefèvre gemeinsam sich um die Finanzsachen bekümmern.

milians war längst vergessen; man erinnerte sich nur der faktisch leitenden Stellung Chièvres, begründet einfach durch seine Befähigung und vor allem den Willen zur Arbeit, der ihn vor den anderen hohen Adligen auszeichnete[1]. Der Versuch Maximilians, die Geschäftslast auf die Schultern der vornehmen Herren zu legen, ist verunglückt. Es war keine geringe Zumutung, sich jeden Morgen von 9 bis 11 Uhr in der Schreibstube aufzuhalten, und die hohen Herren dachten wie jene Fürsten, die nach einem Wort des Commines „par gloire dient: Je ne suis point clerc; je laisse faire à mon conseil: je me fie en eulx: puys, sans assigner aultre raison, s'en vont en leurs esbastz"[2].

Noch nach dem Regierungsantritt Karls, am 28. Januar 1515, wird Chièvres von Margarete bezeichnet als „principal des finances et du gouvernement de monseigneur"[3]. Die Ordonnanz vom 26. März 1515 (Rec. des Ord. I, 331—337) aber ernennt zwei Chefs (Antoine de Lalaing und Adrian von Utrecht), und neben ihnen einen Trésorier général und einen Receveur général. Die Ordnung vom 18. August 1517 (ib. I, 586—589) will nur vorläufig die Finanzverwaltung für die Zeit der Abwesenheit Karls regeln. Die demselben Zweck dienende vom 19. Oktober 1520 (ib. II, 32—36) gibt der 1519 zur Regentin ernannten Margarete den Titel „Chef et superintendente des finances". Die folgenden Reglements, vom 22. Mai 1522 (ib. II, 206—215), vom 1. Oktober 1531 (ib. III, 244—254), vom 12. Oktober 1540 (ib. IV, 243—253), vom 27. Februar 1545[4], wiederholen im wesentlichen diejenige von 1515. Ein neues Element tritt 1522 auf, indem ein „Commis" dem Trésorier général zugeordnet wird. Der Ausdruck „Conseil des finances" dürfte (abgesehen von den be-

---

[1] Wenn die Ordnung von 1522 sich mißfällig über die Leitung nur durch einen Chef und einen Trésorier äußert, so spielt mit, daß Karl V. schon bald nach dem Tode seines allmächtigen Ministers (Chièvres starb 1521 in Worms) die erste feudal und national-burgundisch bestimmte Periode seiner Regierung verleugnet hat.

[2] De Mandrot I, 134.

[3] Le Glay, Corr. II, 284 (datiert GGA. 1908 S. 282). An Stelle des Wortes „principal" stand ursprünglich „chef". Dies wurde aber von Marnix, der das Konzept geschrieben hat (P. 27), gestrichen, offenbar weil schon Terminus technicus geworden, während die Autorität Chièvres durch keine besondere Ernennung sanktioniert war.

[4] Aud. 787, fol. 24—42 = ChC. 1326, fol. 72—101. Die letzte Kopie ist von besonderem Interesse, da Marginalnoten ihre Benutzung und wohl Geltung noch bis ins 17. Jahrhundert zeigen.

sprochenen Behörden Maximilians) nicht vor 1531 offiziell gebraucht worden sein[1]. Ein Einfluß der spanischen Bezeichnung ist anzunehmen[2].

Wenn die Ordnung von 1522 bestimmte, daß die „chiefz, trésorier et commis collégialement" die Finanzgeschäfte erledigen sollen, so dürfte das auf Schwierigkeiten gestoßen sein. Denn die Behörde ist ein System von Unterordnungen. Die Chefs stehen „unter" der Regentin als „Chef et superintendente" (so 1540), der Trésorier général „unter" den Chefs[3], die Commis offenbar unter dem Trésorier général[4]. Doch ist die Regentin nicht eigentlich zur Behörde selbst zu rechnen, und die Bedeutung des Trésorier général wächst, wie die der Adligen abnimmt[5]. Eine genauere Untersuchung dieser Vorgänge dürfte sich lohnen, denn die burgundische Finanzbehörde ist, wie die englische, durch den Charakter des natürlich Gewachsenen ausgezeichnet. —

Blicken wir auf das Ganze zurück, so fällt die vollkommene Stetigkeit in der Geschichte der die Kassengeschäfte führenden Gruppe auf. Es sind unveränderlich dieselben Beamten, vor allem der Receveur général und der Maître de la chambre aux deniers. Die mittlere Gruppe wird zuerst nur durch den Trésorier gouverneur général vertreten. Als die Geschäftslast größer wird, tritt an seine Stelle (1447—1499) eine Mehrheit koordinierter Trésoriers oder Commis. Das Bedürfnis einheitlicher Zusammenfassung führt 1499 wieder zur Einsetzung eines einzigen Trésorier général; und wenn ihm von 1522 an für die Geschäftsführung

---

[1] Vgl. die Instruktion für Maria von Ungarn vom 7. Oktober 1531 (Rec. des Ord. III, 260 f.). In der Stelle bei Henne II, 129: „comme j'ai fait despescher ceste matière par gens de mon conseil des finances et des comptes" ist natürlich hinter „conseil" ein Komma zu setzen. Gachard redet Inventaire I, 344 von einem Brief des Conseil des finances an Fiennes vom 18. Dezember 1515; es steht aber nur der Ausdruck „gens des finances" da (fol. 322 v°).

[2] In Spanien, wo Karl V. sich nun viele Jahre aufgehalten hatte, gab es schon lange ein „Consejo de hacienda" oder „de finanças". Aus Spanien kommen auch die Ausdrücke „Staatsrat" und „Staatssekretär" (siehe Anhang 4).

[3] So 1515, und in einem Memoire über die niederländischen Angelegenheiten aus den 40er Jahren, in dem es heißt, es müsse an Stelle des Ruffault einer bestimmt werden, um dem die Geschäfte führenden Chef zu „assister" (Aud. 787, fol. 151).

[4] Wenn nach dem in der vorigen Anm. erwähnten Memoire bestimmt werden soll, was jeder der Commis zu tun habe, so weist das auf eine rein ausführende Tätigkeit. Guicciardini nennt die Commis erst hinter dem Receveur général (Descrittione 35).

[5] 1664 wird der Titel eines Chef der Finanzen aufgehoben (Alexandre 214).

Commis zugeordnet resp. untergeordnet werden, so ist auch dem Bedürfnis der Arbeitsteilung Genüge getan. Am kompliziertesten ist die Geschichte der oberen Gruppe. Nur bis 1447 und dann wieder von etwa 1460 bis 1487 geht sie wie in Frankreich im Rate auf. In der Regel stellt sie eine speziell mit den Finanzen sich befassende Sektion des vertrauten Rates dar. Die ganze Verantwortung und Geschäftslast hat nur Maximilian ihr zu geben versucht. Zwei Gründe sind es, die diese Gruppe der hohen Herren in Burgund so bestimmt hervortreten lassen. Einmal gab die Tatsache, daß die Chambre des Comptes in die Verwaltung nicht einzugreifen vermochte, dem Finanzkollegium von vornherein ein viel größeres Schwergewicht als etwa in Frankreich. Das übrige hat das starke feudale Element des burgundischen Staates getan.

Anhang: Die burgundische Épargne.

Die burgundische Épargne, die bisher vollständig übersehen worden ist, würde eine eingehende Behandlung verdienen. Es dürfte sich ergeben, daß wir es dabei mit einer dritten Gruppe von Einnahmen zu tun haben neben den Finances ordinaires, den Einkünften aus der Domäne, und den Finances extraordinaires, die in Burgund wesentlich nur durch die aides vertreten werden (vgl. oben S. 44f.). Die Aufzählungen sind sehr verschieden[1]. Aber vielleicht wird man vereinfachend formulieren dürfen, daß es sich handelt um eine Reihe von Gebühren und Strafgeldern, vor allem aber um Einkünfte aus den Regalien im Gegensatz zu denen aus der Domäne.

In der mehrfach erwähnten Ordonnanz von 1446 wird die Épargne bereits vorausgesetzt[2]. Diese Kasse mit dem vertrauenerweckenden Namen ist eine von den Institutionen, denen sich der erste Reformationseifer jeder neuen Regierung zuzuwenden pflegt. So ernennt Karl der Kühne noch als Graf von Charolais zu Brügge am 8. Mai 1467 zwei Receveurs principaulx, nämlich neben dem Receveur général de toutes sesdites finances (dem 1469 der Receveur für die außerordentlichen Einkünfte zur Seite tritt)

[1] Sie finden sich in fast allen in den Anmerkungen zu erwähnenden Urkunden; ausführlicher als in der mitzuteilenden Ordonnanz von 1490 (unten Beilage 2) z. B. in den Ordnungen von 1507 und 1515 (Rec. des Ord. I, 24, 339).

[2] CRH. 3, XII, 146f. Gachard, Inventaire III, 343. Rechnungen des Verwaerder van den Espargnen für Brabant sind erhalten von 1459—1467, für Flandern von 1466—1467 (CHC. 25177, 25191).

einen Receveur de son Épargne[1]. Maximilian kommt erst am 20. Januar 1490 (n. st.) dazu, die vergessene Einrichtung wieder aufzunehmen. In der Ordonnanz, die ich als Beilage 2 mitteile, bekennt der König, daß diese vorzügliche Einrichtung seit dem Beginn seiner Regentschaft aufgegeben worden sei, da ihn seine „grands affaires" zu sehr in Anspruch genommen hätten, er auch im übrigen von dem Bestehen der Kasse nichts gewußt habe. Die Einkünfte, so weit sie überhaupt von den Beamten abgeliefert worden seien, habe er schlecht verwandt. Die Institution wird also wieder aufgerichtet und ein Receveur de l'épargne eingesetzt — die Ernennungsurkunde des Jean Willems ist vom 3. Februar (ChC. 135, fol. 199) — dem ein Contrôleur zugeordnet sein soll.

Aber trotz des aufrichtigen Willens zur Ordnung, der auch aus diesen Bestimmungen Maximilians spricht, ist der Erfolg ausgeblieben. Die große „Ordonnanz über die Reïntegration unsrer Domänen" vom 6. Mai 1495, noch unter dem Namen Maximilians und Philipps ausgehend, in Wirklichkeit aber eine der ersten Taten des jungen Erzherzogs resp. seiner Räte, muß die Épargne neu einrichten[2]; Jean Willems wird abgesetzt und an seine Stelle tritt der Trésorier Hues du Mont[3]. Ausdrücklich greift man auf die Bestimmungen der Zeit Philipps des Guten zurück[4]. Für die Verwendung der Einkünfte wird festgesetzt, daß von den am sichersten eingehenden Geldern Philipp jedes Jahr eine bestimmte Summe zur freien Verfügung erhalten soll, während das Übrige nach einem zu bestimmenden État vom Receveur de l'Épargne verwandt wird[5].

---

[1] Die Ordonnanz findet sich ChC. 134, fol. 19—22, vgl. Lameere 187. Nach Gachard (Inventaire II, 11), dem Lameere 191 zu folgen scheint, hat die Ordonnanz vom 8. Februar 1468 (vgl. oben S. 51) die Épargne abgeschafft. Da sie aber 1473 wieder erscheint (Gachard, Inventaire I, 110), liegt vielleicht ein Irrtum vor.

[2] Kluit (vgl. oben S. 44 Anm. 2) V, 443—445. Eine „Ordonnancie gemaict opt stuck van der Espargnen" für Brabant, datiert Brüssel, 20. Juni 1495, findet sich ChC. 136, fol. 36v°–37v° = ChC. 25178, fol. 1v°—2v°. Aber schon vom Mai an beginnt die fortlaufende Reihe der Rechnungen des Verwaerder van den Espargnen van Brabant bis 1539 (ChC. 25178, 25179).

[3] Er wird erwähnt als Garde de nostredite espargne, Verwairder van onsen voirscr. tresorie, oder wie sonst der Titel variiert wird, in den zitierten Rechnungen (ChC. 25178, fol. 2, 4, 5 usw.).

[4] Die Einkünfte sollen erhoben werden „ainsi et par la manière que en estoit fait du temps de feu maistre Gautier de Lamandre" (Kluit V, 445). Dieser Gaultier de la Mandre wird 1454 als „Conseiller et garde de nostredite espargne" erwähnt (Gachard, Inventaire III, 343).

[5] „Item et des plus clers deniers de la dicte espargne seront mis ès

Die Kasse bleibt während der Regierung Philipps bestehen, wird aber, vielleicht nach dem Tode des Du Mont, ebenfalls dem Receveur général anvertraut.

Das wird erwähnt in einer Ordonnanz Maximilians vom 10. Mai 1507 [1], durch die er die „trésorie ou garde de nostredite espargne“ abschafft, da er genötigt sei, die Einkünfte für Ausführung des Testamentes Philipps zu verwenden. Mit ihrer Erhebung wird der Audiencier et Premier Secrétaire Philippe Haneton beauftragt [2]. Und es scheint, als ob wirklich die Gelübde Philipps des Schönen [3] noch für Jahrzehnte dem Staat diese Einnahmequelle entzogen haben. In den Brabanter Rechnungen wird seitdem, wenn ich nichts übersehen habe, der Name Épargne nicht mehr erwähnt, und es heißt regelmäßig bis 1539 (so weit reichen die Rechnungen) von diesen Einkünften, sie seien „alle geappliceert ende gebueght totter betalingen van den sculden ende furnissemente van den testamente van wylen mynen genedigsten heere den Coninck van Castillien“. Es könnte sich um Verwendung nur dieser Einnahmen aus Brabant handeln; aber in der Tat hat Karl V. am 28. März 1515 (n. st.) die Ordonnanz vom 10. Mai 1507 bestätigt, mitsamt der Zusatzordnung vom 22. Dezember 1510, durch die bestimmt worden war, daß noch Einkünfte aus der Do-

---

mains de nous Phelippe chacun an pour faire nostre plaisir la somme de six mil livres de XL groz et non plus, et le surplus sera employé en noz affaires tant ordinaires que extraordinaires selon l'estat qui sur ce sera fait audit Receveur de l'espargne“ (Kluit V, 445).

[1] Rec. des Ord. I, 23—25.

[2] Rec. des Ord. I, 23 n. 1. Die Ernennungsurkunde findet sich Aud. 813, fol. 19 v°—20 v°, eine Zusatzurkunde vom 13. Juni 1509 ib. fol. 153 f. Vgl. die Verhandlungen über Einsetzung eines Trésorier de l'Épargne April 1509 (Le Glay, Corr. de Max. et de Marg. d'Autr. I, 126).

[3] Das Testament Philipps, datiert Brügge, 26. Dezember 1505, und Middelburg, 2. Januar 1506, gedruckt Coll. des voyages des souv. des Pays Bas I, 493—496, weist nicht gerade besonders übermäßige Stiftungen auf. Aber als bald darauf die nach Spanien segelnde Flotte von einem fürchterlichen Sturm betroffen wurde, war das Gelübde des Königs nicht das vorsichtigste. Graf Wolfgang von Fürstenberg schreibt am 31. Januar 1506 aus Falmouth an seine Gemahlin: „Der kuing hat sich so vil er zua mal wigt myt silber gen sant Jacob vnd vnsser frauwen jn Spanj verhassen, al des kuings luit vnd die fuosknecht haben gros walfart verhassen, vnd an dail edelluit das sy Karduisser werden wollen, an dal kain flais nit mer essen; ich kan dir njt schriben was jederman verhassen hat, so vil haben sy verhassen“ (Zeitschrift der Gesellschaft für Beförderung der Geschichtskunde etc. von Freiburg etc. I, S. 138 f.).

mäne zugeschossen werden sollen[1]. Herbst 1522 tritt am Hofe Karls V. Jacques Lauwerin das Amt des Trésorier de l'épargne an, ist aber bald gestorben[2]. Ende der zwanziger Jahre finden wir den früheren Audiencier Jean Hannart als „Trésorier de l'épargne et des deniers ordonnez pour l'exécucion du testament de feu le roy don Philippe“[3].

Daß die burgundische Épargne vielleicht die Anknüpfung für die völlige Umwälzung der französischen Finanzverwaltung unter Franz I. geboten hat, wurde oben (S. 46) bemerkt. Als ein drittes neben Finances ordinaires und Finances extraordinaires war sie geeignet als Ausgangspunkt, um die Finanzaristokratie, die sich in den Ämtern der Trésoriers und Généraux festgesetzt hatte, zu überwinden.

3. Das Verfahren.

Wenn ich auf die Prozedur des Rates als eines Gerichtshofes nicht eingegangen bin, so darf ich es dagegen nicht unterlassen, einen kurzen Überblick über das Verfahren in der Finanzverwaltung zu geben. Der allgemeine Charakter des Gerichtsrates ist ausreichend bestimmt, wenn gesagt wird, daß er kollegial organisiert war. Aber wenn die vielfache Differenzierung der Organe für die Finanzverwaltung in einzelne Gruppen keineswegs auf Zufall ruht, vielmehr aus dem Bedürfnis der Kontrolle hervorgewachsen ist — und diesem Bedürfnis viel besser gerecht wird als eine kollegiale Behörde es könnte — so wird der Charakter dieser Gruppen erst anschaulich, wenn wir ihr Zusammenarbeiten ins Auge fassen. Das ist der Zweck der folgenden Seiten, nicht technische Einzelheiten vorzuführen. Darum gehe ich auch nur auf

---

[1] Rec. des Ord. I, 339—341.

[2] Nach Salinas ist Maestre Jaques Laurin am 18. September 1522 in Valladolid am Hof eingetroffen, um, wie man sagte, das Amt eines „Receptor de las penas de Cámara y de los bienes confiscados“ zu übernehmen (Briefe des Salinas S. 70; vgl. Anhang 1). Am 31. Dezember 1522 heißt er dann in einem Brief Margaretes an Karl: Trésorier de votre Espargne (Aud. 35, S. 54). Mai 1524 ist von seiner Witwe die Rede (oben S. 54 Anm. 3).

[3] Er hatte als einfacher Sekretär Maximilians begonnen, aber Ende der zwanziger Jahre kann er sich nennen: „Je, Jehan Hannart, chevalier et commandeur de l'ordre militaire de Saint Jaques, seigneur de Liekerke, visconte de Lombeke, conseiller ordinaire du privé conseil de l'empereur et son trésorier de l'espargne“ etc. (In einer Formularsammlung Cart. Man. 277, fol. 21.) Später wurde er gar Mitglied des Conseil d'État der Niederlande.

das Verfahren der verwaltenden Behörde am Hof ein, nicht auf das der Chambres des Comptes.

Leider werden im Druck der Ordonnanzen (vgl. oben S. 65) von 1522, 1531, 1540, die fast nur Wiederholungen derjenigen von 1515 sind, die Abweichungen nicht kenntlich gemacht. Schon in der Ordnung von 1515 haben wir im wesentlichen die letzte Redaktion vor uns, eine umfangreiche chaotische Sammelordonnanz, in der auf die Reihenfolge kein Gewicht gelegt ist, und sogar Widersprüche zwischen den alten und den neu eingefügten Artikeln stehen geblieben sind. Es würde eine dankenswerte, wenn auch penible Arbeit sein, die einzelnen Elemente dieser großen Ordonnanzen auf ihre letzten Ursprünge zurückzuführen, im Altfranzösischen, im Altburgundischen, während der neuen Rezeption französischer Formen unter Karl dem Kühnen, während der Einwirkung Maximilians. Exakte Untersuchungen solcher Art werden die Bedeutung der vergleichenden Verwaltungsgeschichte dartun, die wir heute noch in Gefahr sind durch dilettantische Voreiligkeit des Schließens zu diskreditieren. Insbesondere kann von Rezeptionstheorien, wenn sie Anspruch auf wissenschaftliche Begründung machen wollen, erst auf Grund solcher Vorarbeiten die Rede sein. Wie in Anhang 6 zu zeigen sein wird, kann heute kaum schon ausgemacht werden, ob die burgundischen Instruktionen nach Österreich hinübergewirkt haben. Einen bestimmten Anhalt dagegen gibt uns für die Mitte des 16. Jahrhunderts eine bisher übersehene Stelle bei Guicciardini, die von einer Rezeption der burgundischen Reglements für die Finanzbehörde am Hof bei „verschiedenen auswärtigen Fürsten“ redet[1]. An Österreich freilich wird man in so später Zeit kaum noch denken können; eher dürfte ein Nachforschen in den Institutionen der westdeutschen Kleinstaaten von Erfolg sein. —

In den burgundischen Ordonnanzen von der Zeit Philipps des Guten an zeigt sich eine auffallende Stetigkeit des Verfahrens, wovon man sich durch den Vergleich der Analysen bei Lameere etwa mit der Ordonnanz von 1540 überzeugen kann. Ich

---

[1] Guicciardini sagt 1567 von dem Conseil des finances: „... e cio con tali ordini e regole, che diversi principi forestieri n'hanno richiesto instruttione, per governare li stati loro al modo e similitudine di questo“ (S. 35). Guicciardini nimmt freilich gern den Mund etwas voll beim Rühmen der Niederlande und ihrer Einrichtungen. Aber wenn auch mit einer Übertreibung zu rechnen ist, so steht durch unsere Stelle doch die Tatsache als solche fest.

glaube es im folgenden unterlassen zu sollen, bei jeder Einzelheit auf all die identischen Bestimmungen in diesem weitschichtigen Material zu verweisen, und lege die Ordnung von 1515 zugrunde. Aufmerksam machen aber möchte ich auf die Ordonnanz Margaretes für ihre Finanzen vom 8. Dezember 1515 (Quinsonas III, 241—252). Sie ist nach burgundischem Muster gemacht, nimmt auch viele Artikel wörtlich herüber. Aber die kleineren Verhältnisse des Verwaltungsorganismus Margaretes bewirken viele Abweichungen, die um so wertvoller sind, als wir damit aus dem Bann der formelhaften Tradition an manchen Stellen herauskommen. Nicht selten ist auch das Bestreben nach klarerer und anschaulicherer Formulierung bemerkbar.

Ein Wort muß vorausgeschickt werden über das Zusammenarbeiten von Hofrat und Finanzbehörde in besonders wichtigen Angelegenheiten sowie rechtlichen Fragen und Parteisachen. Die Angelegenheit ist von den Finanzbeamten dem Kanzler vorzulegen, von diesem in Anwesenheit des Finanzkollegiums im Conseil privé zur Beratung zu bringen, um entweder gleich entschieden oder dem Herzog vorgetragen zu werden, „pour après y appointer et ordonner à son bon plaisir". Kommt umgekehrt eine die Finanzen betreffende Sache vor den Kanzler, vor allem durch die Bittschriften, die er entgegenzunehmen hat, so muß er die Finanzbeamten zur Beratung im Conseil privé hinzuziehen (Rec. des Ord. I, 336, Nr. 27).

Ich wende mich der Beschreibung des Verfahrens bei Einnahme und Ausgabe zu.

Jedes Jahr wird „au bureau et en la chambre desdites finances", wo auch alle Papiere und Register der Finanzbehörde sich befinden (Rec. des Ord. I, 331, Nr. 2), das Budget[1] aufgestellt (332, Nr. 8). Das geschieht in folgender Weise. Für jeden einzelnen mit der Erhebung beauftragten Beamten (Receveur) wird ein État, ein Überschlag der zu erwartenden Einnahmen und Ausgaben, gemacht. Da die Kosten für die provinziale und lokale Verwaltung diesen Beamten unmittelbar zugeteilt sind[2], wie auch sonst fort-

---

[1] Für Frankreich vgl. Viollet III, 510 f., für die deutschen Territorien Spangenberg, Hof- u. Zentralverw. der Mark Brandenburg, 1908, S. 423 n. 3.

[2] Angewiesen werden auch diese Ausgaben von dem Finanzkollegium, wie z. B. folgendes Billet (P. 62, Schreiberhand, ohne Datum und Adresse) zeigt: „Il plaise à messeigneurs des finances, ordonner au receveur d'Arras et aux maistres des ouvraiges d'Artois, de faire recouvrir au chasteau de Belmotte ung costé, lequel en hyvier derrenier passé par fault d'entretenement

laufende und außerordentliche Ausgaben[1], so kommen für die Zentralverwaltung nur die dem Receveur général abzuliefernden Restbeträge (les obligations du cler des estats des receptes desdits receveurs) in Betracht (332, Nr. 8). Das Resultat der Budgetaufstellung ist dem Herzog und dem vertrauten Kreis seiner Räte zu zeigen (332, Nr. 8). Der Greffier des finances faßt es in einem „Livret d'état" zusammen[2]. Am Anfang jedes Monats (oder eines Vierteljahrs)[3] werden von den Finanzbeamten aus den États der Receveurs alle in diesem Zeitraum fälligen Posten ausgezogen. Die Quittungen werden im voraus ausgestellt (über das Verfahren dabei vgl. unten) und samt den entsprechenden „obligations" dem Receveur général gegeben, damit er das Geld aufbringe. Dieser gibt dafür seine „contre-lettre escripte en ung registre", das auf dem Bureau aufbewahrt wird. Kann er einen Posten nicht eintreiben, so hat er die betreffende „obligation" und „descharge" zurückzugeben (333, Nr. 13).

Ein (wenn ich nicht irre) durch den eben genannten teilweise ersetzter älterer Artikel ist trotzdem stehen geblieben, wohl weil er technische Erläuterungen bietet: Der Receveur général darf eine

---

les cheminées et couverture tombèrent, et faire refaire le pont dudit chasteau. Ou autrement en brief temps le tout tomberoit à ruyne, que seroit ung grant dommaige, pour ung peu de chose de laissier gaster ledit chasteau. Pourquoy Nycolas d'Elvemotte comme capitaine dudit chasteau vous prie que provision y soit mise."

[1] Z. B. lag dem Receveur général de Flandre die Bezahlung der Beamten des Grand Conseil de Malines ob. Vgl. auch die folgende Anm.

[2] S. 334 f. (Nr. 19). Eine Zusammenfassung dieser Art, nur noch summarischer als sie in der Ordonnanz gedacht ist, findet sich Aud. 867, fol. 40—44: „Estat en brief du cler du domaine (dann auch für die aides) du roy, für das Jahr 1506. Ich teile einige der Eintragungen mit:

Le receveur de Louvain doit pour le cler de son estat de ladite année 944 l. 9 s. 8 d.

Le receveur de Bruxelles par son estat est trop chargé. Pour ce Néant.

Ou demeine de Luxembourg il n'y a point de cler obstant les grans charges qui sont sur ce assignées. Pour ce Néant.

Le receveur de Hesdin est trop chargé à cause des ouvraiges et des compaignons de guerre que l'on a entretenu ou chastel illec, y comprins les grains. Pour ce Néant.

Ou temps de cest estat escherront deux termes de l'ayde de Zellande montant à 16900 l, dont fault déduire 4000 l deues de reste à Andrien Andries pour le ravitaillement des navires. Ainsi y demeure 12900 l.

[3] Die Regelung von Einzelheiten dieser Art scheint dem Finanzkollegium vorbehalten zu sein. Vgl. Art. 12 der Ordnung von 1487 (unten Beilage 1).

Quittung nur auf einen besonderen Befehl des Finanzkollegiums hin ausschreiben (... ne devra lever aucunes descharges ne lettres de recepte). Diese wird auf dem Bureau von zweien der Finanzbeamten signiert, darauf registriert und mit dem Signet versehen, dann erst von dem Receveur général signiert und in sein eigenes Register eingetragen [1]. Erst nachdem dies alles erledigt ist, darf er die Aufforderung zum Einsenden der Summe ergehen lassen (... puist lever aucuns deniers par ses lettres de tenir compte) [2].

So fließen alle Gelder in der Hand des Receveur général zusammen. Einen Teil hat er weiterzugeben an die „Receveurs à tenir compte", wie den Receveur de l'artillerie, den Trésorier des guerres [3] und vor allem den Maître de la chambre aux deniers (334, Nr. 14) [4]. Diesem liegt die Dépense ordinaire de l'hôtel ob, die Besoldung der nach den Écrous täglich bezahlten Hofbeamten. Damit diese Ausgaben niemals ins Stocken kommen, wird gleich nach Aufstellung des État eine Summe von den am sichersten einkommenden Geldern (des plus clers et meilleurs deniers d'iceulx; in Margaretes Ordnung, Quinsonas III. 245: les plus clers et nectz deniers de son revenu) ausgesondert, die der Receveur général monatlich oder vierteljährlich dem Maître de la chambre aux deniers zu übergeben hat, und für deren richtige Anwendung die Maîtres d'hôtel verantwortlich sind (335, Nr. 20). Olivier de la Marche hat (Estat 14 f) anschaulich diese Erledigung der Dépense ordinaire auf dem „Bureau" (der Maîtres d'hôtel) beschrieben. Wertvolle Überreste dieser Verwaltung sind die Ordonnanzen für die Hofhaltung und die täglichen États; von beiden wird in Anhang 2 die Rede sein. —

Dem Receveur général kann auch durch „Lettres absolutes" der Befehl zugehen, eine Summe unmittelbar in die Hände des Herzogs zu bezahlen, „pour employer en ses affaires secrets et menus plaisirs" (336, Nr. 24). Die Ordonnanz wendet sich gegen den früheren Mißbrauch, daß solche Lettres absolutes ohne Wissen des Premier chambellan und der Finanzbeamten einem provinzialen oder lokalen Receveur zugestellt wurden. Damit war in der Tat jede Kontrolle aufgehoben, und man glaubt wohl, daß Maximilian

---

[1] Vgl. Art. 3 der Ordnung von 1487 (unten Beilage 1).

[2] S. 333 (Nr. 10).

[3] Eine Ordonnanz des Finanzrates für den Trésorier des guerres von 1543 findet sich Rec. des Ord. IV, 416—419.

[4] Ihm ist ein Contrôleur de la dépense ordinaire de l'hôtel zugeordnet. Über seine Befugnisse Coll. des voyages II, S. XII f.

von dieser Möglichkeit ausgiebig Gebrauch zu machen suchte. Von nun an sollten solche Befehle nur an den (mit den leitenden Finanzbeamten in Fühlung stehenden) Receveur général ergehen dürfen.

Für die „Dépense extraordinaire" leitet aber der Receveur général direkt auch die Ausgaben [1]. Es handelt sich im wesentlichen um 4 Kategorien: Pensionen, außerordentliche Geldgaben, Reisen und Gesandtschaften, endlich Luxusartikel, wenn man so die ganze Reihe zusammenfassen darf etwa vom Ankauf von Seidenstoffen bis zur Honorierung der Künstler — den Unterschied pflegt ja erst die Nachwelt zu sehen. Die in Lille vollständig von 1384 bis 1783 erhaltenen Rechnungen des Receveur général sind eine unerschöpfliche Fundgrube für die historische Erkenntnis. Am meisten ist bisher getan worden, um das Material der vierten Kategorie für die Kunstgeschichte zugänglich zu machen. Dagegen ist die Bedeutung der beiden ersten für Personengeschichte, der dritten für die politische Geschichte noch nicht genügend bekannt [2].

Aus der dem Receveur général für jene Ausgaben (pour l'extraordinaire) zugeteilten Summe (des deniers qui lui seront ordonnez) bezahlt er ohne weiteres die Kostbarkeiten und die Pensionen (335, Nr. 21). Dagegen darf er die Reisen geringerer Bedeutung (voyages et menues messageries) nur auf Grund eines von einem Finanzbeamten, dem Kanzler oder Privatsekretär des Herzogs unterzeichnetes Billet (cédulle) hin bezahlen (334, Nr. 14). Für die Gesandtschaften (ambassades et gros voyaiges) aber und alle Geschenke über 20 l. (334, Nr. 15; 335, Nr. 22) ist ein besonderes

---

[1] Vgl. das oben S. 54 über den Argentier Gesagte. Ausnahmsweise gehen auch Bezahlungen durch die Hand des Trésorier général, so wenn ein öffentlich repräsentierendes Auftreten erforderlich ist wie bei der Anwerbung von Soldaten. Quirino schreibt am 11. April 1505 aus Hagenau: „Questa matina fu facto una crida a son di tronbeta, che chi voleva uno fiorino de presenti fina a la summa de lanzechneti 2000, per andar cun el serenissimo re de Castiglia (in den geldrischen Krieg), dovesseno andar dal tesorier, che li seria dacto" (A. ö. G. 66, S. 77). — Derselbe gibt in dem Brief vom 19. Juli 1505 aus Antwerpen ein Beispiel für die leitende Tätigkeit des Trésorier général: „L'altro zorno vene qui el tesaurier regio per trovar danari, et tra le altre provissione el feze, diede lincentia a diversi merchadanti, de condur diexe millia peze de pannj de Inghiltera in questa terra, pagando do philipi . . . per cadauna peza fina" etc. (S. 131).

[2] Literatur siehe Anhang 1.

Mandement en finances nötig, das folgendermaßen ausgefertigt wird. Durch ein vom Herzog signiertes Billet (cédulle signée de la main de mondit seigneur) wird dem Secrétaire signant en finances der Auftrag gegeben, ein Mandement en finances auszufertigen (335, Nr. 22) [1]. Das Mandement wird immer feierlich auf Pergament geschrieben und gesiegelt. Es ist an das Finanzkollegium gerichtet (d. h. der Befehl muß erst die Kontrolle passieren), das den Auftrag an den Receveur général weiterzugeben hat [2].

Alle so vom Receveur général gemachten Ausgaben hat er am Ende jedes Monats zusammenzustellen und dem Finanzkollegium mit den Beweisstücken einzuliefern. Wenn alles für richtig befunden wird, erhält er für die eingetragenen Posten Decharge (lui seront passées lesdites parties y couchées), und es wird durch ein besonderes Mandement patent der Chambre des Comptes zu Lille Auftrag gegeben, diese Partieen ihm anzurechnen (. . . ilz passent et allouent en la despence des comptes dudit receveur général) [3].

Aus dem allen sieht man, daß eine strenge Kontrolle schon jede einzelne Handlung der Einnahme und Ausgabe begleitete. Wenn dann der Receveur général, wie die übrigen Finanzbeamten (Maître de la chambre aux deniers, Trésorier des guerres, Audiencier als Erheber der Siegelrechte, etc.) jedes Jahr vor der Liller Chambre des Comptes Rechnung zu legen haben (334, Nr. 17), so handelt es sich dabei um eine vergleichend zusammenfassende (Rechnungs-)Kontrolle, die auch die leitenden Finanzbeamten und den Herzog selbst traf. Die zahlreichen Marginalnoten in den Rechnungen (siehe Anh. 5 u. Beil. 9) zeigen, mit welcher Gewissenhaftigkeit die Chambre des Comptes ihres Amtes waltete (vgl. Lameere 65). Die Zumutungen, die an die Behörde gestellt wurden, waren keine

---

[1] Eine Reihe solcher Zettel aus dem Kabinett Karls V. aus den zwanziger Jahren werden in Brüssel aufbewahrt; so vom 20. August 1523: „Visconte de Lombeke (Jean Hannart) nostre audiencier, expédiez noz lettres patentes, par lesquelles soit mandé à Jehan d'Adurca nostre argentier payer . . .“ (Aud. 29, Nr. 6); vom 15. September 1523: „Nostre secrétaire Jehan Lalemand signant en noz finances, despeschez noz lettres patentes . . .“ (Nr. 7). Massenhaft finden sich solche Zettel auch unter den Papieren Margaretes in Lille, etwa in der Form: „Marnix nostre secrétaire, despeschez . . .“

[2] S. 333 (Nr. 11, 12), 334 (Nr. 14, 16), 335 (Nr. 22), natürlich etwas verändert unter dem Einfluß der Regentschaftsverhältnisse 1517 (Rec. des Ord. I, 587). Interessant ist der Brief Maximilians bei Le Glay, Corr. I, 28 f. Er zeigt unter anderem, daß eine Umgehung des Audiencier secrétaire signant en finances in keinem Fall möglich war (vgl. unten Anhang 4).

[3] S. 333, Nr. 12; 334, Nr. 14, 18.

geringen, besonders seit durch das plötzliche Hervortreten der äußeren Politik und die dadurch veranlaßte Geldnot [1] eine schlimme Unregelmäßigkeit in den Bezahlungen eintrat. Es finden sich in den Registern des Receveur général große, oft mehrere der mächtigen Folioseiten füllende und über eine Reihe von Jahren sich erstreckende Generalabrechnungen mit einer Person. So hat etwa Chièvres am 1. September 1498 als Restbeträge für Pensionen, Gesandtschaftskosten, Bezahlung von ihm unterstellten Truppen — das wird alles genau mit den Daten spezifiziert — seit dem 1. Oktober 1486, also im Ganzen über 12 Jahre hin, nicht weniger als 13423 l. 3 s. zu fordern, gibt sich freilich jetzt mit 4000 l. zufrieden (B. 2162. fol. 270v°—271v°); wohl weil die Verpflichtung eines neuen Regenten, für die Schulden seines Vorgängers aufzukommen, nur in der Theorie, in der Praxis dagegen streng nur für fromme Stiftungen galt. Alle jene einzelnen Posten aber sollten nachgeprüft werden.

Dazu kam, daß die Liller Chambre des Comptes vielfach mit Anfragen beschäftigt wurde, denn in ihrem Archiv waren seit einem Jahrhundert die Rechnungen der Zentralverwaltung konzentriert. Ein lehrreiches Beispiel, das uns einen großen Teil der Fonds übersehen läßt, teile ich als Beilage 8 mit.

4. Die Finanzbeamten.

Ein Hinweis auf die Karriere der Finanzbeamten darf nicht unterlassen werden. Die der Adligen und der Juristen bietet kein verwaltungsgeschichtliches Interesse. Der Adlige steigt auf vom Pagen oder dem vornehmeren Enfant d'honneur zum Écuyer, nämlich entweder écuyer d'écurie, oder pannetier oder échanson oder écuyer tranchant, denen allmählich gleichwertig geworden waren die Titel coûtilier, gentilhomme, varlet servant [2]; eine zweite Stufe beginnt beim Chevalier, und man avanciert zum chambellan und conseiller et chambellan; nur ein kleiner Kreis bringt es zum

[1] Daß die neuen Verhältnisse eine stets wachsende Geldnot hervorriefen, betont z. B. Adler 89. Für Frankreich vgl. Lavisse V, 1, S. 232, 238 ff., besonders die Geschichte des Semblançay. Zeigt sich dasselbe auch in Burgund, so ist nicht mit Blok (II, 410) zu schließen, daß trotz aller Reformen die Finanzverwaltung immer die schwache Seite der burgundischen Regierung gewesen sei, sondern daß selbst eine ganz hervorragende (dies Urteil z. B. Pirenne III, 26) Finanzorganisation vor diesem plötzlich auftretenden neuen Bedürfnis zu versagen drohte.

[2] Moeller, Éléonore d'Autriche, 52—54.

Ordensritter, zu einer der 4 hohen Hofchargen (Premier Chambellan, Grand maître d'hôtel, Premier sommelier de corps, Grand écuyer), zum Kapitän einer Ordonnanzkompagnie, zum Gouverneur einer Provinz. Das ist alles bestimmt durch das Zeremoniell, und den Ausschlag gibt in der Regel die Geburt. Bei den Juristen ist es das Leben in den Interessen und Stimmungen des Humanismus, die Parteistellung gegen das Volksmäßige und Feudale, was sie zu einer Kaste macht; durch die Universitätsbildung werden die Möglichkeiten der Karriere sehr eingeschränkt, etwa vom Advokaten an einer Bailliage oder Maître des requêtes an einem Provinzialgerichtshof zum Kanzler. Wie die Adligen, so werden auch die Juristen in der Diplomatie beschäftigt. Der Stand der Geistlichen hat in der Zentralverwaltung (anders in den Ständeversammlungen u. s. w.) kaum noch selbständige Bedeutung.

In den Kreisen der Finanzbeamten aber, die eng mit denen der Schreiber und Sekretäre zusammenhängen, ist das moderne Beamtentum geworden. Die Erkenntnis dieses Werdens scheint mir auf einer möglichst umfangreichen Statistik, die sich mit der Karriere dieser Beamten beschäftigt, ruhen zu müssen. Wenn meine Notizen einen Eindruck geben mögen von dem Charakter dieser Beamtengruppe, die ohne die Ansprüche der Geburt und der juristischen und humanistischen Bildung von der Pike auf dienen, so ist doch hier mein Zweck nur, die Ämter der Finanzverwaltung in ihrer Vielgestaltigkeit und ihrer Abstufung zu zeigen.

Als ein besonders sympathischer Zug dieser Verwaltung ist zu bemerken, daß die Finanzbeamten, wenn sie sich genug geplagt haben, im Alter den Posten eines Maître des comptes zu erhalten pflegen, also ein Amt, zu dem lange Erfahrungen, unbedingte Zuverlässigkeit und Sorgfalt nötig waren, das aber keine Aufregungen und außerordentliche Anstrengungen mit sich brachte; ein Amt lediglich ausführender Natur, das doch mit einer Autorität ausgestattet sein mußte, die eine Kontrolle auch über die leitenden Finanzbeamten und den Fürsten selbst möglich und wirksam machte. Die „vielesse et débilité, èsquels sont constitué la plupart desdits maistres ordinaires“ (Le Glay, Corr. I. 47), war die Regel. Da sind zunächst die Männer, die nach einander das Amt eines Receveur général bekleideten, Louis Quarré und der ihm am 11. Januar 1492 folgende Simon Longin[1], der seinerseits seit

[1] B, 2169 Anhang, Inventaire IV, 273. Seit dem 31. Oktober 1501 ist

dem 14. Juli 1507 dem Jean Micault Platz macht[1]. Louis Quarré war schon 1488 in Erwartung seines baldigen Rücktritts der Brüsseler Chambre des Comptes zugeteilt worden (ChC. 135. fol. 198), 1504 wird auch Simon Longin für die Sachen aus Luxemburg und Ciney an der Brüsseler Chambre des Comptes vorgemerkt, muß sich aber bis zu dem 1519 eintretenten Tod des Louis Quarré mit dem Amt eines Maître extraordinaire begnügen (ChC. 137. fol. 43 f). Der Sohn des Louis Quarré, nach dem Kaiser, seinem Taufpaten (Le Glay, Corr. I. 30), Maximilian genannt, ist seit 1507, also vom Kaiser eingesetzt, Greffier des finances und wird noch als solcher 1521 zum Maître des comptes in Brüssel ernannt, „affin que en ses anciens jours, èsquelz ne luy seroit possible porter les labeurs requis audit estat de greffier, il puist honnestement vivre et entretenir“ (ChC. 137. fol. 250). Vom Amt eines Trésorier des guerres kam Charles Leclerc[2] her, der seine Laufbahn als

---

Simon Longin auch Maître de la chambre aux deniers „de monseigneur le duc Charles de Luxembourg et de mesdames Alyenor et Ysabeau ses seurs“. Gachard scheint bei seiner Ausgabe des Itinerars Karls V. (Coll. des voyages des souverains des Pays Bas, II) die Rechnungen des Longin übersehen zu haben. Auch nach seinem Rücktritt vom Amt des Receveur général 1507, der wohl veranlaßt war durch die Notwendigkeit, sich neu zu bewerben und wieder Kaution zu stellen — solche Annehmlichkeiten brachte jeder Regierungswechsel mit sich — ist er noch mehrfach verwandt worden. Von Maximilians Zumutung freilich, 1511 die Verwaltung der Finanzen für den beabsichtigten geldrischen Krieg zu übernehmen, befreite er sich durch ein ärztliches Attest, daß er „quelque maladie intrinsèque“ habe und kein Pferd besteigen dürfe, wozu als weitere Fehler und Gebrechen kamen, daß er sehr schlecht hörte und sah und fast 60 Jahre alt war und die vlämische Sprache nicht verstand (Le Glay, Corr. II, 111). Anfang 1514 aber finden wir ihn, freilich mit drei anderen zusammen, unter den Maîtres des payes in dem von Maximilian geplanten Conseil de la guerre (siehe Beilage 10). Weil in der Nähe des Hofes lebend, erscheint er noch gelegentlich als Sachverständiger im Rate Margaretes (Quinsonas, Matériaux III, 252), und versieht kleinere Vertrauensämter, wie Verwaltung der für Karls Mutter Johanna bestimmten Gelder (Aud. 869, fol. 10).

[1] Die Rechnung B. 2202 ist die erste des Micault. Er war während der zweiten Reise Philipps nach Spanien gewesen „Argentier et commis à tenir le compte de la despence extraordinaire du roy de Castille durant son voyaige d'Espaigne (B. 2197, fol. 79, Aud. 867, fol. 35, vgl. oben S. 54). Über 30 Jahre war er als Receveur général, zugleich als Trésorier des Ordens vom goldenen Vließ tätig. Gesellschaftlich brachte er es bis zum Seigneur d'Oistersteyn. Sein Name ist in der Kunstgeschichte bekannt durch den „Triptyque des Micault“ aus St. Gudule, jetzt im Brüsseler Museum, wohl von Vermeyen. Er starb September 1539 (Henne VII, 302 f.).

[2] Aus seinen Rechnungen als Trésorier des guerres vom 20. Juli 1506

Maître des comptes zu Lille beschloß, schon 1508 von Margarete dazu vorgeschlagen, um zu „supporter et soulaigier les anchiens et caducques officiers“ (Le Glay, Corr. I. 47).

Jean Ruffault begann als einfacher Clerc des comptes in Lille [1], wurde dann Maître des comptes [2], und 1515 beim Regierungsantritt Karls Trésorier général des finances, ein Amt, das er bis gegen 1540 inne gehabt hat. Ein junger Mann also kann vom Amt eines Maître des comptes zu leitender Stellung aufsteigen; die Grenze zwischen nur ausführenden und zugleich leitenden Finanzbeamten ist ja zwischen dem Receveur général und dem Trésorier général zu ziehen (vgl. oben S. 75 Anm. 1.). Vom Trésorier général zurück in die Chambre des Comptes finde ich kein Beispiel.

Daß eine Schreibertätigkeit den Anfang der Laufbahn bildet, wie bei Maximilian Quarré und Jean Ruffault, dürfte durchaus die Regel sein. Daniel Leclerc und Anthoine Le Brun sind beide denselben Weg gegangen, vom Schreiber über den Posten des Receveur de l'artillerie zu dem des Trésorier des guerres [3]. Vielseitiger ist schon die Karriere des Guillaume Normand. 1494 Contrôleur de la dépense ordinaire de l'hôtel [4]

bis 28. Februar 1511 hat Gachard im Rapport sur les archives de Lille einen Auszug gegeben. März 1510 wird er dem Trésorier général Lefèvre als Adjunkt zugeordnet (Le Glay, Corr. I, 250, vgl. oben S. 62). Ihm folgt im Amt des Trésorier des guerres bis 1517 Jacques Grenet (Aud. 952, fol. 65 f.).

[1] So 1495 (B. 2152, fol. 6).

[2] So 1507 (B. 2201, fol. 135).

[3] Daniel Leclerc, Maximilians Sekretär (Le Glay, Corr. I, 59), wird 1509 in die Niederlande gesandt (ib. 159), ist 1511 als Receveur de l'artillerie bezeugt (ib. 408 f.), wird dann als Nachfolger des Jacques Grenet (vgl. oben S. 79 Anm. 2) 1517—1524 Trésorier des guerres (Aud. 952, fol. 66 ff., Auszüge aus den Rechnungen). Anthoine Le Brun ist 1514 Clerc du Trésorier général Lefèvre (B. 2237, fol. 299), dann Receveur de l'artillerie und 1524—1541 Trésorier des guerres (vgl. Aud. 973, fol. 11).

[4] Richard Contault ist vom Clerc des offices (ein in der Finanzverwaltung für die Hofhaltung beschäftigter Schreiber) Margaretes (1503/04; Quinsonas III, 140, 144, 147, 149) zum Contrôleur de la dépense de son hôtel avanciert (1508 f., 1515; Kooperberg 445, Le Glay, Corr. I, 176, Quinsonas III, 251), dann im Dienst Karls V. „Secrétaire ordinaire et contrerolleur de l'audience de noz seaulx (vgl. den État von 1515, S. 493), d. h. Adjunkt des „Premier Secrétaire et Audiencier“, geworden, gibt aber am 2. Juni 1518 das wichtige Amt (vielleicht hinderte ihn das Alter) zugunsten des Guillaume des Barres auf (P. 39). 1525 ist er wieder Margaretes Garde joyaux (Quinsonas III, 284), in den 30er Jahren ihr „Garde des librairie et cabinets“ (Gemälde- und Raritätensammlung; es wird sich nur um eine Teilbezeichnung des Amtes eines Garde joyaux handeln), und stirbt nicht lange vor 1540 (Gachard, Rapport sur les archives de Lille 41, 264).

(B. 2148. fol. 130), also Adjunkt des Maître de la chambre aux deniers, als solcher wesentlich nur mit Schreibarbeit beschäftigt, ist er 1495 Receveur général des demaine et aydes d'Artois (B. 2154. fol. 3), 1502 Receveur de St. Omer (B. 2177. fol. 9); 1507 soll er „Commissaire des monstres et revues de la gendarmerie de par deçà" werden [1], und obwohl das Conseil privé der Niederlande ihn für „inhabile à tenir office" erklärt hat (Le Glay, Corr. I. 49), wird er am 16. Juni 1508 zum Contrôleur genéral des finances ernannt (vgl. o. S. 62). Roland Lefèvre dürfte ebenfalls als Sekretär begonnen haben [2], 1495 wird er als Conseiller et receveur général des demaine et aydes de Flandre et d'Artois genannt (B, 2148. fol. 9, 32), 1501 steht er als Maître d'hôtel in der Reihe der Hofbeamten [3]. Bald tritt er als Seigneur de Tamise in eine höhere Gesellschaftsklasse ein, ist seit Ende 1508 Trésorier général (vgl. Rec. des Ord. I. 68), und spielt während der zweiten Regentschaft Maximilians auch politisch eine bedeutende Rolle. 1515 muß er Ruffault Platz machen und scheint 1519 in Zurückgezogenheit gestorben zu sein (Aud. 869. fol. 24). Drei Söhne hat er mit kirchlichen Pfründen versorgt (Le Glay, Corr. I. 346, 348 f). Glänzender und vielgestaltiger noch ist die Laufbahn des Casius Hacquenay. In der Kanzlei und im niederen Finanzdienst Maximilians hat er angefangen [4], und durfte sich doch am burgundischen Hof als Maître d'hôtel und Dritter Kämmerer Karls mit in die erste Reihe der adligen Herren stellen [5] Als Karl V. zur

[1] Le Glay, Corr. I, 48 f., Kreiten, Briefwechsel Maximilians mit Marg. S. A. 55, cf. 35.

[2] 1488 ist eine Urkunde von einem Lefèvre signiert (ChC. 135, fol. 260).

[3] B. 2173, fol. 63 v°. Maître d'hôtel wird auch Thibaut Barradot, der unter Karl dem Kühnen Sekretär (Plancher IV, S. CCCIII, CCCXVI, CCCL), dann Commis des finances war, 1497 genannt (vgl. oben S. 57, 59). Ebenso Casius Hacquenay.

[4] 1494 unterschreibt er als „conterolur" (Chmel, Urk., Briefe etc. zur Gesch. Max.'s, 48 f., cf. 78, 187 f.). 1498 wird er als Buchhalter, Registrator geführt (Fellner-Kretschmayr VI, 18, Adler 534), bald auch genannt Schatzmeister oder Rechenmeister (Adler 107 n. 1, 118 n. 3, 535), Pfennigmeister (Adler 426 n. 1), Trésorier (Chmel 230, Le Glay Nég. dipl. I, 137 ff.). — Ähnlich ist Jacques Villinger (Fellinger) im Dienst Maximilians vom Amt eines Buchhalters, Registrators ausgegangen (Adler 102 n. 4, 117 n. 3, 126 n. 3, 535), wird dann genannt als Trésorier und Hofkammermeister (Adler 138) und 1512 und 1514 zum leitenden Finanzbeamten Maximilians gemacht (die Urkunden Fellner-Kretschmayr VI, 54—76, Adler 547—565, vgl. 131—133).

[5] So wird ihm 1514 seine Pension bezahlt auf Grund von Lettres patentes vom 30. Januar 1513 (n. st.), wegen der Mühe, die er seitdem gehabt habe,

Regierung kam, blieb er als „Procurator und Solicitor general" des Kaisers (Brewer II. 1. S. 699) und als Maître d'hôtel Karls (CRH. 3. VI. 145) am burgundischen Hof, an allen wichtigeren politischen Verhandlungen beteiligt [1].

Der erste burgundische Trésorier général Jerôme Lauwerin zeigt uns (mehr noch als seine Nachfolger Lefèvre und Ruffault) das Aufsteigen eines leitend an der Finanzverwaltung beteiligten Beamten zu bedeutender Machtstellung. Am 11. März 1497 war er an Stelle von Lefèvre zum Receveur général des aides de Flandre ernannt worden und hat dies Amt bis an seinen Tod verwaltet [2]. Der „Grandt trésorier", wie Lalaing das neu geschaffene Amt des Trésorier général (oben S. 61) bezeichnet, wird von Philipp in Lyon am 16. April 1503 zum Chevalier gemacht [3]. Als Herr von Watervliet und Commissaire au renouvellement des lois von Flandern und von Seeland ist er August 1509 gestorben [4]. Der Verfasser einer Beschreibung der zweiten Reise Philipps nach Spanien legt durch seinen Haß von der Macht des Mannes Zeugnis ab [5].

Aber in Burgund standen die hochadligen Chefs der Finanzen dem Aufkommen des Trésorier général im Wege. Eine viel bedeutendere Stellung erlangte gleichzeitig in Frankreich der auch vom Amt eines Sekretärs herkommende Trésorier Robertet [6]; und während der ersten Regierungsjahre Ferdinands I. war der Schatzmeister und Sekretär Salamanca sein allmächtiger Günstling [7]. Das Hervortreten der äußeren Politik, die Notwendigkeit, kriegsbereit zu sein, hatte die Finanzen in den Vordergrund geschoben (o. S. 41), und die in diesem Ressort leitenden Beamten [8]

„de en absence de monseigneur de Chierves grant et premier chambellan et du second chambellan de mondit seigneur coucher en sa chambre comme IIIe chambellan" (B. 2237, fol. 156v^0, 177).

[1] Brewer II, 1, S. 412 und sonst. Daß Casius die Interessen des Kaisers gegen Chièvres vertreten habe (Ulmann I, 822), trifft nicht zu, wie besonders aus Brewer II, 1, S. 126 f., zu ersehen ist.

[2] Gachard, Inventaire III, 396, Le Glay, Corr. I, 181.

[3] Lalaing, Voyage de Phil. le Beau en Espagne 1501 (Coll. des voyages des souverains des Pays-Bas I, 121—340), S. 282, 287.

[4] Le Glay, Corr. I, 175 f., 179, 181. Einiges über seine Besitzungen bei Van Lokeren, Chartes de St. Pierre II, 330 ff.

[5] Coll. des voyages I, 468 f.

[6] Luçay, Les Secrétaires d'État, 9—11; Decrue 32.

[7] Vgl. die neue Beleuchtung der bekannten Tatsache in den Briefen des Salinas, S. 137, 169, 227, 234 f.

[8] Als Gegenstück ist an die großen Bankhäuser jener Zeit zu erinnern,

beginnen sich über die Juristen zu erheben, für deren Idealismus nicht recht mehr Verwendung ist. Ähnlich hat auch sonst große Geldnot das Amt des Finanzministers zu dem ausschlaggebenden gemacht; man braucht nur an die Vorgeschichte der französischen Revolution zu denken. In den beiden Gemeinwesen aber, die keinen Bruch in ihrer Entwicklung zu verzeichnen haben — das gibt dem Argument ein großes Gewicht —, in England und an der päpstlichen Kurie, hat durch die Jahrhunderte hindurch bis heute der Finanzminister eine leitende Stellung eingenommen [1]. An der Kurie ist für dies Amt sogar der alte Kämmerername erhalten; doch wohl deshalb, weil der Titel nicht wie anderswo in der Glorie des Erblichwerdens verkümmern konnte.

Die Karriere des Robertet und Salamanca, wie etwa auch des Marnix [2], ist schon stark mitbestimmt durch die Bewegung, aus der die Bedeutung der Staatssekretäre hervorgehen sollte. Davon soll in einem Anhang die Rede sein. Es dürfte sich empfehlen, beide Reihen möglichst scharf zu trennen, damit man zu einem wirklichen Verständnis der komplizierten Entstehung des Staatssekretariats gelangen könne.

---

die sich plötzlich zu europäischer Bedeutung erheben. Dafür ist bekanntlich grundlegend: R. Ehrenberg, Das Zeitalter der Fugger, 2 Bde, 1896.

[1] Für den Lord Schatzmeister als leitenden Minister vgl. Gneist 221, 504, 591, 695. Heute ist der First Lord of the Treasury in der Regel zugleich Prime Minister. An der Kurie führt der Finanzminister, der Camerlengo, während einer Sedisvakanz die Geschäfte. Daß nur dann seine Autorität „wieder auflebt" (Bangen, Die römische Kurie 353, vgl. 347—354), ist ein charakteristisches Zeugnis dafür, daß wir ganz alte Formen vor uns haben.

[2] Vgl. GGA. 1908, S. 262. Marnix war im Dienst Margaretes zuerst Sekretär, dann als Seigneur de Thoulouse seit 1514 Trésorier et receveur général (Die kleineren Verhältnisse des Verwaltungsorganismus Margaretes erlaubten die Vereinigung beider Ämter) oder wie er sich selbst einmal lateinisch nennt: „Clavarius et primus receptor camere" (P. 68), 1525 Margaretes „Conseiller et Premier Secrétaire" (Quinsonas III, 284), 1531 Sekretär des Conseil d'État (Rec. des Ord. III, 239, siehe Anhang 4). Über seine Herkunft und Familie gibt Auskunft ein Memoire an Margarete (P. 66), in dem er um 1510 ein Urlaubsgesuch begründet.

III. Das Conseil privé seit 1504.

1. Bestandteile.

Haben wir in der Geschichte des Grand Conseil verfolgt, wie ein Unbestimmtes bestimmt, ein Schwankendes fest wurde, so müssen wir wieder mit der Unbestimmtheit beginnen, wenn wir das Conseil privé ins Auge fassen. Wie früher im Grand Conseil, so liegen nach der Ablösung der Behörden für das Finanzwesen und die Gerichtsbarkeit nunmehr im Conseil privé die Keime aller künftigen Entwicklung. Wir versuchen, die einzelnen Elemente in ihrer Verbindung und Sonderung und vor allem ihrem verschiedenen Schwergewicht zu erkennen. Nicht die schwankenden Bezeichnungen [1] und die starren Formeln lege ich zu Grunde, sondern die fast gleichzeitig niedergeschriebenen Formulierungen Wielants. Zunächst einen noch während der ersten Regentschaft Margaretes aufgezeichneten Satz; nachdem Wielant von der Einsetzung des Grand Conseil 1504 berichtet hat, fährt er fort: „Pour l'expédition des matières de grâce (vgl. u. S. 88) ledict seigneur retint devers luy son chancellier et quattre maistres des requestes avecq l'audiencier et aulcuns secrétaires seullement [2], et sy feist

[1] Es kommt gelegentlich auch für den neuen Hofrat die Bezeichnung „Grand Conseil" vor. So bei Molinet in dem köstlichen Bericht über das Zensurverfahren (1504/05) gegen eine Stelle in den Memoiren des Olivier de la Marche, die das Andenken des Josse de Lalaing herabzusetzen geeignet war (Molinet V, 240—242, vgl. Olivier de la Marche III, 256 n. 7). Das ist ein Nachwirken der früher üblichen Bezeichnung. Wenn aber offiziell 1504 dem Präsidenten des „Grand Conseil arresté" entgegengesetzt wird der des „Grand Conseil lez nous" (Rec. des Ord. I, 78), so schwebt der Gedanke vor, daß es sich in beiden Fällen um Teile des alten Rates und um ein Präsidieren in juristisch bestimmten Angelegenheiten handelt. Gaillard gibt in seinen beiden Arbeiten dem neuen Hofrat die Bezeichnung „Grand Conseil lez le prince"; eine falsche Verallgemeinerung einer ganz singulären Ausnahme.

[2] Die übrigen sind dem Grand Conseil zugeteilt.

ung conseil lez luy qu'ilz appellent le conseil privé pour les grans affaires de la maison et des pays, auquel venoient messeigneurs du sang, les chevaliers de l'ordre, les maistres d'hostelz, les maistres et les gens des finances, lesquelz despuis ... ont besoingné èsdictes affaires" [1]. Die Formulierung ist von außerordentlichem Interesse. Sehr charakteristisch ist es, wie unvermittelt neben einander steht ein doppelter Zweck („für Erledigung der Matières de grâce", „für die schwerwiegenden Angelegenheiten") und verschiedene Personengruppen (einerseits Juristen und Sekretäre, andrerseits Adlige, Hofbeamte, Finanzbeamte); das erste als Anfang und als fester Kern erscheinend, das zweite als Hinzugekommenes, aber als das Gewichtigere; das Ganze als Einheit gedacht und mit dem einheitlichen Namen Conseil privé benannt. Wenn die Formulierung nach unsern Begriffen unlogisch scheint, so bezeichnet sie doch in schlagendster Weise den spätmittelalterlichen Gesamtrat und die ganze Schwierigkeit, die seine verschiedenen Bestandteile unserm Verständnis und unsrer Darstellung bieten.

Wielant hat später (er starb 1521) sein Werk fortgesetzt und anstatt der obigen Formulierung folgenden Passus geschrieben: „Et il retint devers luy, pour son conseil privé", seinen Kanzler Thomas de Plaine, den Bischof von Arras, den Dompropst von Utrecht Philibert Naturel, und Gérard de Plaine seigneur de la Roche, dazu 4 Maîtres des Requêtes, eine Reihe von Sekretären und Huissiers. Die Namen und die von den einzelnen bezogenen Gagen werden genannt (S. 143 f). Das ist — eine Kopie der Rubrik „Conseil" aus der (noch aufzusuchenden) Ordonnanz für die Hofbeamten vom 15. Dezember 1504 (vgl. Anhang 2). Wielant benutzt auch sonst diese Urkunden. Die Entstehung der auf alte Tradition zurückgehenden Rubrik (vgl. Anhang 2) läßt sich durch Vergleich der von Van Lokeren veröffentlichten 6 États von 1426 bis 1477 verfolgen. Aus den 5 oder 7 „Secrétaires" (1426, 1431; S. 282 f) werden die Gruppen der „Conseillers

---

[1] Genauer heißt der Schluß: „lesquelz, despuis le trespas de mondict seigneur et son chancelier [nicht „chevalier"; die Abkürzungen sind einander ähnlich] de Plaine [† 1507] et la venue de madame la régente, ont besoingné èsdictes affaires soubz la présidence d'un président dudict conseil privé et soubz le nom de l'Empereur et de monseigneur l'archiduc, pour l'advis de madame la régente, laquelle a la garde des sceaulx d'icelluy conseil et des finances" (Wielant, S. 143 n. 1). Danach ist die Stelle zwischen 1509 (vgl. Finanzsignet) und 1514 geschrieben worden.

et maîtres des requêtes"[1] und der Sekretäre, beide wieder in sich abgestuft nach der Gehaltsklasse und dem Unterschied dauernder oder zeitweiliger Beschäftigung[2]. Diese wahrscheinlich öffentlich aushängenden Ordonnanzen und die täglich auf dem Bureau neu aufgestellten Listen (vgl. Anhang 2) beeinflußten natürlich die Terminologie — das zeigt schon die Stelle bei Wielant — und die Anschauungen, und dadurch auch die Organisation. Ein Schluß aber von jener Rubrik auf die Organisation darf nur mit größter Vorsicht gezogen werden.

An einer anderen Stelle, wo er die Bestätigung der von Philipp dem Schönen übernommenen Behörden durch den Regenten Maximilian berichtet, gebraucht Wielant die Bezeichnung Conseil privé in einem dritten Sinne. Er schreibt: „Semblablement fust continué le conseil privé de quattre conseilliers et maistres des requestes"[3]. Das ist mit der ersten Formulierung zusammenzustellen, in der ebenfalls die 4 Maîtres des requêtes, denen die Erledigung der Matières de grâce obliegt, als Kern des Rates erscheinen. Auch sonst werden sie als eine Gruppe für sich genannt; so in einem Brief Margaretes an Maximilian vom 22. Februar 1511, in dem sie um Gehaltserhöhung für diese Räte bittet[4], und in einer interessanten Stelle aus dem Bericht über die Totenfeier für Philipp den Schönen am 18./19. Juli 1507[5].

---

[1] Das ist ein einheitlicher Begriff: „juristischer Rat". Wenn etwa der Procureur général am Grand Conseil de Malines, Jean Rousseau, der zugleich das Amt eines „Conseiller et maistre des requestes supernuméraire de nostredit Grand Conseil" inne hat, aufrücken soll in die erste freie Stelle eines „Conseiller ordinaire" (Aud. 788, fol. 30 f.), so entspricht das „supernuméraire" dem „ordinaire", ist also nicht Attribut zu Maître des requêtes, sondern zweites Attribut zu Conseiller. — Ebenso ist einheitlich der Begriff „Conseiller et chambellan"; z. B. heißt es 1528 in einer Ernennungsurkunde: „. . . retenons et ordonnons en estat de nostre conseillier et chambellan, aux gaiges audit estat appertenans" (Aud. 29, fol. 65).

[2] S. 285, 287 f., 290, 292 f. Parallel geht die Ausbildung der Rubrik „Chambellans" in die Gruppen „Conseillers et chambellans" und „Autres chambellans" (S. 282, 283, 286, 288; 293: „Conseillers et chambellans ordonnez estre au conseil").

[3] Der Satz geht fort: „soubz madame l'archiduchesse douaigière de Savoye, régente et gouvernante, au mesme estat qu'il avoit esté institué par feu le roy, saulf qu'au lieu du chancellier trespassé fust faict ung président dudict conseil privé", etc. (S. 145 f.).

[4] „IIII conseilliers, maistres des requestes ordinaires de l'hostel" (Kreiten, Briefwechsel, 78 f.).

[5] Der Bericht ist veröffentlicht von Gachet aus dem Archiv von Béthune in CRH. 2, V, 113—119. Dort heißt es, nachdem elf hohe Adlige als anwesend

Eine vierte Bedeutung der Bezeichnung „Conseil privé" müssen wir hinzunehmen. Sie benennt im ursprünglichen Wortsinn (sonst wird sie in der Regel durch den Gegensatz gegen das „Grand Conseil" bestimmt)[1] den kleinen Kreis vertrauter Räte, den wir Kabinett nennen können. Schon Mitte des 15. Jahrhunderts gebraucht Chastellain gelegentlich den Ausdruck für die beiden Brüder aus dem Hause Croy und ihren Neffen, Jean de Lannoy[2]. Jetzt finden wir offiziell den Juan Manuel, das Haupt der kastilianischen Adelspartei am burgundischen Hof, als „conseiller du conseil privé" bezeichnet[3]; Quirino nennt ihn dann einmal ausdrücklich als Teilnehmer an „tuti i consegli secreti"[4]. Da liegt in dem Ausdruck „privé" derselbe prägnante Sinn, wie wenn in der Hofliste vom 25. Oktober 1515, in der einfach „Conseil" überschriebenen Rubrik, Adrian von Utrecht (der spätere Hadrian VI) den spezielleren Titel führt: „Conseiller du privé conseil"[5]; wir wissen, daß er in der Tat, bis er am 1. Oktober 1515 als Gouverneur nach Spanien reiste, neben Chièvres die erste Rolle im Rat Karls V. gespielt hat[6].

aufgezählt sind: „Item pour gens de finanches, monseigneur le trésorier, le trésorier des guerres, le receveur général, le controlleur et autres. — Item pour gens de conseil, le chancelier de Brabant, le président de Flandres, l'audiencier, les seigneurs des requestes, secrétaires et plusieurs autres officiers" (S. 113). Man beachte die Parallele von „gens de finances" und „gens de conseil"; und daß unter „conseil" keine bestimmte Behörde gedacht wird, vielmehr in weitem Sinne der Begriff der Justice; in erster Linie werden die Präsidenten zweier Provinzialgerichtshöfe aufgezählt.

[1] So ist sie, bei aller verschiedenen Bedeutung, doch immer eindeutig: 1463 ist es der mit den Finanzen spezieller sich beschäftigende Rat (oben S. 50), 1493 der Regentschaftsrat (oben S. 21), nach 1504 im allgemeinen der Hofrat überhaupt, mit dem Auge des Juristen gesehen aber der Rat für Erledigung der Matières de grâce im Gegensatz zu dem für die Matières de justice im engeren Sinne.

[2] Chastellain III, 80: „Et sambloit bien au duc et à ceux de son conseil privé, les seigneurs de Croy et de Lannoy, que . . ."

[3] Er ist durch Lettres patentes, datiert Arlon, 18. März 1505 (n. st.), zu diesem Amt ernannt worden und hat am 20. März den Eid geleistet (B. 2191, fol. 193v⁰; vgl. den Brief Quirinos vom 31. März, S. 57).

[4] 8. Mai 1506, La Coruña; Höfler, Quirino 210.

[5] Dieser Gebrauch des Ausdrucks im ursprünglichen Wortsinn („vertrauter Rat") ist natürlich unabhängig vom Terminus technicus „Conseil privé". Darum kann, wie hier ein Mitglied des „Conseil privé", so 1500 einer der Räte des „Grand Conseil" in genau gleichem Sinne spezieller bezeichnet werden als „Conseiller du privé conseil" (vgl. oben S. 21), „Kabinettsrat".

[6] So findet ihn Mitte Juni 1515 der venetianische Sekretär Pasqualigo, der früher in Löwen sein Schüler gewesen war, und berichtet in maßlosem

Das Ineinander all jener persönlichen und sachlichen Elemente im Gesamtrat bietet erhebliche Schwierigkeiten [1]. Wieder darf man nicht durch einen Schnitt scheiden wollen. Vielmehr haben wir abermals das Gesetz vor uns, daß die Angelegenheiten, die in beamtenmäßiger Arbeit erledigt werden, sich zuerst aus dem Ganzen herauszuheben beginnen. So treten, neben den Sachen der Finanzverwaltung, besonders selbständig hervor die Matières de grâce [2], die vom Kanzler und jenen 4 Maîtres des requêtes erledigt werden.

Gut faßt man alle übrigen im Rat zu verhandelnden Angelegenheiten zusammen unter dem Ausdruck „Grandes affaires", der nicht nur von Wielant (o. S. 85) und Olivier de la Marche (o. S. 20), sondern auch in offiziellen Ordonnanzen (Rec. des Ord. III, 239) gebraucht wird. Auch hier ist wieder eine Gruppe von Räten zu nennen, die sich spezieller mit der geschäftlichen und gelehrten Seite der Sache befassen und als Sachverständige dem Rat der hohen Herren zur Seite stehen. Es sind jene drei außer dem Kanzler und den Maîtres des requêtes besonders namhaft gemachten Männer (oben S. 23, 85).

Scheiden wir diese beiden gelehrten Sektionen ab, so bleibt als Körperschaft, bei der die eigentliche Entscheidung in allen wichtigen Angelegenheiten liegt, ein kompliziertes Gebilde zurück. Es ist der alte feudale Rat, zu dem die verschiedenartigsten Elemente gehören. In ihm aber beginnt sich das Kabinett zu bilden; wieder so, daß einige der Glieder des alten Rates sich regelmäßiger und intensiver der Erledigung der Geschäfte widmen. Das ist die letzte Entwicklungsstufe. Hat bis dahin die Fülle des Lebens und neuer Aufgaben immer neue lebendige Organe geschaffen, so ist das Wesentliche jener letzten Entwicklung ein Absterben der Reste des alten feudalen Rates.

Staunen, daß „nescio quo casu" dieser „singularissimo teologo" zu leitender Stellung in Staatssachen gekommen sei; „ad ciò vediate come va la sorte de li homeni" (Sanuto XX, 445).

[1] Wie wenig die bisherigen Arbeiten einen Anhalt zur Lösung geben, kann man daran ermessen, daß nach Fruin 137 der Hofrat seit 1516 Conseil privé genannt worden sein soll, und daß Matthieu zu der Scheidung von Grand conseil und Conseil privé 1504 sagt: „L'un de ces corps s'occupait exclusivement de politique" (Matthieu, Grand Conseil 204).

[2] In dem Kompetenzstreit zwischen Conseil de Brabant und Conseil privé (o. S. 40 Anm. 3) wurde man zu einer Definition dieses Begriffs genötigt. Die Urkunden Rec. des Ord. II. 467, 491 f., zählen auf, was unter „actes de grâces, provisions de grâces, choses de grâce, lettres de grâce" zu verstehen sei.

Nur das angedeutete Schema scheint mir vor Konflikten mit Einzeltatsachen zu schützen. Nach diesem Vorbehalt dürfen wir aber doch vereinfachend zwei Seiten des Gesamtrates unterscheiden. Die qualitative Verschiedenheit des Beamtenmäßigen und des Feudalen stellt die beiden Pole dar, an denen sich seine einzelnen Elemente orientieren. Auf die eine Seite gehören die Conseillers de courte robe, die Conseillers et chambellans, allgemein die Adligen, auf die andre die Conseillers de longue robe, die Conseillers et maîtres des requêtes, allgemein die gelehrt oder praktisch gebildeten Beamten, auch Finanzbeamte und Sekretäre. Auf die eine Seite gehört der alte feudale Rat und in seinen Anfängen das Kabinett, auf die andre alle Beamtenkollegien, die sich von ihm gelöst haben, von den Chambres des Comptes und Provinzialgerichtshöfen bis zur Finanzbehörde[1], der neuen Sektion für Erledigung der Matières de grâce und der Kanzlei. Das Kabinett erst führt über den Gegensatz hinaus und schließt damit auch hier die Entwicklung.

Uns soll im Folgenden nicht das Feudale, und nicht die Bildung des Kabinetts beschäftigen, sondern die beamtenmäßige Arbeit des Conseil privé. Es handelt sich um das Gebiet der „Justice" (im weitesten Sinn), für das 1504 eine neue Reihe einsetzt, während die Entwicklung der Finanzbehörden in einer einzigen Linie gezeigt werden konnte.

Doch müssen wir unablässig den Gesamtrat im Auge behalten, denn offiziell, und in gewissem Sinn auch tatsächlich, ist er das einzige Organ für Erledigung aller Angelegenheiten, auch etwa der Matières de grâce[2]. Darf also das Herausheben einzelner Elemente nur mit Vorsicht geschehen, so wird es dann unmöglich, wenn die organische Entwicklung gehemmt und gestört wird durch unruhige und anormale Verhältnisse, wie etwa während der zweiten Regentschaft Maximilians, der wir zunächst unsre Aufmerksamkeit zuzuwenden haben. Mit einer Reihe von Ausnahmeformen müssen wir beginnen.

[1] Ich sehe hier davon ab, daß das feudale Element in einer Reihe dieser Behörden noch lange eine bedeutende Rolle spielt.

[2] Wir sahen im ersten Abschnitt dieser Untersuchung, wie eine doppelte Entwicklung gleichzeitig sich durchsetzt, die Scheidung zwischen einem Rat der Juristen und einem Rat der hohen Herren, und wiederum im Rat der Juristen die Herauslösung einer lediglich der Erledigung der Gerichtsbarkeit im engeren Sinn dienenden Behörde. Indem die letzte Entwicklung die entschiedenere ist, löst sich zunächst ein Gerichtshof aus dem Gesamtrat. Was nachbleibt, gilt noch als Einheit, obwohl weitere Scheidungen längst sich angebahnt haben.

2. Die Organisation während der zweiten Regentschaft Maximilians, 1507—1514.

Ein eifriger Parteigänger Maximilians meint, der König habe nur ungern zum zweiten Mal die Regentschaft übernommen, „pour ses grans affaires et pour aucunne petite souvenance du temps passé“ [1]. Das ist sicher falsch gesehen. Dem Großvater der verwaisten Kinder Philipps des Schönen war Recht und Pflicht zur Übernahme der Regentschaft so selbstverständlich, daß für Reflexionen und Wünsche überhaupt kein Raum blieb. Vollends hat er den Wunsch der Niederlande nach einer nationalen, nicht habsburgischen Regentschaft immer nur als böswillige Rebellion ansehen können. Aber der schon allzuviel Beschäftigte konnte nicht selbst die Regierung ausüben; er brauchte einen Stellvertreter. Die Annahme, daß Maximilian gleich Anfang 1507 ohne weiteres seine Tochter Margarete zur Regentin an seiner statt ernannt habe, wird auch neuerdings von Kooperberg (siehe Anhang 1) wieder aufgenommen (S. 196 ff), obwohl er selbst die Briefe Gattinaras veröffentlicht, der Ende 1507 monatelang beim Kaiser um Ausfertigung einer Vollmacht sich bemühen mußte. Die Verhandlungen haben sich schließlich durch Jahre hingezogen. Sie zu verfolgen bietet ein um so größeres Interesse, da wir in der Lage sein werden, den Vergleich mit der zweiten Ernennung Margaretes zur Regentin durch Karl V. 1518/19 zu ziehen.

Schon als Mitte 1505 Philipp der Schöne sich rüstete, seine zweite Reise nach Spanien anzutreten, wünschte die seit 1504 verwitwete Margarete, während seiner Abwesenheit die Regentschaft in den Niederlanden zu übernehmen. Anfang Juni 1505 hat sie in Cleve mit ihm im Beisein Maximilians darüber unterhandelt. Man hat sich aber nicht einigen können, und sie ist nach Bresse, ihrem savoyischen Witwengut, zurückgekehrt [2]. Wie wir sahen (oben S. 24 f.), ernannte Philipp schließlich Chièvres, das Haupt der burgundischen Nationalpartei, zum Lieutenant général.

---

[1] Der Verfasser des Berichts über die zweite Reise Philipps nach Spanien (Coll. des voyages des souverains des Pays-Bas. I, 456).

[2] Nach den Briefen Quirinos wird schon seit Anfang April 1505 Margaretes Zusammenkunft mit Vater und Bruder erwartet (S. 69, 93, 94, 107). Am 8. Juni aber schreibt er aus Cleve: „Madama Margarita sorella de questa maesta era venuta qui cun intentione de restar in Fiandra al governo del paexe andando questo re im Spagna; perche non si siano acordato insieme et ley, se ne e ritornata in Savolgia a certo stato che la de li“ (S. 112).

Von den Verhandlungen zwischen Maximilian und Margarete 1507—1509 läßt sich nur schwer ein Bild gewinnen, da sie auf mündlichen Besprechungen zwischen Vater und Tochter Frühjahr 1507 ruhen und durch mündliche Besprechungen Herbst 1508 bis Frühjahr 1509 zu Ende geführt wurden. Nach dem interessanten Brief Maximilians an Margarete bei Le Glay, Corr. I. 120—123 vom April 1508 [1] steht fest, daß man sich bei der Zusammenkunft in Hagenau Frühjahr 1507 über Margaretes Vollmacht geeinigt hatte. Eine Ausfertigung aber war unterblieben. Die Vollmacht vom 18. März 1507 (n. st.) beauftragt sie nur, den Eid der Stände für Maximilian entgegenzunehmen [2]. Die von Le Glay im Anhang II. 431 f mitgeteilte undatierte Bestallungsurkunde zur Regentin ist nur ein „Konzept aus ihrem eignen Kabinett" [3], darf also nicht Anlaß geben zu dem Urteil: „Jamais aucune gouvernante n'eut une liberté plus complète" [4]. Margarete hat niemals die in der Tat hochgespannte Autorität erlangt, die dieser Entwurf als ihren Wunsch uns zeigt.

Noch lange stand selbst das in Frage, ob ihre vorläufige [5] Autorität als Stellvertreterin, „procureur", des Königs zu einer definitiven als Regentin erweitert werden würde. Am 2. August 1507 schreibt Sigismund Pflug an Herzog Wilhelm von Jülich, „daß er als Haupt der Lande erwünscht sein würde" (Ulmann II. 297). Das blieb ein flüchtig auftauchender Gedanke. Sehr ernstlich aber hat Maximilian den Plan erwogen, den Erzbischof von Trier, Jakob von Baden, den rechtmäßigen „Kanzler von Burgund", als Haupt der Gerichtsbarkeit und der Kanzlei in die Niederlande zu

[1] Vgl. den Brief vom 25. Februar, Corr. I, 39—41. — Eine Tabelle in den Göttingischen gelehrten Anzeigen, 1908, S. 284 f., ermöglicht, von den Nummern der durch Le Glay herausgegebenen Korrespondenz Maximilians und Margaretes her an die zerstreuten Resultate gemeinsamer Datierungsarbeit, die sich auf 170 Briefe beziehen, heranzukommen.

[2] Rec. des Ord. I, 8 f., vgl. 9 f., Quinsonas III, 181—195, Kooperberg 197 f.

[3] Ulmann II, 297 n. 2. Es ist vielleicht der Entwurf der Vollmacht „bien ample et souffisant autant qu'il est possible", mit der sich der König Ende Dezember 1507 vorübergehend einverstanden erklärt hatte (Kooperberg 404).

[4] Pirenne III, 74, Henne I, 137.

[5] Auch Pasqualigo sagt 1507 in seiner Relation: „fino vi vadi soa majestà" (Sanuto VII, 49). Um eine vorläufige Anerkennung als Bevollmächtigte des Regenten dürfte es sich auch auf der Ständeversammlung zu Löwen Ende April 1507 gehandelt haben (vgl. Ulmann II, 297, Kooperberg 199).

senden. Die für ihn bestimmte, am 11. August 1507 von Maximilian unterzeichnete Instruktion hat Kooperberg S. 254 (vgl. 259) analysiert. Die Briefe Gattinaras an Margarete aus den folgenden Monaten kommen immer wieder auf seine und seines Mitgesandten Sigismund Pflug Bemühungen zurück, den Kaiser zur Ausfertigung einer Vollmacht für seine Tochter zu bewegen und wenn möglich auch die Sendung des Erzbischofs zu verhindern[1]. Erst am 19. Dezember 1507 gab der König ihrem Drängen nach (Kooperberg 399), am 26. Dezember befahl er, die Vollmacht nach dem Konzept Gattinaras auszufertigen (ib. 404). Das wurde aber wieder verschleppt bis zur endlichen Abfertigung der Gesandten März 1508, wie der schon erwähnte Brief Maximilians vom April desselben Jahres (Le Glay, Corr. I. 123) zeigt. Der Brief beschäftigt sich besonders mit der Ämterbesetzung. Margarete wünscht die Entscheidung darüber für sich, aber Maximilian besteht darauf, „que je retieng quelque chose avecq vous pour vous gouverner et pour nostre réputation et le vostre par le conséquent“ (Corr. I. 122, vgl. Kooperberg 363). Daß er sich nicht hat erweichen lassen, zeigt der sehr große Raum, der in der Korrespondenz durch Fragen der Ämterbesetzung eingenommen wird. Die in unserm Brief angekündigte Vollmacht aber ist wirklich bald darauf abgesandt worden. Sie war offenbar allgemein gehalten; das Wesentliche war die Bewilligung des Titels „Régente et gouvernante“[2]. Endlich zeigt jener Brief, daß der Fürstin damals auch die Führung des Siegels anvertraut wurde[3].

Daß aber ihre Autorität trotzdem nur vorläufig bis zur An-

[1] Man vergleiche in den Briefen Gattinaras bei Kooperberg S. 343, **344**, 346, 357 f., **360**, 367, 369, **376**, 378, 382, **387ff.**, **398 f.**, **404.**

[2] Margarete schreibt am 24. Mai 1508 an den Magistrat von Valenciennes: „Il (der Kaiser) nous a aussi, puis aulcuns jours enchà, envoyé ample povoir, faculté et puissance de, en son nom et absence, régir et gouverner les affaires de pardechà, voeillant et ordonnant que doresenavant nous soions intitulée »régente et gouvernante« desdits pays de par dechà“ (Rec. des Ord. I, 48). Ob sie vor Ausstellung dieser Vollmacht formell schon das Recht hatte, unter ihrem Namen Erlasse ausgehen zu lassen (Rec. des Ord. I, 36, 42), mag dahingestellt bleiben.

[3]) Vgl. oben S. 85 Anm. An Stelle des 1507 gestorbenen Kanzlers Thomas de Plaine wird durch Lettres patentes, datiert Brüssel, 24. Juni 1508, der Präsident des Conseil de Flandre, Jean le Sauvage, zum „chef et président du privé conseil“ ernannt (B. 2210, fol. 177). Ihm folgt am 8. November 1511 Gérard de Plaine Seigneur de la Roche, der Sohn des Kanzlers Thomas de Plaine (B. 2218, fol. 90, vgl. GGA. 1908, S. 274). Beim Regierungsantritt Karls wird er abgesetzt und Sauvage Kanzler.

kunft des Kaisers gedacht war, zeigt folgende Stelle in der Instruktion, die Maximilian am 9. Juni 1508 dem in die Niederlande zurückkehrenden Sekretär Margaretes, Jean de Marnix mitgab: „Et que si[l] ledit Empereur ne peut ceste fois aller pardelà, qu'il est en intencion de y ordonner ung conseil, dont elle sera le chief, et qu'il vouldroit bien qu'elle l'ordonnast elle mesmes, et voulsist advertir sa Magesté de son advis sur ce, car sadite Magesté en a desia ordonné ung en ses pays d'Austriche et ung autre en son pays de Thirole, et seroit bien d'advis de ainsi l'ordonner pardelà". (R. 8. fol. 55, vgl. Kooperberg 305). Das ist zusammenzustellen mit der Eröffnung, die Maximilian am 22. November 1508 persönlich dem Ordenskapitel, oder was sachlich fast dasselbe ist, dem Conseil privé in seiner vornehmsten Erscheinungsform[1], machte: Er habe die Absicht, Österreich und Burgund zu einem Königreich zu vereinigen „sous le nom d'Autriche et Bourgogne"; in Österreich habe er zu diesem Zweck schon Verhandlungen eingeleitet[2]. Gemeinsamer Widerspruch Margaretes und des Landes wird ihn veranlaßt haben, den Plan vorläufig fallen zu lassen. Aufgegeben hat er ihn nicht; in dem zu besprechenden Entwurf eines État von Mitte Dezember 1510 heißt es: „ ... car l'intencion dudit seigneur Empereur est de, incontinent après qu'il aura amené mondit seigneur pardeçà (also nach Österreich), de faire icelluy seigneur Roi d'Austrazie". (Rec. des Ord. III. 72). Anstatt des Doppelnamens war Maximilian also nun zu einem einheitlichen fortgeschritten, der an „Austria" stark anklingt und doch geeignet scheinen konnte, das burgundische Nationalgefühl nicht allzu sehr zu verletzen.

Wie 1497/98, so begegnen uns auch hier gleichzeitig die Pläne einer Verschmelzung aller habsburgischen Lande, und einer einheitlichen Behördenorganisation für alle Gebietsteile[3].

---

[1] Besonders unter Maximilian ist die Ordensversammlung häufig der offizielle Staatsrat (vgl. Kooperberg 401, 405, 406 usw.). Darum sind auch für die politische Geschichte während der beiden Regentschaften des Habsburgers die Ordensannalen eine wichtige Quelle. Das Buch von Reiffenberg ist ein Auszug aus diesen Protokollen (vgl. Anhang 1).

[2] Reiffenberg 279 f. Der Gedanke ist von Karl V. mehrfach aufgenommen worden.

[3] Erst dadurch erhebt sich der Gedanke über die tausend flüchtigen Ideen des Kaisers, wie etwa die, die Franche-Comté mit Ferrette und Elsaß

Die Pläne kamen nicht zur Ausführung. Vielmehr erlangte Margarete in mündlichen Besprechungen eine Reihe von neuen Zugeständnissen. Am 28. Februar 1509 (n. st.) finde ich zum ersten Mal die Unterschrift: „Per imperatorem, Margareta“ [1]. Daß ihr Frühjahr 1509 auch das Finanzsignet anvertraut wurde, sahen wir oben (S. 63). Man beachte — wir werden dasselbe bei der zweiten Regentschaft Margaretes finden, — wie die Autorität in einzelnen Teilen vergeben wird. Die eigentliche Bestallungsurkunde aber, datiert Antwerpen 18. März 1509 (n. st.), hält sich durchaus in allgemeinen Ausdrücken (Rec. des Ord. I. 79—81). Man muß das für Absicht halten, wenn man an jenes Konzept Gattinaras denkt und an die Bemühungen der Gesandten, für Margarete mindestens dieselbe Autorität zu erwirken, die kurz vorher Chièvres gehabt hatte [2]. Der Kaiser will offenbar in keinem speziellen Punkt die Leitung aus der Hand geben. Darum auch wohl die starke Betonung des Vorläufigen: „nostredite absence durant et jusques à nostre retour en cesdits pays“. Eine beneidenswerte Stellung hatte er der Tochter nicht gegeben; und nur eine viel festere, oder eine viel zaghaftere Hand als die ihre hätte die Katastrophen vermeiden können, die sie über sich bringen sollte.

Die definitive Ernennung der Regentin stellte den Charakter des Conseil privé fest nicht als eines kollegial beschließenden Regiments, sondern als einer nur der Beratung der Regentin dienenden Körperschaft. Der Form nach ist es der komplizierte mittelalterliche Rat. Die Bestimmungen, die schon 1507 über das Conseil privé getroffen worden waren [3], dürften sich nur auf den

---

zu einem Königreich zu vereinigen (Gattinara an Margarete, 21. Januar 1508, Kooperberg 421).

[1] Rec. des Ord. I, 74. Vorher war sie noch zum Rate selbst gerechnet worden, wie aus Rec. des Ord. I, 24, 25, 28, 29, 30, 35, 68 zu ersehen ist. Wenn sie noch einmal später, am 31. März 1509 (n. st.) unterzeichnet und zugleich als anwesend genannt wird (Rec. des Ord. I, 84), so ist das eine vereinzelte Unregelmäßigkeit.

[2] Vgl. oben S. 24 f. Kooperberg 388 f., 259 n. 2.

[3] Am 27. Oktober 1506 hatte Maximilian in der Erwartung, sehr bald selbst in die Niederlande zu kommen, die Befugnisse des Regentschaftsrates erneuert (Rec. des Ord. I, 4). Kurz nach den mündlichen Besprechungen mit Margarete, am 10. März 1507, schreibt er ihr: „Nous vous envoyuns cy enclos la cedulles dount je vous ay parlé de vostre privé conseil et du nostre, jusques que plus avant nous pourruns parler assamble et du grand consel en camun“ (Le Glay, Corr. I, 42, datiert bei Kreiten 26).

Personalwechsel bezogen haben, den jede neue Regierung mit sich brachte[1]. Durch die Notwendigkeit, eine neue Berufungsurkunde zu erwirken, vor allem also auch die Gebühren dafür zu erlegen und neue Kaution zu stellen „selon la valeur et qualitez desdites offices, en la manière de toute anchienneté accoustumée“ (Rec. des Ord. I. 123), sah mancher sich zum Rücktritt veranlasst. Dazu handelte es sich um einen Systemwechsel; viele der frankreichfreundlichen Diener Philipps verloren ihre Stellung[2]. Charakteristisch für Maximilian ist, daß er die drei ersten Adligen des Landes, obwohl Vertreter der verschiedensten Tendenzen, gemeinsam als vertraute Ratgeber der Regentin bestellt[3]. Dies Prinzip, alle vorhandenen Kräfte möglichst gleichmäßig verwerten zu wollen, spielt bei den beiden Conseils des finances (oben S. 55, 64) bei der Gesamtorganisation 1493 (oben S. 58) wie 1511 (unten S. 97) eine bedeutende Rolle. Das Bild der Gleichmäßigkeit hat ihm offenbar verdeckt, daß, wenn nicht eine starke Hand über ihnen war, eine Kraft die andre binden mußte, und nur Verwirrung der Erfolg sein konnte[4].

---

[1] „C'est bien chose accoustumée que, après le décès de si grant et puissant prince, les mutations sont grandes, et y ont les ungs perte et les aultres gaigne“ (Commines-Mandrot I, 3. Vgl. auch das Zitat bei Adler 162 n. 2).

[2] Gattinara schreibt am 10. November 1507 vom Kaiserhof an Margarete: „Le roy dict, . . . quant il laissa ladite mambournye, l'hon chassa toutz ses serviteurs, et qu'il fault cherchier de les récompenser maintenant“ (Le Glay, Nég. dipl. I, 211).

[3] Es sind: Jean de Luxembourg Seigneur de Ville, während der letzten Jahre Philipps Erster Kämmerer, † 1509, Chièvres und Berghes. Bald trat der junge Heinrich von Nassau ihnen als vierter zur Seite. Jene drei werden einmal sogar gemeinsam genannt in einer Rechnung des Receveur général (B. 2207, fol. 118 v°), der ihnen eine Summe ausgezahlt hat „à cause . . . des fraiz par eulx euz et supportez en ayant . . . accompaigné madame de Savoye partout où elle a esté èsdits pays, et ce depuis le XXVII[e] jour de mars l'an XV[c] et six avant pasques jusques et comprins le III[e] jour de janvier l'an mil V[c] et sept (v. s.)“.

[4] Wir haben ein ähnliches Mißverständnis der Kollegialität zum Zweck der Kontrolle vor uns wie bei dem Finanzrat. Ein charakteristisches Beispiel bietet wieder Gattinara. In einem Memoire, das er nach der Rückkehr von seiner spanischen Gesandtschaftsreise 1511 Margarete überreichte, berichtet er, er habe dem Kaiser für den Fall, daß er mit Ferdinand von Aragon brechen wolle, folgendes geraten. Nachdem die Cortes Ferdinand vertrieben und Karl zum König von Kastilien erwählt haben würden, „debvroient estre choisis lesdis lieutenantz (Regenten) tiélemant que l'hon satisface à toutes les partialités . . .“, und er schlägt vor Ximenes, den Connétable, den Herzog von Najera, den Admiral, den Herzog von Infan-

Zu Bestimmungen über die Organisation der geschäftlichen Arbeit hat Maximilian erst Ende 1510 und Anfang 1511 Zeit gefunden, als er im Elsaß weilte, und Gesandte vielfach zwischen ihm und Margarete hin- und hergingen. Wie damals ein Conseil des finances eingesetzt wurde (o. S. 64), so bestand wenigstens der Plan, ein „Conseil des maîtres des requêtes" zu errichten. So wunderlich dies Gebilde ist, es wirft doch wieder ein Schlaglicht auf die Tendenzen der Entwicklung und die Absichten Maximilians. P. 8 findet sich folgendes Blatt, das wohl Einlage in einen Brief war und nicht als Bruchstück zu betrachten ist:

„Madame, l'empereur a ordonné à maistre Jehan Botechou, de vous dire comment sa Majesté vueilt, que faictes veoir toutes les requestes que luy sont présentées, dont il a fait faire registres. Et que pour ce ordonnez gens de l'ostel de monseigneur comme des maistres d'ostelz, du conseil privé et des finances, pour sur toutes chacune des requestes donner leur advis en appostille sur lesdites registres. Et après que ledit seigneur Empereur les aura veu et aussi y donner [sic] son advis, faire faire responce aux parties par deux des conseilliers devantdits. A celle fin qu'ilz congnoissent que ledit seigneur Empereur se vueilt régler par l'advis de madite dame et de sondit conseil, et qu'il ne soit plus travaillier [sic] desdites parties qui courrent incessament après sa Majesté" [1].

---

tado, den Großen Kapitän, die Grafen von Benavente und Ureña, dazu den kaiserlichen Gesandten . . ., „et se pourroit déclairer qu'ils ne puissent riens fère sans estre toutz appellez, et que aulmeyns les deux partz d'eux soyent concordantz" (E. Gossart, Charles-Quint et Philippe II, Mém. Ac. 54, S. 46). Das würde freilich nicht allzu oft vorgekommen sein, wenn man geflissentlich die Gegensätze zusammenbrachte.

[1] Ich datiere das Stück, das, wenn ich nicht irre, von der Hand des Hannart ist, auf November-Dezember 1510. Bis zu seiner Anwesenheit in den Niederlanden Ende 1508 und Anfang 1509 hat der Kaiser die Erledigung aller Einzelfragen aufgeschoben; gleich nach den Anfang 1509 vorgenommenen Neuordnungen ist der Plan nicht denkbar; dann kam der italienische Feldzug. Dezember 1509 bis Februar 1510, dann wieder Juli bis September 1510 ist aber Botechou beim Kaiser in Österreich (Le Glay, Corr. I, 220—240, 302 bis 327). Dann wird er erst wieder August 1511 erwähnt (ib. S. 413 etc.). Wenn eine Sendung aus Österreich Frühjahr 1510 an sich unwahrscheinlich ist, so ist es um so wahrscheinlicher, daß Botechou vom Oberrhein aus zu Margarete gereist sei. Maximilian kündigt fortwährend die Sendung von Räten an (Le Glay, Corr. I, 354, 361, 468). Vor allem aber gehört das Stück mit dem zu besprechenden État von Mitte Dezember 1510 zusammen, denn nirgends sonst ist noch von einem „Conseil des maîtres des requêtes" die Rede.

Es handelt sich also um Bildung einer besonderen Behörde für Erledigung der Matières de grâce. In dem zu besprechenden État vom Dezember 1510 (vgl. Anhang 2) wird ausdrücklich von einem „Conseil des maistres des requestes" geredet. Charakteristisch ist wieder die Zusammensetzung. Nicht nur Glieder des Conseil privé, dazu Finanzbeamte als Sachverständige, sondern auch Hofbeamte aus der mittleren Schicht, besonders Maîtres d'hôtel, sollen zu dieser Körperschaft gehören. Daß auch die hohen Herren nicht fehlen, zeigt jener État, in dem 8 Kämmerer unter anderm dazu bestimmt werden, „pour honnorer le conseil des maîtres des requêtes". Der Ausdruck „honorer" ist beachtenswert: Wenn es sich um Erledigung der Bittschriften handelt, denkt nicht einmal Maximilian daran, daß die hohen Herren sich aktiv beteiligen könnten. Auf die Sache gesehen haben wir einen wunderlichen Versuch, die Doppelregierung — wir finden Ähnliches bei der Frage der Ämterbesetzung — für ein großes Gebiet der Verwaltung zu systematisieren. Der Kaiser wünscht den Rat der Sachverständigen, aber er allein will entscheiden; sein „advis" und die den Parteien zu gebende Antwort scheinen ihm einigermaßen identisch zu sein. Was die Frage der Durchführbarkeit betrifft — diese zwischen Mecheln und Innsbruck dauernd hin- und her zu schickenden Register — so ist darüber kein Wort zu verlieren. Es war für das Land ein großes Unglück, daß der Kaiser auch in allen Kleinigkeiten darauf bestand, „que je retieng quelque chose avec vous pour vous gouverner".

Von den Einzelheiten kommen wir wieder einmal zu einem maximilianischen System, wenn wir den Entwurf eines État von Mitte Dezember 1510 (siehe Anhang 2) ins Auge fassen. Die betreffende Stelle lautet:

„Premier, il y aura les 4 chambellans du conseil des finances, qui sont: les sires de Nassou, de Chierves, Fiennes et Berghes.

Item, 8 chambellans du grant conseil pour assister madame et honnorer le conseil des maistres des requestes, qui seront assavoir . . . " folgen 8 Namen von Adligen.

Die „Chambellans" sind zu fassen als „adlige Räte" (oben S. 86 Anm. 1). Der Ausdruck „Grant Conseil" hat hier keinen technischen Sinn. Die einfache Bezeichnung „Conseil" würde sich mit den beiden näher bestimmten Conseils gestoßen haben, der Ausdruck „Conseil privé" aber mit dem Begriff „assister madame". So steht hier „Grand Conseil" im natürlichen Wortsinn: Gesamtrat.

Wir haben also sich entsprechend ein „Conseil des finances"

und für das Gebiet der „Justice", soweit sie nicht an das Grand Conseil de Malines abgetreten ist, ein „Conseil des maîtres des requêtes". Dieser Rat für die Matières de grâce aber hängt bei aller Selbständigkeit doch zusammen mit dem Rat, dessen allgemeiner Zweck ist, zu „assister madame". Dies System ist an sich keine Konstruktion; die Auffassung Maximilians von seiner Regentschaft hat die Ablösung des Rates für Erledigung der Bittschriften nur beschleunigt. Konstruktion aber ist, neben der Zusammensetzung der einzelnen Ratskollegien, die schematisch gesteigerte Rangabstufung des Zeremoniells[1] in dem État und — das Spielen mit der Vierzahl. Obenan stehen 4 Chambellans du conseil des finances, die vornehmsten Herren, die zugleich das Kabinett bilden[2]. Dann

[1] Ich kann dies weitschichtige Gebiet hier nur streifen (vgl. auch oben S. 77 f.). In unserm État handelt es sich darum (über die Vorverhandlungen vgl. Le Glay, Corr. I, 148, 233, 275 f., 398, 322), ob wie bisher die Adligen am Hof halbjährlich bezahlt werden sollten, oder ob, wie es bei den ersten Chargen üblich war, alle dauernd zu dienen hätten. Der Kaiser bestand auf dem letzten, da es billiger sei; Margarete aber betonte immer wieder die Wichtigkeit, eine möglichst große Anzahl von Adligen an den Hof fesseln zu können und sie doch mit dem Land in Verbindung zu lassen. In der Tat wird man nicht leicht die Bedeutung überschätzen etwa des Unterschiedes, daß der französische König einen Hof mit reich ausgebildetem Zeremoniell hatte, der deutsche König dagegen nicht; für die Geschichte der Entstehung der deutschen Territorien interessant ist die Betonung, mit der Quirino von den deutschen Fürsten sagt: „Hanno per costume i principi star nel loro stato lontani dalla corte, e mantener delle loro entrate, secondo che ponno, i gentiluomini del paese che hanno in casa" (Albéri 1, VI, 24). Daß aber den Wünschen Margaretes gegenüber Maximilian auf seiner Meinung bestand, zeigt folgender Satz in einem Briefe des Marnix an Margarete vom 18. März 1511 (n. st.) aus Collumbier: „Quant à l'estat de monseigneur, sa Majesté en a conclu ung, ainsy que desjà vous ay escript, dont il y en aura maintes qui n'en seront guères contens" (P. 4). Darauf schreibt Margarete an Renner: „Quant à l'estat de monseigneur, ny de mesdames mes niepces, ne quérons pour riens nous en entremettre, car nous ne voulons aucunement avoir la mallegrâce des gens, ains y obvier tant que pourrons. Et pour ce vous requérons que empeschez de vostre povoir qu'ilz ne nous soyent aucunement remis, car nous les renvoierions tout si faitz" (P. 72). Nachdem die Sache sich unter dem Drängen der Stellensuchenden ein weiteres Jahr hingequält hat, ließ Margarete gegen den ausdrücklichen Willen des Kaisers März 1512 einen „État à demi an" publizieren (darüber bisher nur Corr. I, 497 f.), der am 1. April 1512 in Kraft trat (unten Anhang 2). Der Kaiser hält der Tochter das noch jahrelang vor.

[2] Jacques de Luxembourg Seigneur de Fiennes war an die Stelle seines 1509 verstorbenen Bruders Jean de Luxembourg Seigneur de Ville getreten. Vgl. oben S. 95 Anm. 3.

folgen 8 Conseillers et chambellans, Adlige die das Recht der Teilnahme am Rate haben, nämlich dem alten Rat (im Gegensatz zum Kabinett und den Finanzen), dessen zwei ungleiche Teile sich noch einmal wieder unter dem Namen „Grand Conseil" zusammenfassen. Als dritte Stufe kommen 40 „Chambellans", die das nähere Gefolge des Herzogs bilden, geteilt in 2 mal 20; endlich dann 80 „Gentilshommes", geteilt unter 4 Chefs d'escadre, aus ihnen ausgesondert 4 „Chevaliers d'honneur", was wohl ein vornehmerer Ausdruck für Page sein soll. Sonst zählt der Étát nur noch die Pferde, nämlich 400.

Auch diese Pläne sind nicht zur Ausführung gekommen. Margarete hat durch ihren Vertrauten, den Herrn von Berghes, der sich mit den niederländischen Deputierten Februar-März 1511 beim Kaiser befand[1], Gegenvorschläge für die Ordnung der Conseils gemacht; der Kaiser hat zugestimmt, aber eine Ausfertigung ist wieder unterblieben, obwohl Margarete sich noch einmal bei des Kaisers Erstem Sekretär Hans Renner darum bemühte[2].

Noch ein Blick auf das aus 8 Räten bestehende „Conseil de la guerre", das Maximilian Anfang 1514 plante oder einrichtete (siehe Beilage 10). Von einem besonderen Kriegsrat unter Karl dem Kühnen berichtet uns Olivier de la Marche (Œstat 8 f). 4 „chevaliers" versammeln sich zur Beratung im Zimmer des Premier Chambellan. Zutritt haben der Kanzler, die Maîtres d'hôtel, also die Inhaber der Hofpolizei, dann die Quartiermeister (maréchaux de l'ost et du logis), der Maître de l'artillerie, auch der Roy d'armes de la Thoison d'or, der ja allgemein als Herold verwandt wurde. Zwei Sekretäre dienen als Protokollführer. Der Rat hat lediglich beratenden Charakter: Die 4 Chevaliers berichten dem Herzog, „pour en faire son bon plaisir". Möglicherweise hat Maximilian anstatt dieser Einrichtung eines

---

[1] Vgl. Gött. gel. Anz. 1908, S. 272.

[2] P. 72 findet sich folgendes undatiertes Konzept von der Hand des Marnix, offenbar von Frühjahr 1511 und wie andere Mitteilungen dieser Art an Renner gerichtet: „Ausurplus, le seigneur de Berghes monstra de part nous à mondit seignenr et père aucunes ordonnances sur le fait et conduite des consaulx de pardeça, lesquelles il trouva très bonnes, et furent mises en voz mains, pour les faire dépescher et les nous envoyer. Ce que a esté mys en oubly, et pour ce que c'est une chose fort nécessaire, nous envoyons ung aultre double desdites ordonnances, lesquelles ferez transcripre et signer à mondit seigneur et père, et par la première poste les envoyez en noz mains, pour enclorre en une lettre que mondit seigneur et père nous a desia escript à ce propoz. Sy n'y vuiellez faillir, et vous nous. ferez plésir. Très chier et très amé, nostre seigneur etc."

fallweisen Zusammentretens der Sachverständigen schon während seiner ersten Regentschaft ein ständiges Kollegium eingesetzt, denn die Ordonnanz von 1493 gibt dem Anthoine de Waudripont den Titel: „secretarys van den orloeghe“ (Chmel 543). Weitere Angaben habe ich nicht gefunden. Aber eine Institution, wie Olivier sie beschreibt, die eng mit einem Amt zusammenhängt, pflegt nicht einfach aufzuhören, so lange das Amt blüht und seine Ansprüche geltend macht. Sie dürfte unter Philipp dem Schönen fortbestanden haben[1]. Maximilian aber schafft auch hier ein großes kollegiales „Conseil de la guerre“. Wie beim Finanzrat werden die Gruppen der ausführenden Beamten überbaut durch eine Gruppe von hohen Herren. „Chef du conseil de la guerre“ ist der dem Adelsrang nach Vornehmste, der Pfalzgraf Friedrich. Dann folgen 8 hochadlige „Conseillers de la guerre“, endlich neben den ständigen Beamten für das Kriegswesen, dem Trésorier de la guerre und Trésorier de l'artillerie, 3 „Maîtres des payes“ für den Krieg gegen Frankreich, den man damals zu unternehmen sich anschickte.

Dieser Plan der Einrichtung eines Kriegsrates fällt zeitlich zusammen mit den Versuchen einer Neuordnung des État[2] und Plänen zur Reorganisation der Finanzen[3].

Es heben sich also in der Zeit der zweiten Regentschaft Maximilians drei Perioden eines Eingreifens des Kaisers deutlich heraus: Während seiner Anwesenheit in den Niederlanden Ende 1508 und Anfang 1509; während seines Weilens im Elsaß Ende 1510 und Anfang 1511, endlich bei und nach seinem Aufenthalt in den Niederlanden Ende 1513 und Anfang 1514. Resultat der ersten ist die definitive Einsetzung Margaretes zur Regentin, der zweiten die Konstituierung eines wenigstens formell in Kraft gebliebenen Conseil des finances. Die Versuche der dritten Periode sind noch unkräftiger, von höchstem Interesse aber für die poli-

---

[1] Eine Andeutung in der Beschreibung der zweiten Reise Philipps nach Spanien scheint das positiv zu erweisen, wenn es heißt, daß Philipp zur Beschlußfassung darüber, ob er gegen Geldern Krieg führen solle, „tint son conseil; et ay entendu que quattre personnaiges oppinèrent fort sur ceste matière, les deux nobles hommes, et les autres deux chevaliers de basse condition [sie vertreten nämlich nicht die Anschauungen des Verfassers!] et de la longue robe“ (Coll. des voyages I, 390). Also ein Sachverständigenrat neben dem Conseil.

[2] Vgl. Gött. gel. Anz., 1908, S. 280 f. Es handelte sich hauptsächlich um den kleinen Kreis der mit der Erziehung Karls beauftragten Personen; vgl. die Berufung des Pfalzgrafen, Beilage 9.

[3] Mehrfach in unveröffentlichten Briefen Margaretes an Maximilian.

tische Geschichte wie für die persönliche Geschichte Karls V. und Margaretes.

3. Das Conseil privé als Hofrat 1515—1517. Das Verfahren.

In den kaum 3 Jahren, die der junge Herzog Karl sich in den Niederlanden aufhielt, haben wir zum letztenmal die typische Form des Hofrates eines Fürsten im ausgehenden Mittelalter. Seit 1517 geben die Regentschaftsverhältnisse der in Burgund fortgehenden Entwicklungsreihe einen besonderen Charakter. Karl V. kommt noch einige Male durch die Niederlande, aber schon in einem Verzeichnis der am Hof anwesenden Personen von 1519/20 (vgl. Anhang 2), noch ehe ein Verwaltungsorganismus für die deutschen und österreichischen Länder an seinem Hof gebildet worden ist, heißt es: „Les gens de conseil de Castille, Aragon, Naples, Cecille, Navarre, Flandres et Bourgogne, que sont en nombre d'environ cent et vingt que conseillers que secrétaires". Das ist eine andre Welt, die eine ausführliche Darstellung für sich verlangt. —

Maximilian hatte wunderlicherweise die Fortdauer der Regentschaft Margaretes auch nach der Mündigerklärung Karls vorausgesetzt[1]. Ihr wird aber im Gegenteil vorläufig jeder Einfluß auf die Geschäfte entzogen, und der ganze Rat neu gemacht[2]. Der Chef des Conseil privé, Gérard de Plaine Seigneur de la Roche, wird abgesetzt[3]. Seine Befugnisse, sowie die Verwahrung des Siegels, die Margarete für Maximilian gehabt hatte, werden dem Jean le Sauvage Seigneur d'Escaubeke übertragen, der am 17. Januar 1515 (n. st.) zum Großkanzler ernannt wird[4].

---

[1] Der Brief Maximilians, Le Glay, Corr. II, 87, datiert 3. Februar, gehört zu 1515, vgl. Gött. gel. Anz. 1908, S. 282 f. So nennt auch etwa Maximilian Karls Rat am 11. Februar 1515: „nostre conseil privé" (Corr. II, 276).

[2] Sanuto XIX, 436: „fato tutti dil Consejo novi".

[3] Wielant 147: „desfaict", Brewer II, 1, S. 24: „deposed", Sanuto XIX, 436: „privato", Vandenesse (Coll. des voyages III, 55): „desmis".

[4] Er starb am 7. Juni 1518 in Saragossa; ihm folgte Gattinara. Chièvres, Sauvage und Adrian von Utrecht (oben S. 87) bildeten den kleinen Kreis vertrauter Räte des jungen Herzogs. In Wirklichkeit waren sie die Regenten. Die englischen Gesandten nennen Chièvres und Sauvage, den Kämmerer und den Kanzler, immer nur: „The governors" (Brewer I), und Adrian war Gouverneur in Spanien. Der Nachruf, den Spinelly dem Sauvage widmet, obwohl dieser wie Chièvres Anhänger der frankreichfreundlichen Politik war, ist höchst ehrenvoll: „A man of great prudence and experience, plain and true, and that had no fellow like him in all the King's country beyond sea" (Brewer II, 2, S. 1309).

Die Berufungsurkunde (CRH. 2. V. 314—316) läßt uns den wesentlichen Zug in der Struktur des Conseil privé deutlich erkennen. Dem Kanzler wird Vollmacht gegeben, die Ratsverhandlungen zu leiten „tant devers nous comme en noz consaulx"; er soll die Urkunden und Briefe ausfertigen, die beraten und beschlossen worden sind „tant devers nous comme par lui et les gens de nostre conseil". Ist der Plural „noz consaulx" nicht eindeutig, da er mehrere Ratskollegien, aber auch die verschiedenen Sitzungen eines Kollegiums bezeichnen kann, so ist die letzte Stelle klar. Wir haben neben dem eigentlichen Rat des Herzogs ein schon fast selbständiges Kollegium, das unter Leitung des Kanzlers Beschlüsse fassen kann, also kollegial organisiert sein muß, und das bezeichnenderweise, obwohl nur Sektion des Rates, doch „conseil" schlechthin genannt wird. Es ist die Sektion, die Maximilian, freilich unter Hinzufügung fremder Bestandteile, zu einem „Conseil des maîtres des requêtes" zu verselbständigen suchte, die in Frankreich zu dem „Conseil des parties" wurde, und in England als „Court of Requests" bekannt ist.

Eine Rats- und Kanzleiordnung Margaretes vom 17. Dezember 1516, die ich als Beilage 4 mitteile, ermöglicht uns aber, einen Blick in die geschäftliche Tätigkeit des Rates vor jener Ablösung einer neuen Sektion zu tun. Sie zeigt uns die typische Form des spätmittelalterlichen Gesamtrates, die im englischen Privy Council noch heute fortlebt.

Die Ordonnanz will sich nicht in die uns geläufigen Kategorien fügen. Sie ist keine Ratsordnung und keine Kanzleiordnung, höchstens beides gemeinsam; aber als Kanzleiordnung weit vollständiger, während die Bestimmungen über den Rat gerade wo wir am dringendsten fragen, abbrechen mit den Worten: „autres affaires", „autres matières [2, 17]. Die Ordnung ist aber so sehr aus einem Guß, einheitlich und vollständig gedacht (siehe unten), daß wir nicht unsre Kategorien in sie hineintragen dürfen, vielmehr die in ihr liegende Einheit aufsuchen müssen. Wir haben wieder den grundlegenden Unterschied von geschäftlicher Arbeit und freien Formen vor uns. Es wurde schon darauf hingewiesen: Da wir gewohnt sind, Ordnung neben Ordnung zu sehen, nicht aber, wie jene Zeit, werdende Ordnung mitten in weiter Unordnung, sind wir immer geneigt, an die Verselbständigung eines Verwaltungsgebiets als eines Ganzen zu denken, anstatt an die Ablösung einer Reihe von Behörden und Gruppen, immer nur nach dem Maß des Beamtenmäßigen und Geschäftlichen. So sehen wir auch den Unterschied von Rat und Kanzlei zu scharf, weil für unsern Blick nicht der Kontrast gegen das ringsherum liegende Unorganisierte die Einheit alles Organisierten betont. Unsre Ordonnanz operiert zwar natürlich mit dem Unterschied von Beschlußfassung und Ausfertigung, aber viel stärker ist ihr das einigende Band geschäftlicher Tätigkeit. Was sie beschreibt, ist die Summe beamtenmäßig geregelter Arbeit (abgesehen von den Finanzen); überall, wo die freieren Formen beginnen, bricht sie ab. Darum handeln die Ausführungen über die Beschlußfassung nur von dem Geschäftlichsten, der Erledigung der Bittschriften; darum tritt die Ausfertigung stärker hervor als die Beschlußfassung, aber es wird z. B. der Premier Secrétaire, der faktisch gänzlich in der Kanzlei dominierte (siehe Anhang 4), mit keinem Worte erwähnt. Auf dem Gebiet des rein Geschäftlichen aber war in der Tat Kanzlei und Rat eine Einheit: Beiden diente derselbe Raum, dieselben Register und Akten, beider Tätigkeit wurde von demselben Beamten, dem Kanzler (bei Margarete: „Chef des Rates") überwacht.

Ich kann diese enge Verbindung des gelehrten Rates mit der Kanzlei hier nicht bis in die letzten Ursprünge zurückverfolgen. Wir sahen, daß die alten Hoflisten die gelehrten Räte und die Kanzleibeamten unter der einen Rubrik „Conseil" zusammenfassen. Die Ordonnanzen über das Conseil privé seit 1517 rechnen ausdrücklich die Sekretäre zu der Behörde. Auch weiß man, daß umgekehrt die Bezeichnung „Kanzlei" für den gelehrten Rat gebräuchlich war. Hat sich dann dieser Rat in jener frühen Zeit verselbständigt, als er noch ganz überwiegend nur Gerichtsrat war, so tragen diese Ablösungen oft auch weiterhin den Namen „Kanzlei". Das Conseil de Brabant wird meistens und offiziell „Chancellerie" genannt, ähnlich das Conseil de Dijon (vgl. Plancher IV. S. CCCLXV); die drei Provinzialgerichtshöfe Kastiliens heißen „Chancillerias". Im speziellen Sinn aber bleibt der Name immer an dem geschäftlich arbeitenden Teil des Hofrates haften, so nach der Ablösung der Gerichtsräte 1473 und 1504[1]. Das ist dann in der Regel eine

[1] Im Edikt von Thionville 1473 heißt es bei der Kompetenzabgrenzung von Parlament und Grand Conseil: „Lesquelles choses cy-dessus réservées se despescheront devers nous en nostre chancelerie sous nostre grand séel" (Placcaerten van Brabant IV, 327). Ebenso 1504 bei der Abgrenzung zwischen Grand Conseil und Conseil privé: „Lesquelles choses cy-dessus réservées se despescheront devers nous et nostredit chancellier soubz le grand séel, et en l'absence d'icelluy grant séel soubz le séel de secret" (Rec. des Ord. I, 77). Daß das offizielle Staatssiegel durch das Sekret vertreten wird, wird an der

Bezeichnung dieser Sektion im Hinblick auf die Resultate ihrer Arbeit, die Ausfertigung[1]. Aber es kommt doch auch vor, daß unzweideutig die beratende und beschließende Behörde „chancellerie" genannt wird. In der Instruktion für das Conseil privé 1517 wird geredet von dem Evokationsrecht des Hofrats dem Grand Conseil und den provinzialen Gerichtshöfen gegenüber, „tel que nous et nostre chancellerie y avons eu et dont avons usé jusques à présent"[2]. So sind denn sämtliche Instruktionen für den gelehrten Rat, sowohl für die Ablösungen 1473 und 1504, als auch für das Conseil privé seit 1517, zugleich Kanzleiordnungen. Daneben erläßt dann freilich der Rat selbst, nicht der Herzog, noch Einzelbestimmungen zur Instruktion für die Beamten. So wird in dem État vom März 1497 festgesetzt, daß „der Kanzler und die Leute des Grand Conseil" Ordonnanzen für die Sekretäre, Greffiers und andre Beamte machen sollen (CRH. 1. XI. 708). Aber aus einem der erhaltenen Bruchstücke dieser Ordnung (siehe Beilage 3) sieht man, daß sie auch den Maîtres des requêtes, also den beschließenden Beamten, Instruktionen gab. Das Verhältnis ist also keineswegs das von Ratsordnung und Kanzleiordnung.

Wenn in Deutschland die Trennung von Rat und Kanzlei, Ratsordnung[3] und Kanzleiordnung, viel strenger ist, so hängt das

letzten Stelle nur formelhaft als etwas im übrigen Selbstverständliches angefügt. Aber die Wendung des Ausdrucks „chancellerie" in das Persönliche: „chancelier", ist von Bedeutung. Der mit dem Fürsten und den zentralen Ratskollegien in Verbindung stehende Kanzler tritt so sehr hervor, daß die Männer, deren Aufgabe die Erledigung der juridiction gracieuse ist, gelegentlich nur wie seine Bureaubeamten erscheinen; dadurch den Sekretären, die auf demselben Bureau arbeiten, noch nähergerückt. In allen Dingen, die vom „bon plaisir" des Fürsten abhängen (immer die Finanzen ausgenommen), spricht meist der Kanzler das entscheidende Wort. Als nach dem Tode Ferdinands von Aragon die Spanier in hellen Haufen am Hofe Karls eintrafen, berichtet der englische Gesandte, der Kanzler könne nie zum Hof kommen, ohne daß ihm von 100 oder 150 Mauleseln aufgelauert werde („waylaid"; Brewer II, 1, S. 648).

[1] So besonders deutlich in dem Bericht Wielants, daß als Karl V. Mai 1517 wegen einer vom Grand Conseil getroffenen Entscheidung zwei sehr grobe Briefe an die Behörde geschrieben hatte, es sich herausstellte, daß der betreffende Erlaß vielmehr „en la chancellerie et au privé conseil" ausgegangen war (S. 151).

[2] Rec. des Ord. I, 580; wiederholt 1520 (ib. II, 30).

[3] Vgl. den Ordo Consilii von 1550, publiziert von G. Winter in AöG. 79 (1893), 101—126, Text 122—126. Ich fand zur Vorgeschichte, nach der Winter „die Akten ohne Erfolg durchforscht" hat (S. 114), außer einer Kanzleiordnung Gattinaras für die deutschen und österreichi-

mit der eigenartigen Stellung des Erzkanzlers und seiner Autorität über die Kanzlei und den Vicekanzler zusammen. Die innere Verbindung jener beiden Elemente kommt aber auch hier zur Geltung [1]. Eine höchst merkwürdige Illustration dieser Vorgänge bietet die österreichische Hofkanzlei. In der ersten Hälfte des 16. Jahrhunderts ist sie durchaus „Schreiborgan und keine Behörde" (Fellner-Kretschmayr V. 142), aber im 17. Jahrhundert wird sie eine kollegiale, beratende und beschließende Behörde für Gerichtsbarkeit und Verwaltung. Es wurde nämlich der königliche Hofrat immer mehr zu einem Reichshofrat, und so erweitert die bereits arbeitende österreichische Hofkanzlei allmählich ihre Befugnisse immer weiter durch das, was der Reichshofrat abgibt [2]. Dies Herauswachsen der Behörde aus der Schreibstube ist eine späte Wiederholung der Uranfänge der Entwicklung, die einst die „Kanzleien" als Provinzialgerichtshöfe geschaffen hatte. —

Wer die übliche Verwirrung und Unklarheit der Ordonnanzen jener Zeit kennt, wird die Rats- und Kanzleiordnung Margaretes, von der wir handeln, mit besonderem Interesse studieren. Haben wir das Wunderliche und Bedenkliche im Wesen Gattinaras kennen gelernt, so sehen wir in der überlegenen, anschaulichen Klarheit unsrer Ordonnanz [3] etwas von dem Mann, der fähig war, dem Kaiser

---

schen Länder vom 1. Januar 1522 (Aud. 789, fol. 556—559) ein umfangreiches Dokument, betitelt: „Conceptum ordinationum cancellariae Imperialis conclusum 9. Aprilis 1550" (Aud. 789, fol. 568—584), das Bestimmungen einiger älterer Vorlagen, jener Ordnung Gattinaras, einer des Erzkanzlers, einer österreichischen, eines Entwurfs Obernburgers, zusammenstellt und ihre Brauchbarkeit unter den veränderten Verhältnissen untersucht; das Ganze als Entwurf für eine allgemeine Neuordnung gedacht, beginnend mit einem Artikel über kaiserliche Majestät und seine zu langsame Arbeitsweise, dann fortgehend bis zu den niederen Kanzleibeamten. Daß dies Gutachten außerordentlich viel interessanter ist als eine bereits in starre Formen gegossene Ordonnanz, ist klar. Wenn ich Vorlagen, Verfasser usw. bestimmt haben werde, beabsichtige ich, beide Dokumente zu publizieren.

[1] In dem Entwurf der „Kanzleiordnung" von 1550 (vgl. vorige Anm.) finden sich lange Ausführungen unter dem Titel „De Consiliariis" (fol. 569 bis 570 v°), die folgendermaßen eingeleitet werden: „Quamvis nunc simus in ordinationibus cancellariae, et de consiliariis in antiquis ordinationibus cancellariae nihil vel parum habeatur, tamen ordo consilii adeo apparet esse necessarius, et quodammodo cum ordinatione cancellariae coniunctus, ut plane omitti vel praeteriri sine maximo incommodo, praecipue in quibusdam articulis, non possit."

[2] Vgl. Fellner-Kretschmayr V, 151, 156 ff., 159, 229 ff., besonders 231—233, Hintze (H. Z. 100, 1908) 88.

[3] Sie ist sicher von Gattinara. Zunächst sind zwei der unverkennbaren

sein wirres Weltreich zu ordnen. Um ein Verständnis des Finanzreglements von 1487 zu gewinnen, mußten wir seine Elemente nach eignem Ermessen ordnen[1]. Von dieser Ordnung Margaretes aber lernt man am meisten, wenn man sich nur führen läßt nnd überall Überlegung und Sinn sucht.

Die vorangesetzte Disposition wird streng inne gehalten. Es soll sich handeln um eine Ordonnanz „tant pour l'adresse de son privé conseil [1—7] que pour la despesche des mandemens patens [8—13], lettres missives [14—16] et autres matières“ [17—18]. Zunächst also über die Ratsverhandlungen.

Ein Verzeichnis der Glieder des Conseil privé wird vorausgeschickt [1]. An der Spitze Laurent de Gorrevod, Gouverneur von Bresse (Margaretes savoyisches Witwengut), „chevalier d'honneur[2], chief de la maison et des finances“, in den zwanziger Jahren einer der einflußreichsten Ratgeber Karls V.; neben ihm für das Geschäftliche und die Justice Gattinara als „président et chief dudit privé conseil“. Dann folgen zwei hohe Adlige, Simon de Quingey Seigneur de Montbaillon[3], Erster Hofmeister, und der Herr von Beauregard, vor Karls Regierungsantritt Kapitän der Leibgarde (Le Glay, Corr. II. 217). Der Beichtvater[4] und der diensttuende Maître d'hôtel, der die Aufsicht am Hof führende Beamte, bilden den Übergang zum zweiten Teil des Rates, der

---

Kennzeichen der durch italienische Formen stark beeinflußten Orthographie Gattinaras stehen geblieben, in der Einleitung: „ha“, in Art. 9: „les dépeschez“, wie der auch sonst sich versehende Schreiber anstatt „dépesches“ setzt, denn Gattinara schreibt das Wort: „despeschiée“ (Vgl. Gött. gel. Anz. 1908, S. 261 Anm. 1). Wer Gattinara und den Kreis, in dem er steht, kennt, wird auch nach dem Inhalt nur an ihn denken können: Jedes Wort abgewogen mit scharfem juristischen Denken, aber auch, selbst die trockensten Dinge, mit einer feinen, ganz unbewußten Kunst lebendiger Anschaulichkeit. Übrigens würde Gattinara, wenn man ihn übergangen hätte, Himmel und Erde in Bewegung gesetzt haben. Er befand sich um die Zeit am Hof und verfaßte ungefähr gleichzeitig das merkwürdige Memoire, von dem oben (S. 34 Anm. 2) die Rede war.

[1] Siehe oben S. 54 ff., für die übrigen Finanzreglements oben S. 71. Ebenso ist es mit der Ordnung für Sekretäre und Greffiers von 1497, unten Beilage 3.

[2] Siehe Anhang 3.

[3] Vielleicht derselbe Simon de Quingey, der als Page Karls des Kühnen hervortrat (Commines I, 36, 189).

[4] Die Stellung des Beichtvaters ist für die Geschichte Karls V. von größtem Interesse; man denke an Glapion und Garcia de Loaysa. Nach H. Tollin (Die Beichtväter Karls V., Magazin für die Lit. des Auslandes 1874, S. 201 ff., 230 ff., 259 ff.) neuerdings nur einige Notizen bei Gossart, Charles V. et Philippe II, Mém. Ac. 54, S. 14 f., 20 f.

wesentlich aus den Maîtres des (aux) requêtes besteht. Dann folgt eine Sammelrubrik, die das Recht der Provinzialbeamten in der Franche-Comté, an den Ratssitzungen teilzunehmen, ausspricht. Wenn die Verhältnisse größer werden, wird dies Recht eingeschränkt. Die Ordonnanzen für das Conseil d'État und das Conseil privé von 1531 betonen ausdrücklich, daß solche Beamte nur dann in den Rat kommen sollen, wenn es nötig ist, und nur um sich möglichst bald wieder zu entfernen, damit die Verhandlungen nicht gestört werden[1]. Der Trésorier général schließt die Reihe. Da er am Hof Margaretes zugleich Receveur général ist (oben S. 83 Anm. 2), vertritt er mit dem Chef der Finanzen zusammen die Finanzbehörde im Rat. Ähnlich wird in der Ordonanz für das Conseil privé von 1531 bestimmt, daß die Finanzbeamten an den Sitzungen teilnehmen, wenn über Angelegenheiten, die ihr Amt betreffen, verhandelt wird (Rec. des Ord. III. 241, Nr. 2). Es ist von Interesse, daß die Sekretäre nicht als solche genannt werden, sondern in Verkleidungen erscheinen. Der unter den Maîtres des requêtes aufgezählte „Seigneur d'Aubigney" ist kein andrer als Louis Barangier (vgl. Gött. gel. Anz. 1908, S. 262), und unter dem Trésorier général Seigneur de Thoulouse verbirgt sich Jean de Marnix. Das Amt des Sekretärs macht nicht zum stimmberechtigten Glied des Rates, wenn auch diese Männer, gerade als Sekretäre, eine weit bedeutendere Rolle spielten als die Maîtres des requêtes. Nur als diensttuende Schreiber haben die Sekretäre Zutritt zu den Ratssitzungen, wie in unsrer Ordnung [2], so in denen von 1517 und 1520 (Rec. des Ord. I. 579, II. 29), während 1531 bestimmt wird, daß nur der Audiencier oder sein Stellvertreter zugelassen werden soll[2]. Freilich hat sich das als undurchführbar erwiesen, wie das Conseil privé selbst in einem an Karl V. gerichteten Memoire ausspricht, das ich als Beilage 6 mitteile.

Artikel 2—6 beschreiben das Verfahren der Beschlußfassung. Die aufgezählten Personen versammeln sich an jedem Montag und Donnerstag 2 Uhr nach Mittag[3] im Ratszimmer unter dem repräsen-

---

[1] Rec. des Ord. III, 239; 241, Nr. 3.

[2] „L'audiencier seul, et en son absence, le plus ancien secrétaire en ordre auront entrée audit privé Conseil, sans toutes fois bailler opinion, ains seulement pour ouïr et entendre les résolutions et conclusions que se prendront ès affaires, et dépescher ce que leur sera ordonné" (Rec. des Ord. III, 242, Nr. 16).

[3] Der Spötter Commines meint freilich: „car on ne doit point tenir pour conseil ce qui se faict après diner" (I, 107).

tativen Vorsitz der Fürstin oder des Chevalier d'honneur als ihres Stellvertreters [2], während sich draußen der Türwächter postiert [3]. Am Hofe Karls V. und dann im niederländischen Rat, sind die Sitzungen, vor allem nach Ausscheidung des feudalen Elements, natürlich viel häufiger. 1531 werden für das Conseil privé als Sitzungsstunden festgesetzt Vormittags 8—11 resp. 7—10 Uhr und Nachmittags 3—5 Uhr (Rec. des Ord. III. 241, Nr. 5); das Conseil d'État dagegen versammelt sich überhaupt nicht zu bestimmten Stunden (ib. S. 239).

Während unsre Ordnung nur allgemein von der Vorbereitung der zu verhandelnden Requêtes durch den Präsidenten oder seinen Stellvertreter redet [6] [1], hatte die Ordonnanz von 1497 bestimmt, daß nicht die Sekretäre, sondern nur der Kanzler und die Maîtres des requêtes die Bittschriften in Empfang zu nehmen haben, worauf sie vom Kanzler den Sekretären zur Verlesung und späteren Ausfertigung zugeteilt werden [2]. 1520 ist ihnen die Entgegennahme der Requêtes gestattet, die sie freilich dem Präsidenten zur Verteilung zu überreichen haben (Rec. des Ord. II. 29). 1531 finden wir dabei bereits das für die Geschichte des Staatssekretäramtes wichtige Teilungsprinzip vorzüglich nach Ländern (Rec. des Ord. III. 242 f, Nr. 17). Es ist zu beachten, daß die Tätigkeit der Sekretäre sich keineswegs auf die Ausfertigung beschränkt, sondern die Beratung schon vorbereitet und neben ihr hergeht.

Wenn die Bittschriften Wort für Wort im Rat verlesen worden sind — Die Ordnung von 1497 gibt (Artikel 3) Bestimmungen über die dabei innezuhaltende Reihenfolge, — eröffnet der Präsident die Diskussion und sammelt die Vota [4]. Seine Präsidentschaft bezieht sich auf das Geschäftliche, während repräsentativ die Fürstin selbst oder ihr Stellvertreter, der Chevalier d'honneur, präsidiert. Das kommt in den Ordonnanzen für das Conseil privé von 1520 und 1531 dadurch zum Ausdruck, daß der Regentin die Befugnis zugesprochen wird, nachdem durch den Präsidenten die Vota gesammelt worden sind, repräsentativ „abzuschließen" (Rec. des Ord. II. 30). Daß die Beschlüsse nach Stimmenmehrheit gefaßt werden sollen,

---

[1] Ein Bedürfnis, Art. 2—5 anschaulich als einheitliche Handlung zu geben, hat Gattinara veranlaßt, diesen Artikel erst am Schluß nachzutragen.

[2] Beilage 3, Art. 2 und 3. Für das Folgende sind dauernd die Parallelen des Ordo consilii von 1550 zu vergleichen. Ferner verweise ich auf die sich ergänzenden Aufsätze von Seeliger, Die Registerführung am deutschen Königshof bis 1493 (MJöG. Erg. 3, 1892, S. 223—364) und Wilh. Bauer, Das Register- und Konzeptwesen in der Reichskanzlei Maximilians I. bis 1502 (MJöG. 26, 1905, S. 247—279), dort über die Suppliken S. 269—273, 276—279.

wird ausdrücklich erst 1531 für die in sich gleichartig gewordenen beiden Räte, das Conseil privé und das Conseil d'État, festgesetzt (Rec. des Ord. III. 240; 242, Nr. 9). Es dürfte doch nicht zufällig sein, daß der sonst so gebräuchliche Ausdruck „pluralité de voix" für den Gesamtrat kaum vorkommt. Übrigens sind in einem aus ungleichen Elementen zusammengesetzten Rat vom Wägen zum Zählen der Stimmen unendlich viele Übergänge, zu deren Bezeichnung das Schlagwort „Kollegialität" ebenso unzureichend ist wie für die Gruppen der Finanzbehörde (siehe oben S. 47). Diese Fragen verlangen eine eigene Untersuchung.

Für die Matières de justice, bei denen es sich nur um Auslegung des Gesetzes handelt, hat der Rat beschließenden Charakter [5]. Für die Matières de grâce aber ist er nur beratende Behörde. Diese Angelegenheiten sind zur definitiven Entscheidung der Fürstin vorzutragen, zugleich, wenn man sich nicht geeinigt hatte, die Einzelvota der Räte — wenn so der Ausdruck „les opinions" verstanden werden darf[1].

Den Übergang zu einem zweiten Teil der Ordnung bildet Artikel 7. Der Präsident soll den Sekretären die Requêtes zur Ausfertigung übergeben. Die Ordonnanz von 1520 läßt uns einen der Mißbräuche sehen, durch welche die vielfachen Bestimmungen sich erklären, die eine Verbindung der untergeordneten Beamten mit den Parteien verhindern sollen. Es kam offenbar vor, daß die Sekretäre eigenmächtig die Ausfertigung modifizierten oder gar die Angelegenheit ganz unterdrückten, um sie zu günstigerem Zeitpunkt noch einmal im Conseil privé oder im Grand Conseil, das in einigen Dingen konkurrierend arbeitete, vorzubringen (Rec. des Ord. II, 29).

Wie das verhindert werden soll, wird nicht gesagt. Das führt uns auf die Frage der Protokolle. Zu einer systematisch zusammenfassenden Erkenntnis ist bisher sehr wenig getan worden. Ich stelle nur vorläufig das Bild zusammen, das man sich nach

[1] Interessant ist eine Stelle in einem Brief Margaretes an Maximilian vom 1. März 1515 (n. st.). Es handelt sich um eine Ratsverhandlung in einer sehr wichtigen Sache, der Annäherung des jungen Herzogs Karl an Frankreich gegen den Willen Margaretes und Maximilians. Über ein Schreiben des Kaisers „le conseil avoit esté assemblé en bon et notable nombre devers mondit seigneur, et la résolucion prinse en icelluy sur ladite matère, selon que mondit seigneur vous escript bien au long, et les causes et raisons que meuvent mondit seigneur et ses conseilliers à ce; et mesmes vous envoye l'opinion de sesdits conseilliers signée" (P. 26, Konzept von der Hand des Marnix).

dem bisher gedruckt vorliegenden Material machen kann. Erst seit Mitte des 16. Jahrhunderts haben wir fortlaufende Reihen von Ratsprotokollen [1]. Und zwar handelt es sich erst jetzt um Protokolle im eigentlichen Sinn, die nicht nur Register von Beschlüssen sein wollen, sondern auch Interesse an den Vorgängen in den Sitzungen als solchen nehmen [2]. Wenn ich recht sehe, erklärt sich das Wesen der Protokollführung in früherer Zeit dadurch, daß es nur auf bestimmte praktische Zwecke abgesehen war. Und zwar wird man 3 Gruppen zu unterscheiden haben..

a. Aufzeichnungen, deren Zweck die Verhandlung ist. Es sind Notizen in den verschiedensten Formen, gelegentlich zu einem Memoire sich auswachsend (z. B. Nicolas I. 107), über die im Rat vorzubringenden Angelegenheiten. Meistens ist aber dieser Zweck nur ein untergeordneter, und solche Aufzeichnungen stellen vielmehr Rubriken dar, die während der Verhandlung ausgefüllt werden sollen. Es handelt sich dann wesentlich um eine zweite Absicht.

b. Aufzeichnungen, deren Zweck die Ausfertigung ist; Berührung mit dem Konzeptwesen. Auch hier haben wir es in der Regel mit einzelnen Stücken zu tun, die darum nur vereinzelt erhalten sind. In dem großen Fonds der Kanzleipapiere Margaretes habe ich nur 3 gefunden. Zwei mit der Überschrift: „Conseil tenu le XIIIe d'Octobre" resp. 29. Oktober, Brüssel (P. 35), vielleicht von 1517. Auf diesen Zetteln sind die Beschlüsse des Rates über die an dem betreffenden Tag verhandelten Bittschriften kurz verzeichnet [3]. Interessanter ist ein Stück mit der Überschrift: „Mémoire des requêtes qui ont esté veues et appoinctées au conseil" (P. 61, 5 Seiten, undatiert). Es handelt sich um 19 Bittschriften oder der Sache nach gleichen Angelegenheiten. Die kurze Inhaltsangabe der Requête läßt links einen Raum für Aufzeichnung

---

[1] Für den kaiserlichen Hofrat 1544—1556 hat Winter in der Einleitung zur Publikation des Ordo consilii von 1550 ein kurzes Inventar gegeben (AöG. 79, 1893, S. 105—109). In Frankreich beginnt die erste große Reihe der erhaltenen Protokolle erst mit der Regierung Heinrichs II. (1547); Valois hat in den Nouvelles Recherches S. 323—386 publiziert: „Extraits des registres du Conseil de Charles IX" (1560—1574). Am interessantesten sind die englischen Protokolle 1540—1542, die Nicolas in Bd. 7 herausgegeben hat.

[2] Vgl. die Urkunde über die Einsetzung eines Protokollführers für den englischen Rat am 10. August 1540 (Nicolas VII, 4, besprochen S. I f.).

[3] Im zweiten Fall sechs Requêtes. Im ersten Fall beginnen die Eintragungen zehnmal: „Sur une requeste de ...", einmal: „Sur le mandement obtenu par ...", einmal: „Sur une présentée de la part de ..."

der Entscheidung. Entweder ist die Bitte bewilligt worden, oder die Sache wurde an einen Gerichtshof überwiesen, oder es sollte erst der Rat eingeholt werden des Parlaments in Dôle, der Liller Chambre des Comptes und andrer Behörden. Oft wurden aber anstatt solcher Auszüge die Bittschriften selbst in dieser Weise apostilliert. Massenhaft finden sich solche Stücke unter den Papieren Margaretes in Lille und bei Nicolas. Für Karl V enthalten Cart. Man. 382[7] und Cart. Man. 390[D] Sammlungen solcher Dokumente, manche schon weit herumgekommen, mit dem Rat verschiedener Finanz- und Gerichtsbehörden versehen. Viele Stücke in Lille zeigen schließlich, daß man aus der Originalsupplik, anstatt nur die Entscheidung daraufzuschreiben, auch gleich das Konzept für die Ausfertigung der Lettres patentes machte. Dabei werden meist nur Anfang und Schluß gestrichen und durch die Urkundenformeln ersetzt, während im übrigen der ganze Wortlaut, vor allem die Narratio, in die Urkunde hinübergenommen wird. Übrigens steckt ja in den meisten, besonders den korrigierten Konzepten eine Art Protokoll.

c. Aufzeichnungen, deren Zweck die spätere Kontrolle ist; Berührung mit dem Registerwesen. Weit mehr noch als Protokoll und Konzept berühren sich Protokoll und Register. Ein von Valois veröffentlichtes Fragment eines Registers von 1455 besteht aus einer Sammlung von einzelnen Stücken, die in der beschriebenen Weise durch die Verhandlung hindurch geführt werden sollten, freilich schlecht genug geführt worden sind[1]. Eine weitere Stufe repräsentieren die Ratsentscheidungen, die in England im „Book of the Council“ 1421—1435 in Reinschrift eingetragen wurden[2]. Vor allem aber wird man, da aus dieser frühen Zeit für Burgund alle derartigen Aufzeichnungen fehlen, aus dem von Bernier publizierten und von Valois vervollständigten französischen Register von 1484/85[3] die anschaulichen Bilder sich geben lassen.

[1] Noël Valois, Fragment d'un registre du Grand Conseil de Charles VII, Mars-juin 1455, Annuaire-Bull. de la Soc. de l'hist. de France 1882 S. 273 bis 308, 1883 S. 209—245; vollständiger wiederholt, in der Reihenfolge des Originals: Nouvelles Recherches, S. 231—323.

[2] Vgl. Nicolas II, S. XXVI—XXVIII, Bd. V, S. I—X.

[3] A. Bernier, Procès verbaux des séances du Conseil de régence du roy Charles VIII pendant les mois d'août 1484 à janvier 1485, Coll. de doc. inéd. sur l'hist. de France, 1836, 4°, 244 S. Dazu: Valois, Le conseil du roi et le grand conseil pendant la première année du règne de Charles VIII, Bibl. de l'école des chartes 43 (1882), S. 594—625, 44 (1883), S. 419—444. Das Dokument ist um so wertvoller, da bei dem „fast völligen Verschwinden der

Hier handelt es sich meist um eine nachträgliche Redaktion, die eine Geschichte der Erledigung der einzelnen Angelegenheiten bietet, dem Zweck nach mehr ein Register, durch die Ausführlichkeit aber viele Einblicke in die Verhandlungen selbst gewährend [1]. Auf die eigentliche Registerführung, soweit sie Gerichtsbarkeit (vgl. oben S. 31 Anm. 1) und Finanzverwaltung (vgl. oben S. 75 f.) betrifft, gehe ich nicht ein. Von den Registern aller ausgehenden Urkunden (Artikel 8 unsrer Ordonnanz) oder speziell derjenigen dauernder Bedeutung [2], ist m. W. für diese frühe Zeit nichts erhalten.

Die auf die Ausfertigung bezüglichen Bestimmungen der Rats- und Kanzleiordnung Margaretes kann ich nur kurz besprechen. Übrigens macht die Durchsichtigkeit der betreffenden Artikel [8—16] eine ausführliche Erläuterung überflüssig. Zunächst handelt es sich um die Ausfertigung der Urkunden [8—13]. Jeden Sonnabend findet der Präsident sich im Ratszimmer ein, um die ins Reine geschriebenen Stücke zu visitieren, und entweder siegeln (und registrieren) oder durch die Sekretäre [9] verbessern resp. neu schreiben zu lassen [8]. Nur bei eiligen Sachen soll die Expedition auch in der Woche geschehen dürfen [10] [3]. Für diejenigen Urkunden, die zwar der Anheftung des Siegels bedürfen, aber unter Umgehung des offiziellen Rates auf einen Kabinettsbefehl hin ausgefertigt werden, wie vor allem die Mandements en finances (oben S. 76) und die Lettres de retenue, ist als Ausweis für den

Archive des alten Conseil" die sonstigen Nachrichten über den französischen Rat dieser Zeit sehr dürftig sind (Valois, Nouv. Rech., S. V, Bernier, S. II). Auch für England sind seit dem Aufhören des Book of the Council (1435) bis 1540 die Dokumente spärlich.

[1] Ich gebe ein Beispiel, das unsern Gegenstand unmittelbar beleuchtet. Eine Requête des Herrn von Croy Graf von Porcien (Chièvres Vater), die Einkünfte aus einer Salzsteuer betreffend, wird wörtlich wiedergegeben, dann über die Verhandlungen berichtet. Croy hatte seine Beweisstücke an eine Kommission, bestehend aus dem Präsidenten der Chambre des Comptes und einem Chevalier, geben müssen, die im Rat Bericht erstatten. Nach längerer Debatte wird geschieden. Ein Punkt wird bewilligt, die Akten über den zweiten aber werden an die Chambre des Comptes geschickt, um gründlich geprüft zu werden. Wenn die Chambre des Comptes nichts einzuwenden haben wird, soll auch dieser Punkt bewilligt sein (Bernier 207—209).

[2] In der Ordnung von 1497 (Beilage 3), Art. 6: „en laz de soye". Für Urkunden dauernder Bedeutung wurde das Siegel in grünem Wachs an einem grünen und roten Seidenband befestigt (vgl. Giry 643).

[3] Vgl. die analogen Bestimmungen 1520 (Rec. des Ord. II, 30) und den größeren Apparat 1531 (ib. III, 242, Nr. 13, 14). Dazu wieder die Illustration im „Mémoire pour le privé conseil" (Beilage 6).

Siegelbewahrer eine Lettre d'attache beizufügen [11]. Dem Präsidenten steht das Recht zu, (juristische) Bedenken gegen solche in seiner Abwesenheit befohlenen Akte geltend zu machen [12]. Nachdem die Urkunden visitiert, gesiegelt und vom Präsidenten unterzeichnet worden sind, erhalten sie ohne Ausnahme die Signatur der Fürstin [13][1].

Über die Ausfertigung der L e t t r e s m i s s i v e s, d. h. der Briefe im eigentlichen Sinne, handeln die Artikel 14—16. Das ganze Konzeptwesen (einiges darüber Gött. gel. Anz. 1908 S. 255, 262 ff. und unten Anhang 4) bleibt aus dem Spiel; nur mit der bereits fertiggestellten Reinschrift haben wir es zu tun. Daß die Fürstin die Briefe ziemlich unbesehens zu signieren pflegte, lassen die Bestimmungen deutlich erkennen. Die Sekretäre sollen zu ihrer Information eine kurze Inhaltsangabe auf den unteren Rand schreiben, den man dann abschneiden kann [15][2]. Im übrigen trägt die Verantwortung für die gesamte Korrespondenz der Chevalier d'honneur [16]. Eine außerordentlich interessante Bestimmung, die die Stellung des burgundischen Kämmerers in Verwaltung und Regierung hell beleuchtet (Anhang 3). Eine ähnliche Tätigkeit in der Kanzlei ist später für Antoine de Lalaing nachzuweisen[3].

Hatte Artikel 2 (vgl. 4) unsrer Ordnung mit den „autres affaires" hingewiesen auf andre im Gesamtrat zu verhandelnden Angelegenheiten als die in bestimmten geschäftlichen Formen zu erledigenden Bittschriften, so weisen jetzt die „autres matières" in

---

[1] Die Klage, daß Karl V. das Signieren aller Urkunden, auch der unbedeutenden, nicht aufgeben wolle, ertönt öfter, so in dem Entwurf Obernburgers (vgl. oben S. 104 Anm. 3), aus dem 1550 zitiert wird: „Quod persuadeatur Suae Mti, ut patiatur ea quae statum aut fiscum non concernunt (man beachte wieder diese Verbindung), qualia sunt rescripta in causis iustitiae, salviconductus, salvaguardiae, legitimationes, armorum literae communes absque nobilitatione et galea tornearia vel corona, preces quoque, nominationes et alia eius farinae, absque subscriptione Suae Mtis more praedecessorum principum saltem sub cacheto suo expediri (Dn. Obernburg.)". Dann folgt das Gutachten des Verfassers über diesen Artikel (fol. 568).

[2] Diese Bestimmung wird 1531 für alle im Conseil privé ausgehenden und von der Regentin zu signierenden Schriftstücke eingeschärft (Rec. des Ord. III, 242, Nr. 12).

[3] 1517, Rec. des Ord. I, 580. Vor allem ist auch zu vergleichen die nach dem Tode Margaretes vom Conseil privé erlassene Bestimmung über die vorläufig bei der Ausfertigung zu beobachtenden Normen (ib. III, 64), und am besten die deutlichere Formulierung in dem Brief, den daraufhin der Chef des Rates und Lalaing an den Kaiser schrieben (Alexandre 27 n. 2, mitgeteilt unten S. 151 Anm. 1).

Artikel 17 auf das Kabinett. Erwähnt werden nur die Instruktionen und Memoires, weil sie eine Zwischenform darstellen. Sie werden zwar im Rat beschlossen[1], aber das diesem Beschluß gemäß vom Präsidenten aufgesetzte Konzept wird revidiert von der Fürstin und dem kleinen Kreis ihrer vertrauten Räte.

Artikel 18 endlich verbreitet sich über die Siegel. Es wird sich um das große Siegel und das Contre-sceau handeln, während das Sekret, das nicht als offizielles Siegel in kanzleitechnischem Sinne galt, in der Verwahrung des Chevalier d'honneur gewesen sein dürfte[2]. Der Prozeß Gattinaras bewirkte, daß das Zeremoniell, das Verwahrung und Gebrauch des Siegels umgab, noch seltsamere Formen annahm. Die Siegelemolumente werden nach unsrer Ordnung zugunsten des Präsidenten erhoben. Das ist nicht feste Regel. Bis vor kurzem war der verstorbene Chevalier d'honneur in ihrem Genuß gewesen; am burgundischen Hof wurden sie zur Épargne geschlagen. Einem der Sekretäre liegt die Erhebung und die Führung des Registers ob[3]. Am burgundischen Hof fiel dem Audiencier diese Aufgabe zu (vgl. Anhang 4).

Da von fortlaufenden Registern für das Conseil privé aus dieser früheren Zeit nur die Rechnungen des Audiencier erhalten sind[4], haben sie ein besonderes Interesse zu beanspruchen. Für die Bestimmung des Maßes der von der gelehrten Sektion des Conseil privé geleisteten Arbeit können sie eine Handhabe bieten. Im Jahre 1515 sind die Siegel von 230 Urkunden bezahlt worden[5], und zwar in folgender Verteilung auf die Monate: 7, 3, 35, 62, 32, 15, 11, 21, 12, 11, 7, 14. Nicht weniger als 153 beziehen sich auf Remissionen. Das erklärt auch die Zahlenverhältnisse für die einzelnen Monate, denn die Remissionen wurden vorzüglich „en Joyeuse

---

[1] Vgl. Le Glay, Corr. II, 236.

[2] Die Geschichte des Geheimsiegels, das in den Jahrzehnten, von denen wir handeln, das offizielle Staatssiegel zu verdrängen beginnt, wie der Sekretär den Kanzler, das Kabinett den alten Rat (vgl. Anhang 3 und 4), ist von großem Interesse. Es kann aber über die Siegel bei dem ständigen Wechsel in ihrem Gebrauch ohne weitgreifende diplomatische Studien im einzelnen nichts ausgemacht werden.

[3] Siehe am Ende des von Gattinara eingelegten Zettels.

[4] In Brüssel (Gachard, Inventaire III, 342 ff.) und Lille (Inv. somm. des arch. dép. du Nord, Bd. III); vgl. Lameere, Audiencier, S. 10 f. resp. S. 612 f.

[5] Nicht gering ist auch die Zahl der gesiegelten Urkunden, die von den Parteien nicht abgeholt wurden, vgl. für 1470/71 Gachard, Inventaire III, 344, und besonders die anschauliche Schilderung in der Denkschrift der Sekretäre an Philipp II., unten Beilage 7, Art. 4.

Entrée ou au jour de Vendredi-Saint" bewilligt[1]. Es handelt sich dabei 139 mal um Totschlag („homicide"), 6 mal um Widerstand gegen die Staatsgewalt, in 8 einzelnen Fällen um „forces et violences", „rudesses", lebensgefährliche Verwundung, Entführung. Weiter kann man als eine Gruppe zusammenfassen die Lettres de collation (14), de résignation (10), de présentation (3) für kirchliche Pfründen. Im übrigen sind zu nennen Legitimationen (15), Privilegien für eine Stadt (14), für eine Kirche (4), eine Korporation (4), einen Seigneur (3), Sicherheitsbriefe für Kaufleute (2), und einzelnes sonst. Damit man sich ein Bild von diesem Register, das auch als historische Quelle nicht bedeutungslos ist, machen kann, teile ich unten, Beilage 11, einige der Eintragungen mit; und zwar hebe ich die am häufigsten vorkommenden Formeln und einzelne für den uns beschäftigenden Gegenstand bemerkenswerte Fälle heraus.

4. Das Conseil privé seit 1517.

Wenn die durchgehenden Analogien der Rats- und Kanzleiordnung Margaretes mit burgundischen Ordonnanzen früheren und späteren Datums erweisen, daß wir sie benutzen durften, um das lückenhafte Bild der burgundischen Tradition zu füllen, so ist doch nun, wenn ich von Abweichungen in unbedeutenden Einzelzügen absehe, der durchgehende Unterschied großer und kleiner Verhältnisse zu betonen. Die vielfachen Analogien, die wir bis über 1531 hinaus fanden, beziehen sich nur auf das Verfahren des gelehrten Rates. Was aber das Gesamtbild betrifft, so hat das Conseil privé Margaretes eine primitivere und einfachere Form als das gleichzeitige burgundische. Aber es ist für den Hofrat Karls V. 1515—1517 wesentlicher, diese ältere Form des charakteristischen Gesamtrates zu betonen als die beginnende neue Scheidung. War doch auch diese Entwicklung nur ein Ansatz: Die beiden Elemente fließen noch einmal wieder zusammen, als 1517 das Conseil privé als Regentschaftsrat konstituiert wird.

Eins der merkwürdigsten Beispiele für die souveräne Sicherheit, mit der Karls leitender Staatsmann, der Herr von Chièvres, die Menschen und die Dinge beherrschte, ist die Art und Weise, wie er Margarete, mit der er in den heftigsten Konflikten zusammengetroffen war, wieder zu gewinnen verstand. Als Karl seine erste

[1] Vgl. die Dokumente Rec. des Ord. I, 406 f., 425 f. Gebühren, Geldstrafen, Auseinandersetzung mit den Geschädigten oder ihren Verwandten hatte der betreffende Provinzialgerichtshof zu regeln. Protokolle über solche Verhandlungen im Conseil de Luxembourg, zum Teil recht lebendig gehalten, bei Van Werveke 323—325, 325—327, 329 f, 358 f.

Reise nach Spanien anzutreten im Begriff ist, erklärt er in der Einsetzungsurkunde für das Conseil privé vom 23. Juli 1517 (Rec. des Ord. I. 578—581) ausdrücklich, da „pour plusieurs bons regards ne soyons délibérez de faire ne ordonner pour cette fois aucun lieutenant de nosdits pays“ (578), setze er den Kaiser Maximilian ein zum „superintendent“ des zur Regierung des Landes zurückzulassenden Rates. Als vornehmstes Mitglied wird dann Margarete genannt, mit dem vorsichtig gewählten Zusatz: „à laquelle voullons et ordonnons estre faict et exhibé tel honneur et révérence quy luy appartient“ (579)[1]. Das Conseil privé ist also Regentschaftsrat und nicht Hofrat. Ihm steht die Erledigung aller Regierungsangelegenheiten zu, wenn auch Karl sich eine Oberaufsicht wahrte und, so für die Ämterbesetzung, seine nachträgliche Billigung erforderlich war. Erinnert man sich aber der repräsentativ leitenden Stellung des Kämmerers, deren Symbol die Verwahrung des Geheimsiegels war (siehe Anhang 3), so wird man nicht allzu gering einschätzen, daß Margarete erhielt „la garde du cachet que avons fait graver pour imprimer nostre nom ès lettres closes“[2].

Es war auf eine Probezeit für Margarete abgesehen, und an Entgegenkommen, vor allem einem energischen Eintreten für ihre Autorität in der Franche-Comté, auch Maximilian gegenüber, hat Karl resp. Chièvres es nicht fehlen lassen. Aber man überließ es doch ihr, selbst mit der Bitte um Erweiterung ihrer Autorität an den Neffen heranzutreten. Wir finden dabei dieselben einzelnen Dinge wieder, die wir als Elemente ihrer Autorität in den Verhandlungen mit Maximilian 1507—1509 kennen lernten. Einer der vielen in Lille aufbewahrten Briefe des Lachaux vom Hofe Karls an Margarete, vom 24. Juli [1518] aus Saragossa (unten Beilage 5), gibt uns einen Bericht über den Abschluß der Verhandlungen: In Anwesenheit der Vertrauten Margaretes, des Gorrevod und Lachaux, trägt Chièvres demonstrativ die Verdienste der Fürstin dem jungen König vor, der mit Freude zuhört und die „3 Dinge“, um die sie gebeten hatte, bewilligt. Was diese 3 Dinge waren, sehen wir aus der vom gleichen Tage datierten Urkunde Karls[3],

[1] Wenn die Ordonnanz von 1522 behauptet, Margarete sei 1517 zur „régente et gouvernante“ eingesetzt worden (Rec. des Ord. II, 167), so will das sagen, daß die offizielle Geschichtsauffassung die vergangenen Mißhelligkeiten zu vergessen habe.

[2] Dieses „tachett i. e. a signet, kept in a box“, die nur in Anwesenheit des Rates zu öffnen ist, scheint den Engländern wichtig genug, um in einem Brief an Heinrich VIII. erwähnt zu werden (Brewer II, 2, S. 1158).

[3] Rec. des Ord. I, 656 f., nach einem Register des Archivs der Stadt

nach der Margarete erhält: Die Signatur aller Lettres closes und Lettres patentes in der Form: „Par le roy Marguerite" (vgl. oben S. 94), die Verwahrung des Finanzsignet (vgl. oben S. 63), die Ernennung der meisten Beamten (vgl. oben S. 92). Ein Brief Margaretes an Maximilian vom 25. Oktober 1518 (unten Beilage 5) beleuchtet die Bedeutung dieser Zugeständnisse und den völligen Erfolg Chièvres. Sehr auffallend ist in der Tat der Kontrast zu dem Vorgehen Maximilians, der erst in mündlichen Verhandlungen viel verspricht, dann manches davon zurücknimmt, dann den Titel „régente et gouvernante" erteilt, dann doch wieder einen Regentschaftsrat einsetzen will, und schließlich eine möglichst allgemein gehaltene Bestallungsurkunde ausfertigen läßt. Karl gewährte den Titel zuletzt. Wir können aus einem Brief Margaretes an den Großkanzler Gattinara (unter Beilage 5) schließen, daß sie zur Erreichung dieses Ziels den für die Requêtes vorgeschriebenen Weg hatte gehen müssen. Sie ersucht nämlich Gattinara, sich für sie zu verwenden, wozu er ja Gelegenheit habe, da „telz choses passent pardevant vous". Sie versichert, daß sie sich, was die Ausdehnung ihrer Autorität betreffe, an das „bon plaisir" Karls und den „avis" Chièvres und Gattinaras halten werde.

Nach der ausführlichen Bestallungsurkunde Margaretes zur Regentin vom 1. Juli 1519[1] hatte das Conseil privé, trotz einer ihre Autorität einschränkenden Instruktion vom 16. Juli 1519 (Rec. des Ord. I. 688), nicht mehr den Charakter eines Regentschaftsrates, sondern wieder den eines Hofrates.

Die seit der Rückkehr Karls V. in die Niederlande erloschene Vollmacht der Regentin wird vor der Reise nach Deutschland, am 19. Oktober 1520 in Maastricht, wieder erneuert (Rec. des Ord. II., 26 f.), ebenso an demselben Tag die Einsetzung des Conseil privé (ib. 28—32). Redete die Berufungsurkunde des Kanzlers 1515 nur allgemein von dem Rat „devers nous" und dem Rat, der abgehalten wird „vom Kanzler und den Leuten unsres Rates" (oben S. 102),

Brügge. Ich fand in Lille, P. 36, eine originalere Form, nämlich die von Haneton kollationierte offizielle Kopie, die vom Hof Margaretes an die Chambre des Comptes geschickt worden war. Es ist dies eins der Stücke aus der Korrespondenz der Chambre des Comptes, die man zu den Kanzleipapieren Margaretes hinzulegte, so daß beide Bestandteile gemeinsam jetzt den Fonds der „Lettres missives" bilden (vgl. Gött. gel. Anz. 1908, S. 255). Außer orthographischen Abweichungen würde zu verbessern sein: S. 656, Z. 3 des Textes: „portons à (anstatt „de") la personne" etc., Z. 7: „nosdits pays" anstatt „nostredit pays", Z. 15 und Z. 29: „avions" anstatt „avons".

[1] Rec. des Ord. I, 682—684, vgl. Henne II, 292 ff., auch 205, 228.

so sehen wir in der Ordnung von 1520 schon viel schärfer umrissen die beiden Elemente heraustreten. Die Maîtres des requêtes erscheinen sehr deutlich als eine Sektion des Conseil privé als des Gesamtrates, wenn die Rede ist von Ausfertigungen, „qui se feront et concluront en nostredit privé conseil, soit devers nostredite dame et tante ou les chief et maistres des requestes d'icellui nostre privé conseil" (S. 29). Ja nach dieser Ordonnanz muß überhaupt die starke Betonung des Jahres 1531 als des Einsetzungsjahres der „Conseils collatéraux" (der Name ist erst viel späteren Datums) unberechtigt erscheinen; und durch sie wird, was von großer Bedeutung ist, die Konstituierung dieser Conseils collatéraux erwiesen nicht als etwas Gemachtes, etwa durch französische oder spanische Einflüsse Bewirktes, sondern durchaus als etwas organisch Gewordenes. Wir sehen nämlich schon in dieser Ordnung von 1520 zwei aus verschiedenem Personal bestehende und zu verschiedenen Zeiten sich versammelnde Räte vor uns, der eine je nach Bedarf von der Regentin berufen, verhandelnd über die Dinge, die nicht zu den laufenden Geschäften des Gebiets der „Justice" gehören, der andre aber zu bestimmten Stunden regelmäßig sich versammelnd[1] und beschäftigt mit den Dingen, die man in der „chancellerie" auszufertigen gewohnt war. Der Chef des Rates, der hier mit den „andern (!) Maîtres des requêtes" tätig ist, hat nur über die wichtigeren Angelegenheiten der Regentin Bericht zu erstatten[2].

---

[1] Eine anschauliche Beschreibung von Ratssitzungen unter Franz I. findet man bei Decrue 61—66. Zuerst wird das „Conseil des affaires" über die bedeutenden Angelegenheiten der äußeren und inneren Politik abgehalten. Dann kommen die Maîtres des requêtes in den Rat, der so zum „Conseil des parties" wird. Diese interessante Form der Scheidung des einheitlichen Rates ist sicher auch für Burgund wichtig, obwohl ich sie bei der Dürftigkeit des Materials nicht nachweisen kann. Auch für die Frage der „pluralité de voix" ist ein solches Auseinandergehen des feudalen und des gelehrten Elements im einheitlichen Rat von Bedeutung. — Ich darf hier nicht eingehen auf die von Nicolas VII., bes. S. XVI f., XXII f. berührte Frage, wie weit die „Ordinary Councellors" und speziell die Masters of Requests zum Privy Council gehörten oder nicht.

[2] Der wichtige, bisher übersehene Artikel lautet: „Item, que ledict conseil résidera continuellement au lieu où nostredite dame et tante sera; et se tiendra devers elle ou en tel lieu qu'elle vouldra à ce ordonner en sa maison, auquel lieu s'assembleront les personnaiges dessus nommez ou ceulx qui seront présens et qu'elle y vouldra appeller, toutes et quantes fois que bon lui semblera et le cas le requerra, pour entendre aux affaires qui surviendront hors du train ordinaire de justice; et pour les affaires ordinaires de justice et autres que l'on a accoustumé

In der Tat ist der Schritt nicht mehr groß[1] zu den Ordonnanzen vom 1. Oktober 1531[2]. Das „Conseil d'État" besteht aus den hohen Adligen, wird in freier Weise zu unregelmäßigen Stunden von der Regentin berufen, beschäftigt sich mit den „grandes et principales affaires"[3]. Das Conseil privé, dem auch die Kanzlei zugeteilt ist, besteht aus Juristen, versammelt sich täglich zweimal zu bestimmten Stunden und erledigt die Angelegenheiten, die sich auf die Hoheitsrechte des Fürsten beziehen, ausgenommen (neben den Finanzen) die eigentlichen Prozeßsachen, die nur ausnahmsweise noch vor diese Behörde gezogen werden sollen[4]. Die

---

de despescher ordinairement en nostre chancellerie, ledict chief, maistres des requestes, secrétaires et huissiers s'assembleront tous les jours deux fois: assavoir, depuis huit jusques à dix heures du matin et de trois jusques à cincq heures après-midi en toutes saisons de l'an en une chambre ou autre lieu que leur sera ordonné au logis de nostredite dame et tante, pour illec despescher lesdictes matières; et sera ledict chief tenu advertir et faire rapport à icelle dame une foiz le jour de ce que par lui et les autres maistres des requestes aura esté fait et besoingné entre eulx, mesmement quant il y aura quelque chose d'importance au dehors du train ordinaire de justice" (Rec. des Ord. II, 29 f.).

[1] Über die wechselnden Regentschaftsverhältnisse, bis 1522 der Kaiser in Spanien war, vgl. Henne II, 200 ff., 322 ff., III, 242 ff., Alexandre 17—26. Die Wiedereinsetzung Margaretes zur Regentin erfolgte am 15. April 1522 (Rec. des Ord. II, 167—169).

[2] Die Instruktionen finden sich Rec. des Ord. III, 239 f., 241—243, 244 bis 254; Analysen bei Fruin 104 ff., Alexandre 28 ff., Henne V, 164 ff., Poullet II, 317 ff., Pirenne III, 173 f., Blok II, 411. Vgl. ferner die Ernennung der Maria von Ungarn zur Regentin (Rec. des Ord. III, 236—238) und die Instruktionen für das Conseil d'État und Conseil privé vom Oktober 1540 (ib. IV, 229—231, 240—242). Leider bietet auch hier, wie bei den Finanzreglements, die Edition keine Erleichterung zum Unterscheiden der auf alter Tradition ruhenden und der neu hinzugekommenen Bestimmungen.

[3] „Audict conseil se traicteront seullement les grandz et principaulx affaires, et ceulx qui concernent l'estat, conduycte et gouvernement des pais, sceureté et deffense desdicts pays de pardeça, remectant et délaissant les autres négoces et affaires, tant de grâce que justice et police ordinaire ès privé, grand et autres consaulx provinciaulx, loix, juges et officiers, sans s'en mesler ny empescher de la cognoissance, si toutesfoiz n'estoit matière et affaire de tel poix, importance et considération, qu'il semblat à la royne estre besoing et expédient l'entendre ou traicter et expédier oudit Conseil d'Estat" (Rec. des Ord. III, 239). Erläuterungen bei Alexandre 348 usw.

[4] „Audit conseil se traicteront les matières de nostre suprême hauteur et souveraineté, autorité ès choses procédant de grâce, tant en civil que criminel, et que sont pardessus les termes, train et cours ordinaires de justice, sans soy mesler ny entremettre de la connoissance par voye de supplication, évocation ou autrement comme que soit des matières et

ursprüngliche Verbindung von Conseil d'État und Conseil privé kommt darin zur Erscheinung, daß beide in der Regel den gleichen Präsidenten haben (Alexandre 206) und sich bei Verhandlungen über Sachen von einschneidender Bedeutung zu Plenarsitzungen vereinigen (vgl. Alexandre 53, 60).

Die Bezeichnung „Conseil d'État" stammt aus Spanien (siehe Anhang 4, Ende). Der Name „Conseil privé", den wir 1520 noch deutlich als Bezeichnung für den Gesamtrat fanden, ist jetzt endgültig auf die juristische Sektion übergegangen [1].

Das Nebeneinanderstehen eines selbständigen feudalen Rates und eines gelehrten Rates, sowie die starke Erweiterung der Befugnisse des letzteren über die Erledigung der Matières de grâce hinaus, ist charakteristisch für Burgund. Beides wurde bewirkt durch das Fehlen eines starken Kabinetts, also im letzten Grunde durch die Tatsache, daß der Herrscher sich nicht im Lande selbst befand.

Das Schwergewicht sollte durchaus beim Conseil d'État sein [2]. Aber die Kontinuität organisierter Arbeit, die schon zweimal den Namen des Ganzen auf die gelehrte Sektion hatte ziehen können, bewirkte, daß doch das Conseil privé die überlegene Kraft besaß. Einmal noch konnten die hohen Herren sich des Versuchs der Regenten, auch Nichtadlige zu Gliedern des Conseil d'État zu ernennen, erwehren (Alexandre 46); ja es gelang ihnen kurz vor dem Aufstand, für eine zeitlang eine strenge Subordination des Conseil privé und des Conseil des finances unter das Conseil d'État durch-

---

affaires, dont notre grand et autres consaux, juges et officiers ordinaires, chacun de droit, ont et doivent avoir la connoissance" (Rec. des Ord. III, 241 f.) Für die Befugnisse im einzelnen muß ich verweisen auf die ausführlichen Erörterungen bei Alexander 283—393. Für die Abgrenzung von Conseil privé und Grand Conseil vgl. besonders noch Art. 8 dieser Ordonnanz (S. 242). Eine Stelle aus der Remonstranz der Sekretäre des Conseil privé von 1589 an Philipp II. scheint zu zeigen, daß in Wirklichkeit erst etwa in den fünfziger Jahren diese bestimmte Abgrenzung zwischen Conseil privé und Grand Conseil eintrat (siehe Beilage 7).

[1] Guicciardini, auf dessen Ausführungen über das Conseil d'État und Conseil privé ich noch besonders hinweise (S. 33—35), gibt eine nach 1531 nicht mehr passende Erklärung, wenn er vom Conseil privé sagt, daß es „con vocabulo Franzese, dall' essere intimo e familiare del Principe, si chiama Privato" (34).

[2] Alexandre 49, und dort, Anm. 2, der Abdruck einer alten Notiz folgenden Inhalts: „Conseil d'État. A ce conseil sont rapportés tous les plus difficiles négoces des autres conseils. Bref, il a charge et superintendance de tout ce qui touche au gouvernement et protection du pays tant du dedans que du dehors".

zuführen (Alexandre 48, 51 ff). Aber gestützt auf die unbestimmten Ausdrücke „souveraineté, police, justice“ konnte das Conseil privé seine Befugnisse immer weiter ausdehnen. 1725 übernahm es offiziell die wesentlichsten Tätigkeiten des Conseil d'État (Alexandre 29, 140 f, 357). Diese Körperschaft war seitdem nur noch, wie Alexandre 140 sagt, ein „conseil d'honneur, sans activité pratique, où le gouvernement faisait entrer des cavaliers de la noblesse et des magistrats qu'il voulait récompenser par un titre éclatant“.

Anhänge.

1. Bibliographie.

Der mächtigste Impuls neuerer Geschichtschreibung, das nationale Interesse, hat die Forschung über das burgundische Reich erst sehr verspätet und nur mittelbar berührt, denn noch im Entstehen ist dies Reich wieder zerschlagen worden, und seine Trümmer wurden im Raub- und Tauschspiel der Nationen hin- und hergeschoben. Darum gehören die großen Werke über das Gesamtreich noch der universal gerichteten Zeit an: die mit Recht des Ansehens eines „klassischen" Werkes genießende, aber den Anforderungen kritischer Forschung nicht genügende Darstellung von Barante[1], und vor allem das große Werk von Plancher[2], wertvoll besonders durch die jedem Band beigegebenen zahlreichen Preuves justificatives, ausgezeichnet durch gute Register und Illustrationen, aber leider schon von den Zeiten Philipps des Guten an nach dem Tode des Verfassers von seinen Ordensbrüdern, den Maurinern, unvollkommen zu Ende geführt. Kulturgeschichtliches Interesse überwiegt in der wertvollen Studie von Paul Fredericq[3], die noch immer (ein Essai von 230 Seiten!) das neuere Hauptwerk über die burgundische Epoche darstellt. Für Liebhaber der tönenden Eleganz der französischen Sprache mag der Essai von Jules van Praet[4] genannt

---

[1] A. G. de Barante, Histoire des ducs de Bourgogne de la maison de Valois, zuerst Paris 1824—1826; von den neueren Ausgaben ist die Gachards hervorzuheben.

[2] U. Plancher, Histoire générale et particulière de Bourgogne, 4 Bde., fol., Dijon 1739, 1741, 1748, 1781. Es soll eine Geschichte nur des Herzogtums Bourgogne (Hauptstadt Dijon) sein, geht aber in Bd. 3 u. 4 (1364 bis nach 1477) weit über jenen Rahmen hinaus.

[3] Paul Fredericq, Essai sur le rôle politique et social des Ducs de Bourgogne dans les Pays-Bas, Gent 1875.

[4] Jules van Praet, Essais sur l'histoire politique des derniers siècles. Bd. I, Brüssel 1867, S. 27—110: Les ducs de Bourgogne.

werden. Erst in letzter Zeit haben Blok[1] und Pirenne[2] diese Periode im Zusammenhang nationaler Geschichte behandelt; recht summarisch freilich, wie es im Plan ihrer Werke lag.

Von Darstellungen einzelner Gebiete des Staatslebens hebe ich heraus die freilich für die frühere Zeit dürftige Geschichte der États généraux von Juste[3], vor allem aber Reiffenberg's Werk über den burgundischen Hausorden vom goldenen Vließ[4]. Es sind Auszüge aus den Ordensprotokollen, eine fortlaufende Erzählung in dem archaistischen Stil der Vorlage, historisch von großer Bedeutung, denn der Orden bildete oft die Zentrale der Staatsregierung (oben S. 60, 93). Eine gute Orientierung über den Orden und seine Geschichte, auch über die Literatur, gedruckte wie handschriftliche, hat kürzlich De Ghellinck Vaernewyck gegeben[5].

Das Tatkräftige und Großzügige in der Gestalt Karls des Kühnen hat in England und Amerika Interesse gefunden. Es ist zu nennen neben dem Werk von Foster Kirk[6] der schöne Essay von Freeman[7] und eine kürzlich erschienene für weitere Kreise bestimmte Biographie des Herzogs von Ruth Putnam[8], mit mancher interessanten Illustration.

Mit dem Tode Karls des Kühnen 1477 bricht die Litteratur fast völlig ab. Für die erste Regentschaft Maximilians ist man noch wesentlich angewiesen auf die kraftvoll, aber parteiisch geschriebene Geschichte des flandrischen Aufstandes von Kervyn de

---

[1] P. J. Blok, Geschiedenis van het nederlandsche volk, bisher 7 Bde., Groningen 1892—1907 (bis zum Jahre 1839): Bd. II (1893) behandelt die Zeit 1300—1559.

[2] H. Pirenne, Histoire de Belgique, bisher 3 Bde., Brüssel 1902—1907; Bd. II (1903) für 1300—1477, Bd. III (1907) für 1477—1567. Auch in deutscher Übersetzung.

[3] Th. Juste, Histoire des États-généraux des Pays-Bas (1465—1790), Brüssel u. Paris 1864.

[4] De Reiffenberg, Histoire de l'ordre de la Toison d'or (1430—1573), Brüssel 1830, 4°.

[5] De Ghellinck Vaernewyck, L'ordre de la Toison d'or et l'exposition de Bruges, Bulletin de l'Académie royale d'archéologie de Belgique, V (1907), S. 183—276.

[6] Foster Kirk, History of Charles the Bold, Duke of Burgundy, 3 Bde., Philadelphia u. London 1863—1868.

[7] E. A. Freemann, Charles the Bold, Historical Essays I, London 1871, S. 314—372.

[8] Ruth Putnam, Charles the Bold, last Duke of Burgundy (Heroes of the Nations), New-York u. London 1908, 468 S.

Lettenhove[1]. Ulmann's Geschichte des Kaisers[2] ist, obwohl sie sich ausdrücklich auf die „Reichsgeschichte unter Maximilian" beschränkt (I. S. III.), doch von größter Bedeutung auch für die Vorgänge in Burgund. Daneben ist zu nennen die kürzlich erschienene umfangreiche Geschichte der Margarete von Österreich bis zum Frieden von Cambrai (Dezember 1508) von Kooperberg[3]. Über die (freilich ein wenig matte) Nachblüte der niederländischen Renaissance am Hofe Margaretes unterrichtet Thibaut[4]. Für die Zeit Philipps des Schönen (und die Anfänge Karls V. in Spanien) hat Höfler in einer Reihe von Publikationen Materialien zusammengetragen[5] Charles Moeller[6] hat uns das Leben am burgundischen Hof zu Anfang des 16. Jahrhunderts gezeichnet, in einzelnen Bildern, die lose zusammengehalten werden durch den Liebesroman der ältesten Schwester Karls V., Eleonore, und des Pfalzgrafen Friedrich; wohl nur die französische Sprache kann so wie hier ernsthafte Belehrung im Plauderton vermitteln.

Eine zusammenhängende Literaturreihe setzt erst mit dem Interesse an Karl V. wieder ein. Die großen Werke zur Geschichte des Kaisers von Henne[7] und De Leva sind mit weit ausholender Einleitung versehen — Baumgarten führt allzu plötzlich in medias res — aber nur Henne stellt dabei die niederländischen Angelegenheiten in den Vordergrund. Das Werk ist, eine so bedeutende Leistung es vor einem halben Jahrhundert war, als veraltet zu betrachten.

Auf alles Einzelne und Provinziale führt die Bibliographie von Pirenne[8]. Einen besonderen Hinweis verdienen die Register

---

[1] Kervyn de Lettenhove, Histoire de Flandre, 3. Ausg., Brüssel 1874, Bd. IV.

[2] H. Ulmann, Kaiser Maximilian I., 2 Bde., Stuttgart 1884, 1891.

[3] L. M. G. Kooperberg, Margaretha van Oostenrijk, Landvoogdes der Nederlanden, tot den vrede van Kamerijk, Amsterdam 1908, 472 S. Ich werde das auch für die Geschichte Maximilians wichtige Werk demnächst in der Historischen Vierteljahrsschrift besprechen.

[4] F. Thibaut, Marguerite d'Autriche et Jehan Lemaire de Belges, ou de la littérature et des arts aux Pays-Bas sous Marguerite d'Autriche, Paris 1888, 278 S.

[5] Die Titel bei Dahlmann-Waitz, Quellenkunde[7], Nr. 4707, 5918.

[6] Charles Moeller, Éléonore d'Autriche et de Bourgogne, reine de France; Un épisode de l'histoire des cours au XVIe siècle, Paris 1895, 344 S. Vgl. unten S. 127 Anm. 7.

[7] A. Henne, Histoire du règne de Charles-Quint en Belgique, 10 Bde., Brüssel u. Leipzig 1858—1860. In Bd. 10 Generalregister.

[8] H. Pirenne, Bibliographie de l'histoire de Belgique, 2e éd., Brüssel und Gent 1902. Gelegentlich wird man auch benutzen die große Bibliographie générale et raisonnée du droit belge von Picard und Larcier, Brüssel 1882—1890, in einem Band, 1354 S.

zu den einzelnen Serien des Compte rendu des séances de la Commission royale d'histoire ou recueil des ses Bulletins[1], sowie das gute Register für die Jahre 1772—1897 der Mémoires der belgischen Akademie[2].

Was die Quellen zur Verwaltungsgeschichte betrifft, so sind für die Zeit bis 1506 gelegentlich selbst wichtige Staatsakten, wie das Große Privileg von 1477 (vgl. oben S. 14), auch auf unsern größeren Bibliotheken nicht zugänglich, weil sie nur in alten, meist schlechten Drucken zur Provinzialgeschichte vorliegen. Herauszuheben wäre der zweite Teil der anonymen Mémoires pour servir à l'histoire de France et de Bourgogne (Paris 1729, 4°). Mit dem Jahre 1506 beginnt aber die zweite Serie (die erste steht noch aus) des Recueil des Ordonnances de la Belgique[3]. Es sind vornehm ausgestattete, aber allzu gewaltige und unhandliche Foliobände; ein kritischer Apparat fehlt, die Register sind dürftig, nirgends hilft verschiedener Druck bei Vergleichungen (vgl. oben S. 71, 119 Anm. 2), die Urkunden werden allzu häufig nach einem einzelnen Register mitgeteilt[4] und gelegentlich aus schwer zugänglichen Druckwerken ohne Angabe der archivalischen Fonds übernommen. Doch der große Reichtum des hier erschlossenen Materials söhnt mit allem aus. Einige Dokumente zur Verwaltungsorganisation der Margarete von Österreich enthält der dritte Band des Werkes von Quinsonas[5]. Von Inventaren sind herauszuheben die Führungen durch die in Brüssel und Lille aufbewahrten Aktenmassen der Chambres des Comptes[6]. Für die Geschichte der Verwaltungsorganisation am Hof, insbesondere auch des Kabinetts und der einzelnen Ämter, sind neben der Korrespondenz Maximilians[7] die Gesandtschaftsberichte von Bedeutung. Im

[1] „CRH.", vgl. Pirenne, Bibliographie Nr. 1384.

[2] „Mém. Ac.", vgl. Pirenne, Bibliographie, Nr. 1378, 1379.

[3] Herausgegeben von Ch. Laurent, dann von J. Lameere. Bd. I (1893): 7. Okt. 1506—1519, II (1898): 1520—1529, III (1902): 1530—1536, IV (1907): 1537—1543.

[4] Davor warnt z. B. Giry, Manuel de diplomatique, S. 753 f.

[5] Graf E. de Quinsonas, Matériaux pour servir à l'histoire de Marguerite d'Autriche, 3 Bde., Paris 1860.

[6] Gachard u. Pinchart, Inventaire des archives de la Belgique, I—VI, seit 1837. Inventaire sommaire des archives départementales du Nord, 7 Bde., 1872—1906.

[7] Gachard, Lettres inédites de Maximilien etc. 1478—1508 (CRH. 2, II, S. 263—448, III, S. 193—328). Le Glay, Correspondance de l'empereur Maximilien Ier et de Marguerite sa fille, 2 Bde., Paris 1839. H. Kreiten, Der Briefwechsel Kaiser Maximilians I. mit seiner Tochter Margareta. AöG.

Wortlaut, der freilich für unsern Zweck besonders wichtig ist, liegen nur vor die Briefe des Venetianers Vincenzo Quirino von 1505/06[1], dann für die am Hof Karls V. fortgehende Entwicklungsreihe die des französischen Gesandten De la Roche-Beaucourt von 1518/19[2] und vor allem neuerdings die Berichte des Gesandten Ferdinands I., Martin de Salinas[3], die grundlegende Quelle für die innere Geschichte der Regierung Karls V. 1522—1539. Ausführliche Regesten von Gesandtschaftsberichten findet man in den beiden großen europäischen Quellensammlungen, den englichen Kalendaren[4] und den Diarien des Sanuto[5]. Die englischen Berichte, deren Gegenstand die hohe Politik ist, bieten viel für die Geschichte des Kabinetts und der leitenden Ämter. Die Venetianer dagegen, die mit ihren rechtlichen Fragen oft von Instanz zu Instanz geschickt werden, gewähren Einblicke in das Nebeneinander der geschäftlich arbeitenden Behörden[6].

Von den gleichzeitigen Aufzeichnungen kommen die Chroniken weniger in Betracht: Das trotz tönender und über-

96 (1907), auch Sonderabdruck. Dazu meine Rezension in den Gött. gel. Anz. 1908, S. 253—286.

[1] C. R. v. Höfler, Depeschen des venet. Botschafters bei Erzherzog Philipp, Vinc. Quirino, 1505—1506, Archiv f. österr. Gesch. 66 (1885), S. 47—256.

[2] Gachard, La bibliothèque nationale à Paris, Notices et extraits, II (1877), S. 37—71.

[3] A. Rodríguez Villa, El emperador Carlos V. y su corte, según las cartas de Salinas, Madrid 1903—1905, 985 S. (vorher in viele Stücke auseinandergerissen im Boletín de la Real Academia de la Historia, Bd. 43—46, 1903—1905).

[4] Für unsere Zeit drei Serien: Calendar of State Papers etc. existing in the Archives of Venice etc., ed. Brown; I (1502—1509), II (bis 1519), III (bis 1526), IV (bis 1533) etc. — Calendar of Letters etc. relating to the negociations between England and Spain, ed. Bergenroth (bis 1525), Gayangos (bis 1544), Hume; I (1485—1509), II (bis 1525), Suppl. zu I u. II, III in zwei Teilen (bis 1529), IV in 2 Teilen (bis 1533) etc. — Calendar of Letters etc. of the Reign of Henry VIII., ed. Brewer (bis 1530) u. Gairdner; I (1509 bis 1514), II in 2 Teilen (bis 1518), III in 2 Teilen (bis 1523), IV in 4 Teilen (bis 1530) etc. In dieser letzten Serie, die die Materialien aus den englischen Archiven aufführt, finden sich die Berichte der englischen Gesandten vom burgundischen Hofe.

[5] I Diarii di Marino Sanuto, 58 Bde. (1496—1535) und ein Band Prefazione, 4°, Venedig 1879—1903. Die Korrespondenzen sind nach dem Datum des Eintreffens in Venedig aufgeführt, während die englischen Kalendare nach dem Datum des Ausgehens der Briefe ordnen.

[6] Sehr reichhaltig sind in dieser Beziehung die Depeschen der genuesischen Gesandten Lasagna und Camilla vom Hofe Karls V. 1518—1539, in moderner Kopie im Brüsseler Staatsarchiv, Cart. Man. 301 B.

treibender Rhetorik charaktervolle Werk Chastellain's[1], die Blumenrede Molinet's[2], die für das Wesentliche nicht viel Raum mehr findet, der nüchterne und wohl orientierte Bericht des Olivier de la Marche[3], und ganz anders als sie alle Commines[4]. Olivier de la Marche aber hat neben seiner Chronik einen Traktat verfaßt, zu dem er als Maître d'hôtel, also ein die Polizeiaufsicht über das Hofpersonal führender Beamter, ganz besonders berufen war: L'estat de la maison du duc Charles de Bourgoingne[5]. In dem Bewußtsein, daß auch die Einzelheiten des burgundischen Hofzeremoniells wert seien aufgezeichnet zu werden, der Mitwelt als Vorbild und der Nachwelt zur Bewunderung, hat er geschrieben, wenige Jahre vor dem Fall des Reiches. Eine ähnliche Beschreibung des Hofstaates Karls V. von 1545 hat nach dem spanischen Original des Brüsseler Staatsarchiv A. de Ridder in französischer Übersetzung mitgeteilt[6], nachdem er schon vorher dasselbe Material zu einem Aufsatz verarbeitet hatte[7]. Sehr wichtig für unsern Gegenstand sind Wielant's

---

[1] Kervyn de Lettenhove, Œuvres de Georges Chastellain, 8 Bde., Brüssel 1863—1866. Die Chronik 1419—1470 Bd. 1—5; Register in Bd. 8.

[2] Jean Molinet, Chroniques (1474—1506), éd. Buchon, 4 Bde., Paris 1827 f.

[3] H. Beaune et J. d'Arbaumont, Mémoires d'Olivier de la Marche (1435—1488), 4 Bde., Paris 1883—1888, Soc. de l'hist. de France.

[4] Neue Ausgabe von De Mandrot, 2 Bde., Paris 1901, 1903 (Coll. de textes pour servir à l'étude de l'histoire).

[5] IV, S. 1—94. Da er bei Beschreibung der Verwaltungseinrichtungen nicht mit den Reformen der Edikte von Thionville (oben S. 13 f., 53) rechnet, lassen die Herausgeber die Schrift, die das Datum: November 1474 trägt, schon vor Dezember 1473 verfaßt sein (Notice bibliographique, zu I oder IV gebunden, S. CXIV f.) Wie Oliviers Beschreibungen der Verwaltungseinrichtungen zu beurteilen sind, bedarf einer Nachprüfung. Die Ausgabe hat 15 Mss. (Paris, Wien, Haag usw.) benutzt, nicht aber die des Brüsseler Staatsarchivs, die freilich in dem noch nicht inventarisierten, obwohl sehr reichen Fonds der Cartulaires et Manuscrits vergraben sind. Eine wichtige Variante aus dem guten Manuskript Cart. Man. 795 habe ich oben (S. 20) aufgenommen.

[6] A. de Ridder, Les règlements de la cour de Charles-Quint, Messager des sciences historiques, Gent 1893, S. 392-418; 1894, S. 36—52, 180—201, 280—291.

[7] A. de Ridder, La cour de Charles-Quint, Soc. litt. de l'université catholique de Louvain, Choix de Mémoires XIV, Brügge 1889, S. 39—213. De Ridder gehört, wie Moeller (vgl. oben S. 124), der Löwener Universität an, wo durch eine historische Konferenz kulturgeschichtliches Interesse an den Formen der Hofhaltung angeregt worden war (Moeller 46 Anm. 1).

„Antiquités de Flandre“[1]. Wer unter diesem Titel viel Wertloses zu finden erwartet, täuscht sich nicht. Aber die Ausführungen über die Gerichtsbarkeit gerade für die uns interessierende Epoche sind unschätzbar und durch keine Urkunden zu ersetzen (vgl. oben S. 84 ff.). Wielant war schon unter Karl dem Kühnen Rat im Grand Conseil, schließlich stellvertretender Präsident, und starb 1521. In den Rechnungen des Receveur général begegnet man ihm mehrfach als Sachverständigem in juristischen Fragen. Die Darstellung wird gegen den Schluß hin immer ausführlicher; für die letzte Zeit haben wir verschiedene Redaktionen, aufgezeichnet mitten in den Ereignissen, die das früher Geschriebene überholten (vgl. oben S. 85). Farbiger sind des Loys Gollut Ausführungen über die Institutionen der Franche-Comté[2]. Neben den Berichten der Einheimischen die der Fremden. Lodovico Guicciardini hat 1567 eine umfangreiche allgemeine Beschreibung der niederländischen Provinzen veröffentlicht[3]. Auf die zahlreichen Karten, Pläne und Ansichten, die dem wichtigen Werk beigegeben sind, mag besonders verwiesen werden. Zu den litterarischen Quellen gehören auch die Venetianischen Relationen, des Vincenzo Quirino von 1506[4], des Francesco Corner von 1521[5], des Gasparo Contarini von 1525[6]. Neuerdings (1908) hat W. Andreas eine schöne Studie über „die venezianischen Relazionen und ihr Verhältnis zur Kultur der Renaissance“ veröffentlicht.

Die neueren verwaltungsgeschichtlichen Darstellungen bieten dasselbe Bild wie die allgemeine Literatur. Neben dem summarisch zusammenfassenden Nachschlagewerk von Edm. Poullet[7] haben wir eine Reihe, die 1477 abbricht, und eine andre, die 1517 oder eigentlich erst 1531 beginnt. Für die zweite nenne ich die durch Colenbrander besorgte Ausgabe eines

[1] Herausgegeben von De Smet im Recueil des Chroniques de Flandre IV, Brüssel 1864, 4°.

[2] Loys Gollut, Les mémoires historiques de la république séquanoise etc., zuerst Dôle 1592, fol., neue Ausgabe von Duvernoy, Arbois 1846, 4°.

[3] Lodov. Guicciardini, Descrittione di tutti i Paesi Bassi, Antwerpen 1567, fol. Über die zahlreichen Ausgaben noch des 16. Jahrhunderts vgl. Pirenne III, 214 Anm.

[4] Albèri, Relazioni degli ambasciatori Veneti al senato (Florenz, seit 1839) Ser. 1, Bd. 1, S. 1—30.

[5] Sanuto XXX, 321—341, über Burgund S. 335—341.

[6] Albèri Ser. 1, Bd. 2, S. 9—73, über Burgund S. 21—26.

[7] Edm. Poullet, Histoire politique nationale; Origines, développements et transformations des institutions dans les anciens Pays-Bas, 2 Bde., 2. Ausg., Löwen 1882, 1892.

Kollegheftes von Fruin[1] und die beachtenswerte Arbeit über das Conseil privé von Alexandre[2].

Die Frage nach dem burgundischen Hofrat des 15. Jahrhunderts wurde zuerst 1878 von Firmin Brabant angerührt[3], dann 1890 von Jules Frederichs wieder aufgenommen[4], worauf 1891 und 1892 Nachträge und polemische Bemerkungen der Genannten folgten[5]. Die Verbindung mit der früheren, auch provinzialen, Literatur ist hier zu finden. In der fein geführten Polemik ist, besonders von Frederichs, manches beachtenswerte Wort gesprochen worden, denn die Verfasser sehen wirklich die Schwierigkeiten. Das kann nicht gesagt werden von der ersten zusammenfassenden Darstellung, die A. Gaillard 1896 für die Jahre 1384—1531 versuchte[6]. Doch führt die Arbeit auf einige archivalische Materialien. 1898 zeigte Eug. Lameere in der Revue de l'université de Bruxelles (S. 49—68), fast ohne es zu wollen, die völlige Unzulänglichkeit jener Untersuchungen. 1900 ließ er seine eigne Darstellung der Geschichte des Grand Conseil der burgundischen Herzöge folgen[7]. Das Buch, das nunmehr die älteren Arbeiten allzu energisch bei Seite schiebt, ruht auf reichem archivalischen Material aus Lille, Paris, Dijon und einer Reihe von belgischen Archiven, und bietet viel mehr als der Titel dem Unkundigen verspricht; es gibt „l'historique des organismes de centralisation" (S. LIX). Zu einer Durchdringung des Stoffes ist es noch nicht gekommen, wir haben meist lose aufgeschichtetes Rohmaterial vor uns (vgl. oben S. 11 f.); und das gibt dem Buch doch wieder seinen besonderen Wert.

Auch um die Geschichte des interessantesten burgundischen Amtes, desjenigen des Audiencier, hat Lameere sich verdient

---

[1] Rob. Fruin, Geschiedenis der staatsinstellingen in Nederland tot den val der republiek, Haag 1901.

[2] P. Alexandre, Histoire du conseil privé dans les anciens Pays-Bas (Mém. Ac., Coll. in 8°, Tome 52, 1895, S. 1—420).

[3] F. Brabant, Note sur le Grand Conseil de Philippe le Bon, CRH. 4, V, 145—160. Vgl. oben S. 12.

[4] J. Frederichs, Le Grand Conseil ambulatoire des ducs de Bourgogne et des archiducs d'Autriche, 1446—1504, CRH. 4, XVII, 423—469, mit Beweisstücken.

[5] CRH. 5, I, 79—89, 90—101, II, 124—128.

[6] A. Gaillard, L'origine du Grand Conseil et du Conseil privé, CRH. 5, VI, 267—324.

[7] Eug. Lameere, Le Grand Conseil des ducs de Bourgogne de la maison de Valois, Brüssel 1900, LIX + 207 S.

gemacht, 1897 durch Herausgabe einer Sammlung von Dokumenten [1], und schon vorher durch den Versuch einer Darstellung [2], die freilich bis 1523 sehr wenig bietet. Ich suche in Anhang 4 diese Lücke auszufüllen und die Bedeutung des Amtes für die Entstehung des Staatssekretariats zu zeigen. Über den Procureur général handeln die beiden gleichnamigen und an gleicher Stelle erschienenen Arbeiten von P. Alexandre und L. Tierenteyn [3]. Trotz der geringeren Seitenzahl ist die erste besser und reichhaltiger, da Alexandre den Stoff sichrer beherrscht und immer bei der Sache bleibt.

Eine brauchbare Geschichte des Grand Conseil de Malines gibt es nicht (vgl. oben S. 29, Anm. 9). Die sehr verschiedenwertigen Spezialdarstellungen über die Provinzial-Conseils hat Pirenne in der Bibliographie Nr. 970—976 zusammengestellt. Ich hebe das Beste heraus. Instruktiv für die Anfänge solcher Behörden ist ein Aufsatz von Th. van Riemsdijk zur Geschichte des holländischen Conseil [4]. Alle Einzelheiten der Organisation bespricht das neue umfangreiche Werk von A. Gaillard über das Conseil de Brabant [5]. Ausgezeichnet durch Einzeluntersuchungen und Publikation zahlreicher Quellen ist die Veröffentlichung von N. van Werveke zur Geschichte des Provinzialgerichtshofes von Luxemburg [6]. Eine Übersicht über die Geschichte aller 8 Provinzial-Conseils gibt Lameere in der „Introduction", S. I—LIX.

Die Literatur für die burgundische Finanzverwaltung ist sehr ungenügend. Neben den Analysen von Ordonnanzen, die Lameere für die Zeit bis 1477 gibt, sind nur die Notizen von Coville für den Anfang des 15. Jahrhunderts zu nennen [7], und

---

[1] Eug. Lameere, Documents inédits pour servir à l'histoire de l'audiencier dans les anciens Pays-Bas (CRH. 5, VII, 145—232).

[2] Eug. Lameere, Essai sur l'origine et les attributions de l'audiencier, Revue de l'Université de Bruxelles 1896. Ich zitiere nach dem Sonderabdruck, 78 S.

[3] Histoire des origines, des développements et du rôle des officiers fiscaux près les conseils de justice dans les anciens Pays-Bas, Mém. Ac., Coll. in 8°, Tome 45, 1891.

[4] Th. van Riemsdijk, De oorsprong van het hof van Holland, in: Geschiedkundige opstellen aangeboden aan Robert Fruin, 's-Gravenhage 1894, S. 183—208.

[5] A. Gaillard, Le Conseil de Brabant, Histoire — Organisation — Procédure, 3 Bde., 4°, Brüssel 1898—1902.

[6] N. van Werveke, Le Conseil provinzial de Luxembourg, in den Publications de l'Institut de Luxembourg XL, 1889, S. 253—382.

[7] A. Coville, Les finances des ducs de Bourgogne au commencement

etwa noch die Aufsätze zur provinzialen Finanzverwaltung von Blok[1] und Mohr[2], während das Werk von Bigwood sich mit dem 18. Jahrhundert beschäftigt[3].

Da für die Geschichte der leitenden Finanzbehörde auch das archivalische Material nicht reichlich fließt, denn das Archiv des Conseil des finances ist 1731 verbrannt, so ist man meist auf die Materalien der Chambres des Comptes angewiesen. Die wichtigsten Inventare wurden oben (S. 125) erwähnt. Einen summarischen Abriß der Geschichte dieser Behörden hat Gachard gegeben; sehr wertvoll sind die angehängten Preuves justificatives[4]. Die Kunstgeschichte geht voraus in Erschließung der in den Archiven der Rechenhöfe erhaltenen Schätze. Neben den reichen Auszügen, die De Laborde gegeben hat[5], ist vor allem zu nennen das kürzlich begonnene groß angelegte Werk von Prost, ausgezeichnet durch zahlreiche Reproduktionen und großen kritischen Apparat[6]. Gachard hat in einem Bericht über das Liller Archiv viele Notizen vereinigt, und in einem besonderen Aufsatz mit dem Kapitel der Gesandtschaften im Register des Receveur général sich beschäftigt[7]. So wertvoll solche Auszüge sind, sie sind ihrer Natur nach durchaus nicht geeignet, ein Bild von der Reichhaltigkeit der Rechnungen zu geben.

Die burgundische Verwaltungsentwicklung ist eine Nebenform der französischen — wenn auch, wie wir gesehen haben, von

---

du XVe siècle, Études d'histoire du moyen-âge dédiées à Gabriel Monod, Paris 1896, S. 405—413.

[1] P. J. Blok, De financien van het graafschap Holland, Bijdragen voor vaderlandsche geschiedenis 3, III, S. 36—130; dort S. 125—130: Het beheer der financien.

[2] M. Mohr, Die Finanzverwaltung der Grafschaft Luxemburg im Beginn des 14. Jahrhunderts, Jena 1892 (Elster, Staatswissenschaftliche Studien IV).

[3] Bigwood, Les impôts généraux dans les Pays-Bas autrichiens, Löwen 1900.

[4] Gachard, Notice historique sur les anciennes Chambres des Comptes, als Einleitung zum ersten Bande der Inventaires des Archives de la Belgique, 1837, S. 1—180.

[5] De Laborde, Les ducs de Bourgogne, Études sur les lettres, les arts et l'industrie pendant le XVe siècle, Seconde Partie, Preuves. Aus dem Liller Archiv Bd. I und II (1849, 1851).

[6] Bernard Prost, Inventaires mobiliers et extraits des comptes des ducs de Bourgogne de la maison de Valois (1363—1477), I. Philippe le Hardi, Paris 1902—1904.

[7] Gachard, Rapport sur les archives de Lille 1841; Gachard, Le chapitre des ambassades 1507—1524, CRH. 4, VI, 217—268.

durchaus individuellem Charakter. Die mangelnde Berücksichtigung der französischen Formen ist vielleicht der Grundschaden der bisherigen Arbeiten zu unserem Gegenstand. Seit Vollendung des Werkes von Viollet[1], neben dessen Darstellung selbständigen Wert haben die betreffenden Kapitel in jedem Halbband der von Lavisse herausgegebenen Histoire de France[2], treten die älteren Werke von Dareste, Chéruel, Luchaire, auch Spezialarbeiten wie die von Boutaric, zurück. Bei Lavisse findet man sorgfältig gewählte, bei Viollet detaillierte Literaturangaben. Für das französische Conseil sind aus der bei Viollet III, 400 f. genannten Literatur zwei Arbeiten von Valois herauszuheben, die zusammenfassende Darstellung in der „Etude“[3] und die Einzeluntersuchungen in den „Nouvelles Recherches“[4], wo auch S. XI eine graphische Darstellung des komplizierten Prozesses der Bildung der Ratssektionen sich findet. Wegen der zeitlichen Parallele interessiert uns die lateinische These von Decrue[5], die in Einzelheiten dürftig ist, aber wertvoll wegen des ausgereiften und sicheren Urteils des Biographen Montmorency's. Für die französische Finanzverwaltung ist grundlegend die freilich nur bis 1380 reichende Darstellung von Vuitry[6]. Viollet, der III, 439—441 Spezialliteratur nennt, bricht seinerseits gegen 1500 ab, so daß man von da an von Lavisse und der dort gegebenen weiteren Literatur ausgehen wird. Zu einer ersten Orientierung empfiehlt sich die Einleitung zu der wertvollen Dokumentensammlung von Jacqueton[7]. Für die französische Kanzlei sind neben Giry's Manuel de diplomatique besonders herauszuheben die eingehenden Untersuchungen von Morel für das 14. Jahr-

[1] Paul Viollet (Histoire des institutions politiques et administratives de la France, 3 Bde., Paris 1890—1903). Für unseren Gegenstand vor allem Bd. III.

[2] III, 1137—1328, von 1901; IV, 1328—1492, von 1902, V, 1492—1559, von 1903/04.

[3] Noël Valois, Étude historique sur le Conseil du Roi, als Einleitung zum Inventaire des arrêts du Conseil d'État, règne de Henri IV, Bd. I, Paris 1886, 4°, S. V—CXLVIII.

[4] Noël Valois, Le Conseil du Roi au XIVe, XVe et XVIe siècles, Nouvelles Recherches suivies d'arrêts et de procès-verbaux du Conseil, Paris 1888.

[5] François Decrue, De consilio regis Francisci I., Paris 1885.

[6] Vuitry, Études sur le régime financier de la France, [1. Serie] 1878, Nouvelle Série 1883. Ich zitiere nur die beiden Bände der Nouv. Sér., die die Jahre 1285—1380 umfassen.

[7] G. Jacqueton, Documents relatifs à l'administration financière en France 1443—1523, Coll. de textes pour servir à l'étude de l'histoire, Paris 1891.

hundert[1], und für die spätere Zeit die lateinische These von Spont[2].

Wenn das Ziel der verwaltungsgeschichtlichen Forschung sein muß, einen Überblick über die große europäische Entwicklung zu erlangen, weil erst dann alles Einzelne in seiner vielseitigen Bedingtheit erkannt und nach seiner Bedeutung abgewogen werden kann, so stehen vollends für die Beurteilung der burgundischen Institutionen die Fragen vergleichender Verwaltungsgeschichte ganz im Vordergrund, denn zu einer Reihe von anderen Staaten hat Burgund im Verhältnis des Empfangens und Gebens gestanden. Die Werke zur österreichischen Verwaltungsgeschichte kommen in Anhang 6 zur Geltung. Eine Übersicht über die Geschichte der spanischen Institutionen gibt Danvila[3]. Zur Erkenntnis der europäischen Verwaltungsentwicklung haben ganz besonderes Interesse zu beanspruchen die Einrichtungen der beiden Gemeinwesen, deren Entwicklung ohne Bruch wesentlich geradlinig durch die Jahrhunderte fortgegangen ist, Englands und der päpstlichen Kurie. Für die Kurie ist nur das Werk von Bangen[4] nicht im Mittelalter stecken geblieben. Vor allem aber wird man durch die reichen Formen der englischen Institutionen die Maßstäbe sich geben lassen, an deren Fehlen die Forschung über unseren Gegenstand so vielfach krankt. Im allgemeinen ist auf Gneist[5] zu verweisen. Zur Orientierung über die Bildung der englischen Ratskollegien dürfte ein Kapitel bei Pike[6] geeignet sein. Mehr Gewinn noch als aus der Übersicht bei Palgrave (1834) und dem schönen Essay von Dicey über das Privy Council (1887) wird man ziehen aus der Publikation der Ratsprotokolle von Nicolas, und den in den Einleitungen zu den einzelnen Bänden gegebenen vorsichtigen Studien[7]. Für die englische

[1] O. Morel, La grande chancellerie royale et l'expédition des lettres royaux 1328—1400, Mémoires et documents publ. par la Soc. de l'école des chartes III, Paris 1900, 592 S.

[2] A. Spont, De cancellariae regum Franciae officiariis et emolumento 1440—1523, Besançon 1894.

[3] Manuel Danvila y Collado, El poder civil en España, Memoria premiada por la Real Academia de ciencas morales y políticas 1883, 6 Bde., Madrid 1885—1886. Für unsere Zeit Bd. 1—2 und die Dokumente in Bd. 5.

[4] Bangen, Die römische Kurie, Münster 1854.

[5] Gneist, Englische Verfassungsgeschichte, Berlin 1882.

[6] L. O. Pike, A constitutional History of the House of Lords, London 1894, Kap. 4.

[7] Sir Harris Nicolas, Proceedings and Ordinances of the Privy

Finanzverwaltung ist zu nennen die dürftige, aber bei der großen Stetigkeit der Entwicklung doch wieder genügende Darstellung von Thomas[1], und als Quelle der Dialogus de Scaccario von 1178[2], nach Gneist (S. 179 Anm.) ein verwaltungsgeschichtliches Dokument, „wie man ein ähnliches im Mittelalter vergeblich suchen wird." Schließlich verweise ich auf die kürzlich von Hintze in der Historischen Zeitschrift (Bd. 100, 1908, S. 53—111) veröffentlichte vergleichende Studie über die Entstehung der modernen Staatsministerien, die in großen und sicheren Strichen bis in die neueste Zeit die Linien der europäischen Entwicklung verfolgt, deren noch unsicher tastende Anfänge ich an dem Beispiel Burgunds zu verstehen suchte.

2. Die Hoflisten.

Die burgundischen Hofstaatsverzeichnisse für die uns beschäftigende Zeit haben aus mehreren Gründen besonderes Interesse zu beanspruchen. Sie bieten Nachrichten über eine Reihe von Persönlichkeiten, die unter Maximilian, unter Margarete und vor allem im Reiche Karls V. in der allgemeinen Geschichte hervorgetreten sind. Sie erlauben, das Heranwachsen ganzer Generationen von Adels- und Beamtenfamilien zu verfolgen. Weil noch kein scharfer Schnitt ist zwischen Hof und Rat, gibt die Stellung eines Mannes im Zeremoniell auch das Gewicht an, das seine Stimme in den Entscheidungen der Staatsregierung hat. Die politische Tendenz der Regierung kann man oft am sichersten daraus ablesen, welche Familien und Provinzen zu einer bestimmten Zeit in den leitenden Ämtern dominieren. Die zunehmende Mischung der Nationalitäten im burgundischen Reich und dem Karls V. läßt sich an dem Verhältnis französischer, vlämischer, deutscher, spanischer Namen ver-

Council of England, 7 Bde., London 1834—1837. Bd. 1—6 für 1386—1461, Bd. 7 für 1540—1542. In Bd. 6 ein Index für die Einleitungen zu Bd. 1—6. Die Akten und Protokolle sind literatim gedruckt, mit allen Abkürzungen in französischer, englischer und lateinischer Sprache. Für unseren Zweck ist herauszuheben eine Ordonnanz für den Rat vom 8. März 1390 (I, S. 18a—18b, besprochen S. XVI f.), ferner das Memoire I, S. 84—86 (besprochen S. XXII bis XXIV), besonders aber eine Ordonnanz für Erledigung der Bittschriften, wahrscheinlich von 1444 (VI, 316—320, analysiert S. XC—XCIV).

[1] Thomas, The ancient Exchequer of England, the Treasury etc., London 1848.

[2] Gut ediert bei Madox, The History and Antiquities of the Exchequer, 2. Ausg., 1769, II, S. 349—452. Eine Orientierung, auch Inhaltsanalyse, gibt Liebermann, Einleitung in den Dialogus de Scaccario, Göttinger Diss. 1875.

folgen. Die in diesen Listen enthaltenen Verzeichnisse der eigentlichen Verwaltungsbeamten aber bieten sehr wertvolle Nachrichten für die Erkenntnis der Behördenorganisation. Eine Veröffentlichung der ganzen Reihe dieser Hoflisten, etwa wie sie neuerdings für Österreich vorliegt (Fellner-Kretschmayr VI, 139—238), dürfte sich lohnen. Bisher sind nur einzelne Bruchstücke bekannt.

Zu verschiedenen Zwecken und in verschiedenen Formen hat man Verzeichnisse der am Hof anwesenden oder in einem bestimmten Ressort beschäftigten Personen aufgestellt. Die offiziellen Listen aber, mit denen wir es wesentlich zu tun haben, dienten der Finanzverwaltung und Polizeiaufsicht am Hofe und erscheinen in zwei miteinander eng zusammenhängenden Formen [1]. Die Grundform wird dargestellt durch die umfangreichen Ordonnanzen für die Hofverwaltung, die von Zeit zu Zeit im „Bureau des maîtres d'hôtel“ [2] neu ausgehen. Hier ist das Verzeichnis sämtlicher künftig am Hofe zu besoldenden Personen durchsetzt mit allgemeinen Verordnungen für die Hofhaltung und speziellen Instruktionen für einzelne Beamte und Beamtengruppen. Daneben haben wir die eigentlichen „États“, nämlich die auf dem Bureau täglich zusammengestellte Liste der am Hofe anwesenden und dafür besoldeten Personen. Diese von dem Maître de la chambre aux deniers bei seiner Rechnungslegung vor der Chambre des Comptes als Beweisstücke beigefügten Listen (siehe Gachard, Rapport 37 f.) sind bis auf wenige zerstreute Stücke von der französischen Revolution für die Kanonen verbraucht worden [3].

Den „États“ liegt das in den „Ordonnanzen“ enthaltene (vollständigere) Verzeichnis zugrunde. Die einzelnen Rubriken, unter denen die Beamten mit Angabe der Höhe ihrer Gagen aufgeführt werden, sind folgende [4]: Grande chappelle, petite chappelle, [pensionnaires], chambellans, maîtres d'hôtel, gentilshommes des quatre états, nämlich pannetiers, échansons, écuiers tranchants und

---

[1] Auf die Rechnungen für die „dépense de bouche“ gehe ich nicht ein. Siehe Gachard, Rapport sur les Archives de Lille 37, und besonders CRH. 2, VI, 440 ff.

[2] In der Ordonnanz vom 2. November 1501 heißt es: „Ainsi conclu et publié au bureau de messieurs les maistres d'ostel“ (Coll. des voyages I, 371), oder 1517: „Ainsi ordonné et prononcé à l'ostel du roy“ (Aud. 23, fol. 46 v°).

[3] Nach Gachard, Rapport sur les archives de Lille 38, Coll. des voyages II, 502 Anm., CRH. 2, VI, 436 f.

[4] Ich lege die ungedruckte Ordonnanz von 1517 zugrunde und füge in Klammern einige gelegentlich in anderen Ordnungen erscheinende Rubriken hinzu.

écuiers d'écurie, dann valets servants, coûtiliers und pages, darauf einzelne officiers, nämlich der panneterie, échansonnerie, cuisine, sausserie, fruiterie, écurie und fourriere, endlich [artillerie], conseil, [finances] und capitaine et archiers de corps.

Von besonderem Interesse ist für uns die Rubrik „Conseil", die ich unten, Beilage 12, aus zwei Ordonnanzen mitteile. Während in den österreichischen Hofstaatsverzeichnissen die Rubrik für den Rat die ganze Liste eröffnet, und in ihr alle Räte verzeichnet sind, erweist sich die Rubrik in den burgundischen États als auf alte Tradition zurückgehend dadurch, daß sie ganz gegen Ende hinter den Barbieren und Wasserträgern, nur noch vor der Leibgarde, eingeschoben ist, daß niemand, der schon in den früheren Rubriken seine Stelle hat, noch einmal genannt wird, auch daß etwa der Historiograph (Judiciaire) hier untergebracht ist (siehe Beilage 12 a). Die Entstehung der Rubrik im 15. Jahrhundert habe ich oben (S. 85 f.) verfolgt.

Das folgende Verzeichnis dürfte dem Suchenden nützliche Dienste tun. Ich lege das Hauptgewicht auf die „Ordonnanzen", und wiederhole nicht, was Gachard bereits aufgeführt hat[1]:

Für die Zeit bis zu Maximilians erster Regentschaft haben Butkens und Van Lokeren nach einem neueren Auszug die Ordonnanzen von 1426, 1431, 1437, 1441, 1456, 1477 mitgeteilt[2]. Zum Teil dieselben Ordnungen müssen für die Beamtenverzeichnisse der vier burgundischen Herzöge im zweiten Teil der Mémoires pour servir à l'histoire de France et de Bourgogne (Paris 1729, 4⁰) S. 1—283 zugrunde gelegen haben. Nur werden leider neuere Begriffe vor allem auch in die Amtstitel hineingetragen. Für das Zeremoniell kommt neben der Schrift des Olivier de la Marche von 1473 (oben S. 127) in Betracht eine Cart. Man. 391^{A}, fol. 49—67 aufbewahrte originale von Karl dem Kühnen signierte Ordonnanz, die den Kämmerern und anderen Hofbeamten Instruktionen gibt. Weitere Dokumente finden sich Aud. 20—23.

Ein Verzeichnis der nach den Écrous Maximilians bezahlten Personen vom 1. November 1477 ist gedruckt CRH. 2, IX,

---

[1] Gachard, Notice sur quelques collections d'états de la maison des princes, CRH. 2, VI, 435—448. Nach Kooperberg 209, Anm. 1, ist anzunehmen, daß wir bald eine eingehendere Behandlung des Gegenstandes von kompetenter Seite erwarten dürfen.

[2] Van Lokeren, Chartes et documents de l'abbaye de Saint Pierre II (Gent 1871, 4⁰), S. 280—293. Butkens, Trophées de Brabant, Suppl. I (Haag 1726, fol.), S. 35—48.

117—127. Die Erwähnung in den von Kervyn de Lettenhove publizierten Memoiren des Dadizeele, S. 23 f., daß Maximilian am 13. März 1481 (n. st.) zu Gent „zynen nieuwen staet van zynen huuse“ publizierte, mag zum Aufsuchen dieser Liste anregen. Ein ausführlicher lateinischer Bericht über die Wahl und Krönung Maximilians zum römischen König Anfang 1486 (Cart. Man. 391^{A}, fol. 75 v°—90) zählt auch die anwesenden „curiales, principes, comites et barones“ auf. Oben wurde mehrfach erwähnt die Ordonnanz, „gemaect by der k. M. (Maximilian) op 't regiment van den huyse“ Philipps des Schönen, die Chmel in den Urkunden etc. zur Geschichte Maximilians I. (Bibl. des lit. Vereins in Stuttgart, X, 1845) S. 537—544 veröffentlicht hat. Die Ordnung ist am sichersten zu datieren nach den „sechs schönen jungen Jungfrauen von 13 und 14 Jahren“, die Philipp seiner Schwester zur Gesellschaft geben soll (S. 541). Margarete vollendete am 10. Januar 1494 (n. st.) ihr 14. Lebensjahr. Der Friede von Senlis, der ihre Rückkehr aus Paris bestimmte, wurde am 23. Mai 1493 geschlossen. Für die genauere Ansetzung wird man entweder an den Regierungsantritt Philipps 1494 denken, wahrscheinlicher aber an die Übernahme der Regentschaft durch Engelbert von Nassau etwa Herbst 1493; am 3. Juni ist noch der Herzog von Sachsen Lieutenant général (Dumont III, 2, S. 310 f.; lies „Sassen“ anstatt „Hessen“), am 28. Oktober schon Nassau (oben S. 21 Anm. 3).

Im Wiener Staatsarchiv befindet sich eine von Maximilian für Philipp aufgestellte Hofstaatsordnung (Fellner-Kretschmayr VI, 100, Anm. 1). Die von Butkens, Suppl. II, S. 49—52 im Auszug wiedergegebene Ordonnanz von „1594“ kann nach einer in Anhang 5 mitzuteilenden Notiz auf den 9. August 1495 datiert werden. Nach derselben Quelle kann in der von Reiffenberg CRH., 1, XI, 678—718 vollständig veröffentlichten Ordonnanz das Tagesdatum ergänzt werden: 14. März 1497. Eine Ordonnanz vom 1. Februar 1500 (n. st.) findet sich Aud. 22, fol. 103—132. Es ist wahrscheinlich dieselbe, aus der Wielant S. 140 f. nennt die „nouvelle ordonnance touchant son conseil de justice“ von „Januar 1499“ (a. st.), obwohl der Ort ‘Brüssel’ nicht stimmt. Einer der täglichen États, datiert Gent, 29. Februar 1500 (n. st.) findet sich Aud. 22, fol. 137 ff. Coll. des voyages I, 345—372 ist die Ordonnanz gedruckt, die Philipp am 2. (nicht 1.) November 1501 zu Brüssel vor der ersten Reise nach Spanien erließ. Das Dokument ist mit Zusätzen, die das Ausscheiden von Beamten und das Eintreten neuer mit dem Datum angeben, bis mindestens Herbst 1504 fortgeführt worden.

Aud. 22, fol. 154 findet sich eine originale, auf Pergament geschriebene und von Philipp unterzeichnete Ordonnanz „au fait de sa chambre“ mit Angaben über den vertrauten Kreis seiner Ratgeber, datiert Fighieres 1. Februar 1502. Jene bis Herbst 1504 fortgeführte Liste ist offenbar durch eine Ordonnanz vom 15. Dezember 1504, die Reg. mém. du Gr. C. I, fol. 143 = Aud. 788, fol. 138 erwähnt wird, ersetzt worden. Wielant dürfte dieser noch aufzusuchenden Ordonnanz das Verzeichnis des Personals des Conseil privé (S. 143 f.) entnommen haben. Ein État für den 8. Juni 1506 zu Orance in Galizien ist gedruckt Coll. des voyages I, 524—533. Ein Verzeichnis der nach den Écrous bezahlten Hofbeamten vom 25. September 1506 zu Burgos findet sich Cart. Man. 563, fol. 421—427. Ein ähnliches Dokument wird im Wiener Staatsarchiv aufbewahrt (Fellner-Kretschmayr VI, 100, Anm. 1).

Aus der zweiten Regentschaft Maximilians ist nur ein freilich sehr interessanter Entwurf (oben S. 97 ff.) von Mitte Dezember 1510 zugänglich. Er wurde zuerst von Gossart mitgeteilt (Charles V. et Philippe II., S. 48 f.), dem das in einem Register von 1530 gefundene Dokument „früheren Datums zu sein schien“ (S. VIII, Anm. 1), Trotzdem ist er neuerdings im Reç. des Ord. III, 71 f. wieder zu 1530 eingereiht worden[1]. Noch aufzusuchen sind zwei

[1] Ich habe meine Datierung zu begründen. Zu dem Namen des Herrn von Caestre wird der Zusatz gemacht: „falls er nicht Bailli von Brügge ist“. Die Verhandlungen über dies Amt spielen seit Juli 1510 (Le Glay, Corr. I, 300 f., 304 f., 310, 317 f., vgl. Gachard, Inventaire II, 360), bis endlich am 1. Mai 1511 Caestre unter bestimmten Bedingungen verzichtet (Reg. mém. du Grand Conseil I, 263—267. Darauf wird noch an demselben Tag die Urkunde Rec. des Ord. I, 165 f., ausgestellt; man beachte die Protesteinlegung des Procureur général am 8. Mai; S. 166). Da er nach seiner Verzichtserklärung bereits versehen ist mit dem „estat de chambellan tousiours servant à 36 s. par jour“, der ihm in unserem Dokument nur eventuell in Aussicht gestellt wird, ist ein nicht zu geringer Abstand vom 1. Mai zu nehmen. — Unser Entwurf beantwortet das Gutachten der niederländischen Räte über das „concept de l'estat de monseigneur“, das der Kaiser ihnen durch Renner und Villinger geschickt hatte. Renner ist bis zum 28. November 1510 ziemlich ununterbrochen beim Kaiser, dann wieder vom 30. Dezember an (vgl. Le Glay, Corr. I, 331—355, 361 ff.). Wenn aber Maximilian schon am 22. Dezember einen spezifizierten État schicken will (Corr. I, 357; in dem unsrigen sind nur vorläufig die hervorragendsten Personen genannt), wenn ferner in dem letzten von Renner unterzeichneten Brief (28. November) die baldige Sendung einiger Räte in die Niederlande angekündigt wird (S. 354), so wird man Renners Abreise ganz in den Anfang Dezember und unseren Entwurf auf Mitte Dezember setzen. Eine spätere Datierung wird dadurch unmöglich, daß schon von Anfang Januar an die baldige Abreise der bedeutendsten niederländischen Räte zum Kaiser feststeht.

Ordonnanzen. Die eine ist am 1. April 1512 in Kraft getreten[1]; die andere am 19. Oktober 1513 in Lille publiziert worden (oben S. 100, Moeller 141).

Aus den ersten Regierungsjahren Karls V. haben wir ein besonders reiches Material. Eine Ordonnanz vom 25. Oktober 1515 ist veröffentlicht von Gachard in Coll. des voyages II, 491—501, aber nach einer sehr unvollständigen Kopie des 17. Jahrhunderts[2]. Die bei Moeller 291 erwähnte Liste mit dem Titel: „Estat et ordonnance de l'ostel du roy de Castille, de Léon, d'Arragon, de Grenade, de Navarre, etc, pour le voyage qu'il va présentement faire en ses royaulmes d'Espaigne, ouquel il veult et entend estre accompaigné et servy des personnes ainsi et par la manière qui cy après sera déclairé", datiert Gent, 21. Juni 1517, in offizieller Kopie, mit Korrekturen und Hinzufügungen von anderer Hand, findet sich Aud. 23, fol. 21—46. Die Rubrik „Conseil" aus dieser Ordonnanz teile ich unten, Beilage 12, mit. Zwei États, vom 1. Dezember 1517 und 1. Juni 1521 sind gedruckt Coll. des voyages II, 502—510, 511—518. Interessant ist das Dokument Cart. Man. 391^{A}, fol. 150—155, mit der Überschrift: „C'est le nombre des princes, prélatz et grans seigneurs principaulx, que la très sacrée Césarée et Catholicque Magesté de l'Empereur et roy nostre sire a présentement en sa court", zu datieren um 1519/20. Ferner ist zu nennen der „Estat de l'ostel de l'Empereur pour son voyaige d'Espaigne, ouquel il veult et entend estre accompaigné et servy des personnes ainsy que cy après sera déclaré" (Cart. Man. 391^{A}, fol. 98—117), vor der zweiten spanischen Reise Anfang 1522 verfaßt. Wir haben eine offizielle, gleichzeitige Kopie vor uns, fortgeführt bis etwa 1527. Auch aus dieser Ordonnanz teile ich unten, Beilage 12, die Rubrik „Conseil" mit. Von den Coll. des voyages III, 389—396 und 305—314 gedruckten Listen ist die erste um 1523/24 zu datieren; die zweite stellt die Summen zusammen, die man den Hofbeamten von 1520—1531 schuldete. Bei Butkens, Suppl. I, S. 103—116 findet sich eine Ordonnanz aus der Zeit des schmalkaldischen Krieges. Außer auf das von De Ridder herausgegebene Reglement für die Hofhaltung von 1545 (oben S. 127)

---

[1] Dem Secrétaire ordinaire Jehan Hannart ist 1514 eine Summe ausgezahlt worden für 19 Monate seiner Gagen von 12 s. täglich, „à luy ordonnés par l'estat fait à mondit seigneur l'archiduc le premier jour d'avril 1511" (a. st.); so B. 2237, fol. 335, vgl. oben S. 98 Anm. 1.

[2] Cart. Man. 796 fol. 63—103 findet sich eine vollständige Kopie des 16. Jahrhunderts.

verweise ich noch auf eine Ordonnanz der Margarete von Österreich für ihr Hôtel vom 3. April 1525 bei Quinsonas III, 281—328.

3. Der Premier Chambellan.

Wir sahen, wie aus dem alten einheitlichen Rat die Behörden für Erledigung der geschäftlichen Angelegenheiten sich herausgelöst haben. Das Conseil selbst ist aber schon eine Emanation aus dem Hof, der Curia. Über die primitive Organisation der Curia, wie sie durch die alten Hofbeamten[1] angedeutet war, geht die Entwicklung hinweg. Vielmehr beginnt sich alles um zwei Pole zu gruppieren, den Dienst für die Person des Herrschers und die Erledigung der Geschäfte, die Kammer des Fürsten und die Schreibstube, L'Hôtel und Le Conseil. Im Hôtel fassen alle feudalen Tendenzen sich zusammen, im Conseil die Tendenzen, die zum modernen Beamtentum führen.

Bei jener Scheidung rückt auf die Seite des Conseil von den alten Hofbeamten nur der Kanzler. Er ist der Vater des werdenden Beamtentums[2], seine Bedeutung beruht auf seiner geschäftlichen Tüchtigkeit, sein Herrschaftsgebiet ist das der Bureaukratie. So wird er Haupt der Gerichtsbarkeit, und das offizielle Regierungssiegel, das „große" Siegel, ist in seiner Verwahrung. Das doch noch starke feudale Element des Kanzleramtes führt zu einer ersten wichtigen Wandlung. Lassen die hohen Geistlichen es an der gehörigen Beamtengefügigkeit fehlen, so verschwindet für lange Zeiten der Kanzlername und wird erst wieder geduldet, nachdem durch den Garde du Sceau, den Stellvertreter des Kanzlers, das Amt auf die Legisten übergegangen ist[3].

Auf die Seite des Hôtel rücken alle andern alten Hofbeamten.

[1] Sénéchal, Connétable, Bouteiller, Chambrier, dann Chancelier, Écuyer und andere, Luchaire 518—529, Viollet II, 104—141, Decrue 18—29, Giry 737 f., Lavisse III, 2, S. 324 usw.

[2] Viollet II, 130: „De tous les ministres de la période ancienne un seul a survécu, c'est le chancelier. Le chancelier forme le lien entre le ministère domestique des premières périodes de notre histoire et le ministère bureaucratique des temps modernes". Ausführlich handelt über das Kanzleramt Morel 1—52. Nur stellt er, den die geschäftliche, vor allem schriftliche Tätigkeit der Behörden interessiert, den Kanzler zu hoch. Dasselbe tut Viollet. Beide sind in diesen Partien voneinander abhängig, Viollet von Morels Manuskript, das umgearbeitete Werk Morels von dem inzwischen gedruckten zweiten Band Viollets.

[3] Morel 5 f., 11, Lavisse III, 2, S. 325 f., Boutaric 166 f. Pierre Flote und Nogaret waren Gardes du Sceau.

Die Ämter werden erblich und dadurch mehr und mehr zu leeren Titeln; auch diese verschwinden allmählich. An den Höfen aber bleibt überall das feudale Element durch einen dominierenden Beamten vertreten, der dann als Rivale des Kanzlers erscheint. In dem Frankreich des hundertjährigen Krieges ist es der Connétable[1], in Österreich und vielen andern deutschen Territorien der Hofmeister[2] und neben ihm der Marschall[3], in dem praktischen England, das auch hier den Übergang zur neuen Zeit schon vorausnimmt, der Lord Treasurer[4]. Es ist nicht zufällig, daß ihnen in Burgund, wo das Hofzeremoniell eine so große Rolle spielte, der Kämmerer entspricht. Die kleineren Verhältnisse des burgundischen Staates haben dann bewirkt, daß das Amt des Premier Chambellan auf den Höhepunkten seiner Entwicklung die wesentlichen Befugnisse aller genannten Ämter vereinigt hat. Ich muß davon absehen, die Vergleiche durchzuführen. Die Vorarbeiten sind noch nicht so weit gefördert, daß man erwarten darf das Wesentliche zu treffen[5]. Noch ist eine vergleichende Überschau, aus der schließlich die Erkenntnis der gegenseitigen Bedingtheiten und der großen Linien der Entwicklung sich gewinnen lassen wird, nicht möglich.

Auf der Verbindung zweier Elemente, der Stellung eines persönlichen Vertrauten des Fürsten und zugleich eines der mächtigsten Adligen des Landes, beruht die ungewöhnlich große Summe von Autorität, die der burgundische Kämmerer vereinigte. In dem Staat, der am entschiedensten von allen mittelalterlichen Gemeinwesen ritterlich-feudalen Charakter angenommen hat, ist die Ver-

---

[1] Morel 46 f., vgl. Decrue 22—24, 62—64, 68, derselbe in der Biographie des Connétable Anne de Montmorency (Paris 1885) S. 341. Morel nennt S. 1 Anm. und S. 48 den Kanzler im Gegensatz zum Connétable den „premier officier civil du royaume“ (ähnlich Gaillard, Cons. de Brab. II, 165, vom Kanzler von Brabant). Der Gegensatz ist nicht ganz richtig gesehen.

[2] G. Seeliger, Das deutsche Hofmeisteramt im späteren Mittelalter, Innsbruck 1885.

[3] A. v. Wretschko, Das österreichische Marschallamt im Mittelalter, Wien 1897.

[4] Vgl. Gneist 504, 591, 695. Siehe oben S. 83.

[5] Selbst den auf reichem Material ruhenden Ausführungen Seeligers gegenüber erheben sich Fragen über ganz grundlegende Dinge, so die, ob der Hofmeister von amtswegen in der ordentlichen Gerichtsbarkeit eine leitende Stellung innehatte oder nicht (J. Lechler, Reichshofgericht und königliches Kammergericht im 15. Jahrh., MJöG., Erg. VII, 1904, S. 48, 78—81). Nach den auswärtigen Analogien wird man wahrscheinlicher mit Lechler die Frage verneinen.

bindung dieser beiden einander immer weiter steigernden Elemente nur natürlich. Wenn aber um die Wende des 15. Jahrhunderts die feudalen Traditionen ihre Kraft verlieren, wenn damit jene Verbindung sich löst, ja die beiden Elemente sich gegeneinander richten, muß die Herrlichkeit ein Ende nehmen. Auch kann die Geschichte eines auf solcher Verbindung ruhenden Amtes nur launenhaft sein. Unter einer entschieden selbständigen Regierung muß es verfallen, und es gehörten ungewöhnliche persönliche Qualitäten dazu, um zugleich persönlicher Vertrauter des Fürsten, repräsentierender Führer des Adels und leitender Minister zu sein. So knüpft sich die Blüte des burgundischen Kämmereramtes an einzelne Träger. Dem Antoine de Croy Graf von Porcien, der es fast während der ganzen langen Regierungszeit Philipps des Guten inne gehabt hat, kommt ein bedeutender persönlicher Anteil an der Entstehung jener Summe von Autorität zu. Sein Enkel Guillaume de Croy Herr von Chièvres hat als leitender Minister Karls V. die Autorität des in kleinen Verhältnissen entstandenen Amtes für kurze Zeit in das Universalreich des Kaisers übertragen. Unter dem Chevalier d'honneur[1], leitenden Minister und wie man sagte „amant" der Margarete von Österreich, Antoine de Lalaing Herrn von Montigny und seit 1518 Grafen von Hooghstraten, hat es in den Niederlanden eine Nachblüte erlebt.

Eine vollständige Geschichte dieses fortwährend sich wandelnden Amtes kann nur im Rahmen einer Geschichte der Personen, die es der Reihe nach inne gehabt haben, gegeben werden. Vielleicht finde ich Gelegenheit, das an andrer Stelle durchzuführen. Hier habe ich nur die wesentlichen Elemente des Amtes zusammenzustellen. Daß sie nicht alle de jure zusammengehören, wohl aber faktisch immer wieder in der Hand des Kämmerers sich vereinigen, wird zur Erkenntnis der tiefliegenden Tendenzen der Entwicklung anleiten.

Das Ursprüngliche ist die Hofcharge. Das französische Kämmereramt ist darin stecken geblieben, wie schon der Wechsel der Bezeichnungen andeutet: Grand Chambrier, Grand Chambellan, schließlich im 16. Jahrhundert Premier gentilhomme de la chambre[2]. An die Hofcharge schließt sich an, zunächst die Aufsicht über die übrigen Kämmerer, die vornehmste Gruppe der Hofbeamten, die

[1] Der Kämmerername hatte noch zu viel von seiner ursprünglichen Bedeutung, um für den Hofhalt einer Dame angebracht zu sein. Er wird regelmäßig durch die Bezeichnung Chevalier d'honneur vertreten.

[2] Viollet II, 129, Lavisse V, 1, S. 207, vgl. Decrue 18, Giry 748.

jederzeit freien Zugang zum Fürsten haben[1]. Sie sind seinen Anordnungen Gehorsam schuldig. In allen Sachen des „Bureau", auf dem die Finanzverwaltung und Polizeigerichtsbarkeit des Hofes unter der Autorität der Maîtres d'hôtel erledigt wird, ist er für die Kämmerer Berufungsinstanz[2]. Wenn ein Streit unter den vornehmen Herren am Hof in Tätlichkeiten ausgeartet ist, hat er in seiner Eigenschaft als erster Kämmerer die Schuldigen gefangen zu setzen[3]. In seine Hände haben die „Conseillers et chambellans", d. h. die adligen Räte, Conseillers de courte robe, den Treueid für ihr Amt zu leisten[4], wie die „Conseillers et maîtres des requêtes", d. h. die juristisch gebildeten Räte, Conseillers de longue robe, und die Sekretäre in die Hände des Kanzlers[5].

Von dieser Autorität über den vornehmsten Kreis der Hofbeamten ist es nicht mehr weit zu der repräsentierenden Stellung des ersten der adligen Herren. Bei feierlichen Aufzügen umgibt den Grand Chambellan der ganze Glanz des noch lebendigen und bedeutungsvollen Zeremoniells[6]. Sein Recht ist, in der Schlacht das Banner zu tragen (Olivier 13, Chastellain II. 260 f). Bedarf der

[1] Commines hebt diese privilegierte Stellung der burgundischen Kämmerer, zu denen auch er gehört hatte, als etwas Besonderes heraus: „Pour lors (1468) j'estoie encores avec ledit duc et le servoye de chambellan et congnoissoye (besuchte) en sa chambre, quant que je voulloye, car telle estoit l'usance de ceste maison" (I, 138).

[2] Olivier de la Marche, État 10 f., Ordonnanz von 1497, S. 713, von 1515, S. 496.

[3] Lalaings Bericht über die erste Reise Philipps, Coll. des voyages I, 217.

[4] Z. B. wird in einer Ernennungsurkunde des mailändischen Grafen Belzoyoso zum Conseiller et chambellan, datiert Madrid, 1. Oktober 1528, bestimmt, daß er den Eid in die Hände des Gouverneurs von Mailand, Leyva, leisten soll, „den wir in Abwesenheit unseres Großkämmerers (also als seinen Stellvertreter) damit beauftragen" (Aud. 29, fol. 65). Vgl. auch De Ridder, Messager 1893, S. 403.

[5] Lameere S. IV, 105. Wenn der Kanzler nicht anwesend ist, nimmt auch der Kämmerer etwa dem Audiencier den Eid ab (CRH. 5, VII, 153, in den Dokumenten zur Geschichte des Audiencier).

[6] Chastellain berichtet III, 147, über den Einzug Philipps des Guten in Utrecht. Vier Kapitäne gingen voraus, dann „vint le seigneur de Croy tout seul devant sans compagnon, et portoit-on devant luy l'estandart du duc tout desploié, qui estoit grant et moult riche en la vue, . . . et portoit un baston de capitaine en sa main comme celui qui estoit chef et capitaine de tous les chambellans et nobles hommes de l'hostel; et un peu en arrière de luy vinrent ses deux enfants armés tout au blanc comme leur père; . . . et ainsi passa outre". Darin liegt mehr als die Freude an dem glänzenden Aufzug. Man kann es nur mit dem vergleichen, was dem Soldaten heute die Fahne ist.

Herzog eines Schutzes, so hat der Kämmerer von amtswegen die erste Wache (Chastellain III. 152). In dieser Richtung weitet sich seine Autorität zu der des französischen Connétable aus. Der Kriegsrat versammelt sich in seinem Zimmer unter seinem Vorsitz (oben S. 99 f.). Er hat als Vertreter des Fürsten den Huldigungseid aller Lehnsleute entgegen zu nehmen (Olivier, État 13), kurz er „doibt estre obey en ses commandemens comme le lieutenant du prince" (ib.).

Dieselbe Rolle eines Stellvertreters des Fürsten fällt ihm auch im Rate zu. Wird in Frankreich am Ende des 15. Jahrhunderts das Conseil étroit durch einen der Princes du sang geleitet[1], so fanden wir Nassau, den Premier chambellan Maximilians, als Chef du conseil privé (oben S. 21). Zuverlässigere Schlüsse aber als aus diesen durch viele Nebenströmungen verwirrten Verhältnissen der Präsidentschaft des vertrauten Rates und der Regentschaftsräte unter Philipp dem Schönen[2] kann man daraus ziehen, daß während

[1] Valois, Étude, S. XXIX f., Viollet III, 395.

[2] Dringt man freilich in das Labyrinth ein, so bestätigt auch die wirre Entwicklung nur das im Text Gesagte: Der Herr von Berghes hatte von Maximilian mit dem Titel „Premier Chambellan Philipps" lediglich einen Teil des alten Amtes, die Hofcharge, erhalten, Busleyden dagegen zwar nicht den Titel, aber den wesentlichen Inhalt, die persönliche Vertrauensstellung beim Herzog, was für ihn das Amt eines Chef der Finanzen nach sich zieht (oben S. 59). Als Philipp seine erste Reise nach Spanien antritt, wird Engelbert von Nassau, der „Premier Chambellan Maximilians", der als solcher schon Chef des Conseil privé Philipps gewesen war, Haupt des in den Niederlanden zurückbleibenden Regentschaftsrates (oben S. 21), Busleyden aber Chef des Rates am Hofe Philipps (vgl. Lalaings Chronik, Coll. des voyages I, 196 f.). Diese Befugnis wird nach dem Tode Busleydens am 23. August 1502 in Toledo vertretungsweise für den Rest der spanischen Reise dem Bastard Bauduin von Burgund, Sohn Philipps des Guten, übertragen (Lalaing 196 f.). Schon einen Monat vorher, am 23. Juli 1502, war Berghes in Ungnade vom Hof entfernt worden (Lalaing 190 f.); ihm folgt Nassau im Titel des Premier Chambellan Philipps (neben dem des Premier Chambellan Maximilians), schon am 8. Februar 1503 (n. st.) so bezeugt (Coll. des voyages I, 384, vgl. 347 f.). Nach dem Tode Nassaus am 30. Mai 1504 (Molinet V, 221) ist vom 1. Juni an Jean de Luxembourg Herr von Ville Premier Chambellan Philipps (Coll. des voyages I, 348). Mit dem Tode Philipps September 1506 erlischt das Amt. Ordnungsmäßiger Großkämmerer ist nun Charles de Croy Fürst von Chimay als Erzieher des sechsjährigen Prinzen Karl. Maximilian aber wünscht Berghes wieder in eine leitende Stellung zu bringen (Gött. gel. Anz. 1908, S. 264 f.) und gibt ihm den Titel seines, des Kaisers, Premier Chambellan. Als solchen findet man ihn gelegentlich seit 1509 bezeichnet, Le Glay, Corr. I, 116, Brewer I, 113, und in seinen Rechnungen als Gouverneur von Namur,

der Gefangenschaft Maximilians in Brügge 1488 der Herr von Berghes als Premier Chambellan des 9jährigen Philipp ohne weiteres einen Befehl des Prinzen an den Großbailli des Hennegau im Namen des Rates signiert[1]. Und die Rats- und Kanzleiordnung Margaretes zeigte uns den Chevalier d'honneur als repräsentierenden Vorsitzenden im Gesamtrat, auch wenn der Kanzler („Chef des Rates") geschäftlich die Verhandlungen leitet (oben S. 108).

Man mag dies alles sich vorstellen als Ausweitung der schon in der Hofcharge gegebenen repräsentierenden Autorität gegenüber dem vornehmsten Kreise der am Hof anwesenden Adligen. Es bezeichnet den Glanz des Amtes. Aber das alles stand und fiel mit der Kraft der feudalen Traditionen. Weit bedeutendere Befugnisse erwuchsen dem Kämmerer aus der andern Seite seiner Hofcharge.

Der Verfasser des Berichts über die kaiserliche Hofhaltung von 1545 meint, des Kämmerers ehrenvollste Attributionen seien gewesen, dem Kaiser das Hemd, die Serviette, die Ordenskette, den Hausrock oder den Mantel zu reichen[2]. Da ist das Symbol für die zu Grunde liegende Sache genommen, daß nämlich der Kämmerer von amtswegen der Person des Fürsten ganz nahe steht. Das wird besonders während einer Minorität, wo er zugleich Erzieher („gouverneur") ist, von der größten Bedeutung. Auch Nachts teilt er, wenn der Herzog noch unvermählt oder die Herzogin nicht anwesend ist, das Zimmer seines Herrn. Dieser Brauch ist mehrfach bezeugt, auch in Frankreich (Viollet II. 128 f). In einem Brief an die Regenten in Spanien von 1517 bestimmt Karl V, daß Guevara und Lachaux abwechselnd in der Kammer seines Bruders Ferdinand schlafen sollen, „wie der Herr von Chièvres in der unsrigen; damit

---

in denen er bis 1517 heißt: „premier chambellan de nostre seigneur l'empereur, [conseiller et] chambellan de monseigneur l'archiduc" etc. (ChC. 15203). Seit aber Guillaume de Croy Herr von Chièvres am 27. April 1509 zum Großkämmerer Karls ernannt worden ist (B. 2210, fol. 175), gilt er durchaus als der Premier Chambellan. Der Versuch Maximilians, dem Pfalzgrafen Friedrich 1514 die Stellung, wenn auch nicht den Titel, zu geben (siehe Beilage 9 und oben S. 100), ist mißglückt.

[1] In der schlimmen Orthographie Berghes heißt es: „Signé ou non [au nom] de mondit seigneur, présens seus [ceux] de son consel. Jehan de Berghes" (CRH. 2, II, 335). Als Philipp im Alter von zwei Jahren zum Ordensritter gemacht wurde, leistete den Eid für ihn sein „Grand chambellan et gouverneur" (Molinet II, 387) Josse de Lalaing (Reiffenberg 114), der Vorgänger Berghes.

[2] De Ridder, Messager 1893, S. 403, 406.

er beim Aufwachen jemanden hat, mit dem er sich unterhalten kann“ [1]. Bei Abwesenheit des Premier Chambellan hat der zweite oder eventuell der dritte Kämmerer ihn in dieser Pflicht zu vertreten (oben S. 81 Anm. 5). Das brachte nun nicht nur die Befugnis mit sich, den Schlüssel zur Kammer des Fürsten zu führen [2], sondern vor allen Dingen auch das Vorrecht der Verwahrung des Geheimsiegels [3]. Das Sceau du secret diente bei einer Trennung des Fürsten von der Kanzlei als Ersatz für das große Staatssiegel [4], wurde aber ursprünglich und eigentlich für die Lettres closes, die Privatbriefe des Fürsten im Gegensatz zu den Kanzleiurkunden, den Lettres patentes, gebraucht (Morel 244, 261). Schon für Frankreich meint Morel sprechen zu dürfen von einem „secrétariat personnel du souverain; .. ses actes sont des lettres closes, son sceau est le sceau du secret, et son chancelier est le chambellan“ (283 Anm. 2). Nun galt aber die Ausfertigung der Lettres closes nicht nur für vornehmer, so daß sie im 14. Jahrhundert den „Secrétaires“ im Gegensatz zu den „Notaires“ vorbehalten war (Morel 67),

[1] Weiß, Papiers d'État de Granvelle I, 92. Vgl. auch den Bericht von der Seereise Karls nach Spanien 1517 in der mehrfach zu künstlerischer Lebendigkeit und Plastik der Schildernng sich erhebenden Chronik Vitals, Coll. des voyages III, 63.

[2] Olivier de la Marche, État 12 f., und z. B. in der Ordonnanz von 1517 (Aud. 23, fol. 23 v°).

[3] Für Frankreich Morel 244 Anm. 1, 285, besonders 280, Lavisse III, 2, S. 325. Für Burgund Olivier de la Marche, État 12 f., und in dem großen Edikt von 1495 (oben S. 44 Anm. 2) in den Sätzen: „Et deffendons estroictement à nos chancellier et premier chambellan ou autre qui porttront noz seaulx . . .“ (Kluit V, 387); „Et deffendons très estroictement à nosdits chancellier, chief de conseil, premier chambellan ou autres qui porteront ou auront la garde de noz grant séel et séel de secret présens et avenir . . .“ (ib. 482). Es dürfte ein Versehen, vielleicht eine Verwechslung mit anderen Siegeln sein, wenn Pirenne II, 365 dem Kanzler, Lameere 110 dem Chef des Grand Conseil die Verwahrung des Geheimsiegels zuschreiben. Wie äußerst verwickelt die immer wechselnde Geschichte der Siegel ist, zeigen die sehr ausführlichen Erörterungeu Morels (201—286).

[4] Das ist häufig bezeugt. Für Frankreich vgl. Morel 244 f., 247 f., 261, 285 und als besonders gutes Beispiel die Abdankungsurkunde Franz I. vom November 1525, Madrid (Champollion-Figeac, Captivité de François Ier, S. 425). Für Burgund Lameere 106, Riemsdijk 208, oben S. 103 Anm. Auch das Siegel des Ordens vom goldenen Vließ wird bei Abwesenheit des Ordenskanzlers durch das Geheimsiegel des Souverain vertreten (Loredan Larchey, Ancien armorial équestre de la Toison d'or, Paris 1890, fol. 75). Entsprechend wird in einem Regentschaftsrat 1454 der Kämmerer, da der Kanzler fehlt, geradezu Leiter der Kanzlei (Lameere 97).

und der burgundische Audiencier du scel secret einen Vorrang vor dem Audiencier du grand scel hatte (Lameere 63, unten S. 157), sondern die seit dem Ende des 15. Jahrhunderts schnell zunehmende Bedeutung der auswärtigen Politik ließ die Kanzleiurkunden immer mehr an Wichtigkeit hinter der Korrespondenz der Höfe zurücktreten [1]. Die Rats- und Kanzleiordnung Margaretes zeigte uns die große Bedeutung des Chevalier d'honneur in ihrer Kanzlei. Alle Lettres missives (im allgemeinen gleich Lettres closes) [2], zu denen vor allem die ganze diplomatische Korrespondenz gehört, hat er zu visitieren, worauf sie von der Herzogin in der Regel unbesehens signiert werden. Während die Verantwortlichkeit des Kanzlers eine öffentliche ist, darum seine Mittätigkeit an den Urkunden immer deutlich erkennbar, ist der Chevalier d'honneur lediglich der Fürstin verantwortlich, und an den Briefen bleibt kein Zeichen seiner Mitwirkung (Nr. 15 und 16 der Ordonnanz, Beilage 4). Es wäre von hohem Interesse nachzuforschen, wie weit dies Bild generalisiert werden darf. Leider sind im allgemeinen Privatbriefe der Fürsten in größerer Zahl erst seit etwa 1520—1530 erhalten, als die leitende Stellung eines hohen Adligen im Sekretariat schon abgelöst war durch die des Staatsekretärs. Für die niederländische Verwaltung sind ähnliche Formen, ein wenig abgeschwächt, ausdrücklich nur 1517—1530 bezeugt (oben S. 113). Aber kaum hätte der Kämmerer ohne eine Autorität dieser Art es zum leitenden Minister bringen können.

Verbindet sich mit der Vertrauensstellung beim Fürsten und der Aufsicht über die diplomatische Korrespondenz das oben erwähnte repräsentierende Moment eines Vertreters des Herrschers, so wird der Kämmerer auch zum Leiter der entscheidenden Verhandlungen mit fremden Staaten. Das letzte, was man tun kann, ist die Sendung des Kämmerers. So gehen Antoine de Croy 1454 nach England [3], Nassau 1498 (vgl. oben S. 21 Anm. 6) und Ville 1505 nach

---

[1] Die weitere Entwicklung, daß auch in der inneren Verwaltung die feierlichen Urkunden durch freiere Formen verdrängt werden, gehört schon zur Geschichte des Kabinetts und des Staatssekretärs.

[2] Daneben beginnt der Ausdruck Lettres closes in technischem Sinne speziell von Verwaltungskorrespondenz mit der Überschrift „De par le prince (roy)" gebraucht zu werden.

[3] Philipp der Gute schickt „son seul secré et premier chambellan" (Chastellain III, 30).

Frankreich[1], Chièvres 1516 nach Noyon[2] und 1519 nach Montpellier[3].

Der Kämmerer wird endlich auch leitender Finanzminister. Ich glaube nicht, daß historisch eine Fortsetzung des alten Amtes des Kammermeisters angenommen werden darf (oben S. 59). Zu der allgemeinen Autorität des Großkämmerers im Ressort der Chambre gehört es, wenn etwa der Épicier für die den Kranken gelieferten „espices de chambre" nur auf eine von ihm signierte Empfangsbescheinigung hin Bezahlung erhält[4]. Die persönliche Stellung zum Fürsten bringt es mit sich, daß dem Kämmerer die Aufsicht zusteht über die Gelder, die durch Lettres absolutes (oben S. 74) in die Hände des Herzogs selbst geliefert werden, „pour employer en ses affaires secrets et menus plaisirs"[5]. Das war beides in der Hofcharge gegeben und kam ihrem Inhaber de jure zu. Aber keineswegs geht seine Autorität in Finanzsachen darin auf, daß er der „particulare Schatzmeister des Fürsten" ist (Fruin 109); so sehr man zu beachten hat, daß auch die Staatsfinanzen noch als Privatangelegenheit des Fürsten galten und als solche in die Einflußsphäre des Kämmerers gehörten[6]. Ferner aber kommt die engere Verbindung der Finanzen mit dem vertrauten Rat (oben S. 50 f.), dessen Haupt der Kämmerer ist, in Betracht.

---

[1] Höfler, Quirinos Briefe 172, und Coll. des voyages I, 399. 1506 führt er auch die entscheidenden Verhandlungen mit Ferdinand in Spanien (Coll. des voyages I, 535). Wolfgang von Fürstenberg (oben S. 69 Anm. 3) schreibt von den Spaniern: „Sy haben auch vil geltz her gebracht, das sy heimlich auspieten zeschenken meinem hern von Villa, als obristen kemerling, dem don Jan [Manuel], wnd sonst allen die sy meynen gewalt haben solten" (S. 145).

[2] Gachard, Le chapitre des ambassades, CRH. 4, VI, 232.

[3] Am 4. April 1519 reiste er von Barcelona ab (Sanuto XXVII, 197) zu der von ganz Europa mit Spannung erwarteten Begegnung mit dem französischen Grand maître.

[4] In der Ordonnanz von 1497, CRH. 1, XI, 715.

[5] In den Finanzreglements, z. B. von 1515, Rec. des Ord. I, 336, Nr. 24.

[6] Anders ist es mit den Matières de grâce, deren Erledigung, weil sie zum Gebiet der Justice gehören, dem Kanzler zusteht (oben S. 103 Anm). Aber in England haben wir sehr interessante Analogien zu der allgemeinen Stellung des burgundischen Kämmerers. Der Chamberlain hat die Petitionen mit der Antwort des Königs zu versehen (Nicolas IV, S. CCXIX, CCXXI f.), und unter Heinrich VIII. steht neben dem Kanzler mit den Masters of the Chancery der Lord Privy Seal, der Verwahrer des Geheimsiegels (auch in Spanien gab es eine Zeitlang einen besonderen „Canciller de la Puridad"), der mit den Masters of Requests den Court of Requests bildet (Palgrave 79, 99).

So beginnt nach anfänglichen charakteristischen Schwankungen (oben S. 58 f.) der Brauch sich festzusetzen, daß der Kämmerer leitender Chef der Finanzen wird. Wir fanden das für Chièvres vielfach bezeugt (oben S. 62—65). Chièvres gibt das Amt 1515 an Antoine de Lalaing, den zweiten Kämmerer, also seinen ordentlichen Stellvertreter, und Adrian von Utrecht, den Maître d'école (siehe oben S. 58 Anm.) Karls V, ab (Rec. des Ord. I, 331), wohl schon in Voraussicht der baldigen Reise nach Spanien. Kurz nach seiner Ankunft in Kastilien wird er zum Contador mayor dieses Reiches ernannt[1], und Vital bezeichnet ihn als „Chief des finances de ces royalmes de Castille" (S. 231, Februar 1518). Chièvres stirbt 1521 in Worms; sein Nachfolger im Kämmereramt, Graf Heinrich von Nassau, wird 1522 zum „Superintendent et chief des finances" bestellt (Aud. 869, fol. 28). Margaretes Chevalier d'honneur, Gorrevod, ist auch der Chef ihrer Finanzen[2]. Als er an den Hof Karls V. übergeht, übernimmt Lalaing beide Ämter in ihrem Dienst; er bleibt daneben Chef der Finanzen Karls V.

Ziehen wir die Summe, so können wir bei aller Unsicherheit, die dem Amt des Kämmerers dauernd anhaftet, ihn doch durchaus als den leitenden Minister bezeichnen. In der Ernennungsurkunde Lalaings vom 15. Mai 1523 findet sich das fast übertrieben formuliert. Margarete ernennt ihn zum „Chevalier d'honneur, chief de noz demene et finances, superintendent et ayant le principal soing

---

[1] Während in Aragon, wie in England, der Tesorero general, in den ersten Jahren Karls V. Luis Sanchez (Çurita II, 402 r°, 403 r°, Danvila V, 163, wo der Name zu „Ancles" verdorben), leitender Finanzminister war, standen in Kastilien über dem Tesorero, in der ersten Zeit Karls V. Lic. Vargas (Carvajal, Colección de doc. inéd. XVIII, S. 355, 416), ähnlich wie in Burgund, seit 1476 (Danvila I, 530) zwei Contadores mayores. Beim Tode Ferdinands des Katholischen waren es Antonio de Fonseca und Juan Velasquez (vgl. z. B. das Testament Ferdinands, Danvila V, 163). Velasquez stirbt am 12. August 1517 (Carvajal 412), worauf Chièvres Anfang Januar 1518 sein Amt erhält (Brewer II, 2, S. 1212, 1225, an letzter Stelle ist fälschlich im Hinblick auf die englische Organisation die Rede von „Contadores mayores or treasurers"). Sowohl die vielen Nachrichten des Salinas über Finanzreformen in Kastilien (besonders S. 102), als auch einige nach Brüssel geratene Dokumente zur Finanzverwaltung Aragons (Aud. 30, auch 23) zeigen eine starke Einwirkung der burgundischen Institutionen auf die spanischen.

[2] In ihrer Finanzordnung 1515 (Quinsonas III, 241, vgl. oben S. 106). Er versah das Amt eines Chevalier d'honneur bis zu seiner Ernennung dazu am 19. November 1516 in Vertretung des Guy de la Baume Grafen von Montrevel (so das Konzept der Ernennungsurkunde, P. 33).

et regard après nous sur tous et quelconques noz affaires et de tous noz pays et serviteurs" (P. 65).

Es stammt noch aus der repräsentierenden Stellung des Kanzlers in der früheren Zeit, wenn sein Name in den Urkunden dem des Kämmerers vorausgeht[1]. Dasselbe Vorrecht hatte er in England noch dann, als ihm der Treasurer schon längst über den Kopf gewachsen war. Hierher gehört es auch, wenn Erasmus gelegentlich von dem Kanzler Sauvage sagt: „Cancellarius qui re ipsa princeps est" [2]; übrigens hatte Erasmus ein sehr persönliches Interesse daran, von dem Kanzler, durch dessen Hand alle Gabenbewilligungen gingen (oben S. 103 Anm. 1), nur in erhobenem Ton zu reden.

Kanzler und Kämmerer stehen nicht untereinander, sondern nebeneinander. Sie haben beide von amtswegen das Recht des Zutritts zur Finanzkammer[3], Ratssitzungen finden im Zimmer des Kanzlers wie des Kämmerers statt[4]. Die Briefe Philipps an den Regentschaftsrat 1501—1503 sind an Nassau und den Kanzler Thomas de Plaine gemeinsam gerichtet (Coll. des voyages I, 380 etc.). Die englischen Gesandten nennen Chièvres und Sauvage regelmäßig: „The governors" (häufig bei Brewer). Dies Nebeneinander der beiden leitenden Ämter läßt sich aber näher bestimmen. Nach dem, was der Chronist Chastellain über den größten burgundischen Kanzler, Nicolas Rolin, sagt, urteilt Pirenne (II,

[1] Z. B. in der Finanzordnung von 1487, Beilage 1 Schluß. Aber nicht immer: In der Ernennungsurkunde des Josse Lauweryn an Stelle des verstorbenen Jean Pieters zum Präsidenten des Grand Conseil am 17. April 1522 (n. st.) beginnt die Zeugenreihe: „Monseigneur le conte de Nassau grand et premier chambellan, vous, le conte de Hoochstraete second chambellan et chef des finances" (Reg. mem. du Gr. Cons. I, 681). Daß „Vous" den Kanzler bezeichnet (vgl. z. B. Morel 32 Anm. 3), scheint vielfach nicht bekannt zu sein, wie fehlerhafte Interpunktion auch im Rec. des Ord. vermuten läßt.

[2] Man beruft sich vielfach auf diese Stelle, um die Bedeutung des Kanzlers herauszuheben, Pirenne III, 81, Moeller 169, 302, wo übersetzt wird: „qui était autant que souverain"!

[3] In den Ordonnanzen, auch 1487 (Beilage 1, Art. 1).

[4] Nach einer interessanten Stelle in einem Memoire Gattinaras an Karl V. von 1522. Er bittet, der Kaiser möge „pourveoir, que quand je demenderey le conseil en mon lougis ou en court ou devers le grand chambellan [es war schon Nassau] ou en aultre lieu à ce ordonné, ainsi que mes précédesseurs ont accoustumé, soit pour les Indes ou péticions ou aultres choses particulières de vos affères que peuvent journellement survenir, qu'ils soient obligés venir, à peine d'estre rayés de leurs gaiges, si ce n'est qu'il y ait excusation légitime de maladie, ou que V. M. leur eust mandé aultre chose, et qu'ils soient tenus déclarer à l'huissier, qui les appelleroit" (Claretta, Notice 323 f.).

365): „Le duc lui abandonnait en fait l'administration de l'État." Andrerseits gründete sich der Konflikt Karls des Kühnen mit Philipp dem Guten zu großem Teil darauf, daß nach Karls Meinung sein Vater sich völlig von Antoine de Croy beherrschen lasse (Plancher IV, 292). Beides kann sehr wohl nebeneinander bestehen: Der Chronist im Lande sieht einseitig die Machtfülle des Kanzlers in der Verwaltung, in der inneren Politik; der Kronprinz sieht einseitig den beherrschenden Einfluß des Kämmerers in den großen Lebensfragen des Staates, in der äußeren Politik[1]. Charakteristisch sind auch die Formulierungen bei Olivier de la Marche. Der Kämmerer „doibt estre obey en ses commandemens comme le lieutenant du prince", der Kanzler ist „le premier homme nommé et le premier officier" (État S. 4), d. h. der erste Beamte.

Seit dem Tode Chièvres' ist es am Hofe Karls V. mit dem alten Kämmereramt vorbei. Ihm folgt Graf Heinrich von Nassau, derselbe, der das oranische Erbe seinem Hause gewonnen hat. Wenn auch die Gesandten zunächst noch wie früher um Kanzler und Kämmerer gleichmäßig sich bemühen (Salinas 56 f. etc.), so bemerkt doch Salinas schon 1522, daß Nassau sich wenig um die Geschäfte bekümmere (S. 38). Noch in der Relation Contarinis von 1525 klingt deutlich durch, daß lediglich durch Nassaus vornehme Gleichgültigkeit das Amt verfällt[2]. Nach Contarinis Meinung hat der Kanzler ausschließlich die Geschäfte an sich gerissen (S. 55 f.). Als bald nachher ernstliche Konflikte zwischen dem Kaiser und Gattinara ausbrechen, glaubt der venetianische Gesandte noch, daß nach der Abreise des Kanzlers wieder Nassau der erste sein werde (Sanuto XLI, 154). Wenige Jahre darauf zeigte sich, daß der Staatssekretär unmerklich beiden über den Kopf gewachsen war. Nach dem Tode Nassaus 1539 wurde das Amt des Kämmerers nicht wieder besetzt; der Premier sommelier de corps trat für die Verwaltung der Hofcharge an seine Stelle[3]. Denselben unrühmlichen

[1] In dem Briefe, den der Erzbischof von Palermo als Chef des Rates und der Graf von Hooghstraten als Chevalier d'honneur Margaretes nach dem Tode der Regentin an Karl V. schreiben (vgl. oben S. 113 Anm. 3), heißt es, man habe vorläufig bestimmt, „que toutes lettres missives se visiteront et marqueront assavoir: celles de justice par moi, De Palerme, et les autres concernant le fait de l'Estat (d. h. wesentlich auswärtige Politik) par moi, De Hoghestrate" (zitiert bei Alexandre 27 Anm. 2).

[2] „A costui Cesare porta grand' affezione, ma lui poco si carica nelli negozi; però niuno negoziante va per suo mezzo, sebbene potria assai se prendesse carico di negoziare" (Albèri 1, II, 56).

[3] Relation des Navagero von 1546, Albèri 1, I, 294 f.; De Ridder, Messager 1893, S. 406.

Untergang fand das Amt eines Chef der Finanzen. Guicciardini berichtet, daß der Herzog von Arschot, Philipp von Croy, auf dies Amt verzichtete, weil er als freier und selbständiger Herr eine so penible Arbeit für unter seiner Würde hielt (Ausg. von 1582, S. 62). So kam es 1664 zur Aufhebung auch dieses Titels (Alexander 214). Der Untergang des Kämmereramtes, in dem alle Möglichkeiten zur Stellung eines leitenden Ministers der Neuzeit gegeben waren, ist so lehrreich und typisch wie sein Blühen.

4. Der Audiencier[1] et Premier Secrétaire.

In einer Geschichte des Staatssekretariats würde man vier, freilich zum Teil zeitlich ineinandergreifende Entwicklungsphasen unterscheiden können. Zunächst erhebt sich aus der unteren Schicht der Hofbeamten einer der Schreiber zu autoritativer Stellung gegenüber seinen Kollegen und schließlich über den engen Kreis der Kanzleitätigkeit hinaus. Dann wird er zum privilegierten Kabinettssekretär und vertrauten Ratgeber des Fürsten besonders in den auswärtigen Angelegenheiten. Weiter handelt es sich um die Ressortbildungen, durch die eine Mehrheit von Staatssekretären ihren Machtbereich gegeneinander abgrenzen. Schließlich die Wandlungen unter dem Einfluß des Parlamentarismus. Die Geschichte des burgundischen Audiencier et Premier Secrétaire gibt einen Beitrag zur Erkenntnis wesentlich der ersten Entwicklungsphase. Die zweite muß berührt werden, aber sie hängt eng mit der noch zu schreibenden Geschichte der Anfänge der Kabinettsregierung zusammen und hat in den uns beschäftigenden Zusammenhängen ihre Hauptwirksamkeit nicht schon in Burgund, sondern erst am Hofe Karls V. entfaltet. Ressortbildungen in der Kanzlei sind in Burgund nahezu unbekannt, haben vermutlich ihren Ursprung an der päpstlichen Kurie genommen und ihre stärkste Wirkung von Spanien aus geübt. Die durch den Parlamentarismus geschaffenen Formen bleiben vollends für uns außer Betracht.

Über die späteren Entwicklungsphasen läßt sich schon jetzt durch das Werk von Luçay[2], und durch die neuerdings von Hintze gegebene Übersicht (oben S. 134), die auch überall auf die wichtigste Literatur zurückführt, in den Grundzügen ein lückenloses Bild gewinnen. Was fehlt, ist eine Erkenntnis der An-

---

[1] Literatur oben S. 129 f.

[2] Comte de Luçay, Les secrétaires d'État depuis leur institution jusqu'à la mort de Louis XV. Paris 1881.

fänge (abgesehen vom Beginn der Ressortbildungen). Zwar wissen wir im allgemeinen, daß das Werden des Staatssekretariats in die große Kulturbewegung hineingehört, die auf dem Gebiet der Verwaltung durch das Hervortreten eines neuen Beamtenstandes, das Wort in prägnanter Bedeutung genommen, charakterisiert ist. Wie oben (S. 78) erwähnt wurde, dürfte sich ein Einblick in das Wesen dieser Beamtenschaft, die durch den nahezu einheitlichen Stand der Sekretäre und Finanzbeamten repräsentiert wird (oben S. 80 f.), nur durch Beschäftigung mit der Karriere dieser Beamten gewinnen lassen. Man tut gut, von dieser allgemeinen kulturgeschichtlichen Frage die spezielle verwaltungsgeschichtliche nach der Entstehung des Staatssekretariats reinlich zu scheiden (vgl. auch oben S. 83). Es muß das Bestreben sein, in dem weitschichtigen Chaos jener allgemeinen Bewegung wenn möglich die Linie zu unterscheiden, die von den Anfängen ohne Unterbrechung, wenn auch mit Aufnahme von fremden Elementen sekundärer Bedeutung, zu dem Amt und Namen der Staatssekretäre als Ressortchefs der Regierungen führt.

Man hat wohl an Frankreich gedacht und Florimond Robertet den „Vater der Staatssekretäre" genannt. Für eine Erkenntnis der beschriebenen Art ist uns aber nicht gedient mit der Tatsache, daß unter Ludwig XII. und Franz I. einmal ein Sekretär zu großer Bedeutung hat gelangen können, so zwar, daß ihm niemals der Titel Staatssekretär gegeben wird (Luçay 16), daß er erst Trésorier sein mußte, um ein Stimmrecht im Rate zu haben[1], daß nach ihm für Jahrzehnte von einer der seinen analogen Autorität eines Sekretärs nicht mehr die Rede ist. Auch aus der spatiösen Würde, in der sich in England die Ämter für Jahrhunderte zu festigen pflegen, wird man jene elementare Entwicklung nicht ableiten wollen, selbst wenn das Amt des Chief Secretary nicht noch bis weit in die Neuzeit hinein „eigentlich nur ein Durchgangsstadium zu den großen Ministerstellen" gewesen wäre (Hintze, 68 Anm.). Das Hervortreten der Sekretäre am Hofe Maximilians und das durch den Humanismus beeinflußte italienische Sekretariat[2] sind nur Beispiele für jene allgemeine Entwicklung, in der Italien, das früher den feudalen Charakter abstreifte, natürlich voraus war.

Das bestimmte Amt des Staatssekretärs aber dürfte entstanden

---

[1] Decrue 32 f. So wird auch unter den Ratsmitgliedern der Margarete von Österreich der Sekretär Marnix nur als Trésorier und der Sekretär Barangier nur als Maître des requêtes geführt (oben S. 107).

[2] J. Burckhardt, Die Kultur der Renaissance in Italien[9] I, 251 ff.

sein, indem zwei Entwicklungsreihen, die burgundische und die spanische, sich am Hofe Karls V. verschmolzen. Wäre nicht die spanische und burgundische Verwaltung jener Zeit, sowie die Organisation am Hofe Karls V., bisher so gut wie unbekannt, so würde man schon lange darauf aufmerksam geworden sein, daß Granvelle und Covos, die beiden leitenden Staatsmänner Karls V. seit 1530, die ersten waren, die auf Grund der Befugnisse eines „Staatssekretärs" an die Spitze zweier von einander unabhängiger und ihre Einheit nur in der Person des Kaisers findender Ressorts traten, während der Titel „Staatssekretär", der in England erst im 17. Jahrhundert gebräuchlich wird, „in Frankreich zuerst dem Unterhändler des Friedens von Cateau Cambresis (1559), Claude d'Aubespine, verliehen worden ist, und zwar, weil der spanische Unterhändler den gleichen Titel damals bereits führte" (Hintze 69, Luçay 16 f.). Ich komme auf die Verhältnisse am Hofe Karls V. kurz zurück und gebe zunächst unter Verzicht auf Vergleiche eine Zusammenstellung der Befugnisse des burgundischen Audiencier et Premier Secrétaire.

Ich gehe aus von dem Titel, der 1458—1465 dem Pierre Milet gegeben wird. Er heißt: „secrétaire signant sur le fait des finances et commis à faire l'audience et recevoir les droit et émolument du seel de secret de monseigneur" (Gachard, Inventaire III, 343). In dieser Formulierung stehen die drei Grundelemente beisammen, die das Amt des burgundischen Audiencier in der ersten Phase seiner Entwicklung, bis gegen 1500, konstituieren.

Daß der burgundische Audiencier zugleich und, wie man sieht, schon bald in erster Linie Finanzsekretär war, hat ihm ermöglicht, neben dem Kanzler aufzukommen, dessen Kompetenz in Finanzsachen nicht hineinreichte (oben S. 39 f.). Dagegen ist in Frankreich das Amt des Audiencier immer flügellahm geblieben, weil es die Befugnisse eines Finanzsekretärs nicht auf sich hinüberzuziehen vermochte. In Frankreich wurden seit 1372 besondere Finanzsekretäre bestellt, damit man über die für die Finanzen wichtigen Urkunden die Übersicht behalten könne; zuerst waren es drei, während später die Zahl wechselt[1]. Für Burgund hat

[1] Morel 68 f., Viollet II, 141. Über clercs, notaires, secrétaires vgl. Morel 8, 54 ff., 63 ff. Es war um 1300 gewesen, daß sich aus den Notaren einige als „Sekretäre" (clercs du secré) herausgehoben hatten (Morel 62 f., Viollet II, 140 f.). Wir haben es also nur noch mit „Sekretären" zu tun, die zum Teil wieder ihrerseits „clercs" beschäftigen (Morel 144—146, vgl. unten Beilage 3, Art. 10).

Lameere (S. 37) 1416 zuerst vier Finanzsekretäre gefunden. Man bemerke nun, daß dies auch anderswo auftretende Amt erst dann seine eigentliche Kraft entfalten konnte, wenn das Signieren in Finanzsachen das Vorrecht eines einzigen Beamten geworden war. Nur in Burgund aber finden wir, nach der Zwischenstufe eines Nebeneinander von zwei Audienciers, das Amt des „Audiencier secrétaire seul signant en finances“ (unten S. 157). Wenn so schließlich die Kontrolle dieses Beamten für alle die Finanzen betreffenden Urkunden unter keinen Umständen umgangen werden konnte[1], mußte er notwendig mit in die erste Reihe der Hofbeamten treten.

Nicht von diesem seinem zunächst bedeutendsten Vorrecht aber hat unser Beamter seinen Namen. Der kommt ihm von der bescheideneren Befugnis, „à faire l'audience“. Der Ausdruck „Audience“ wird in verschiedenem Sinn gebraucht. Grundlegend ist immer die objektive, passive Fassung: für ein Anliegen an amtlicher Stelle Gehör und Erledigung finden. Daher sowohl der jetzt gebräuchliche Sinn, als auch die früher häufige juristische Bedeutung, z. B. bei der „Audience le Comte“, dem alten vorburgundischen Gerichtshof Flanderns, und der „Audience“ Karls des Kühnen[2]. Häufig aber biegt der Begriff sich um in die subjektive, aktive Fassung: etwas verlesen. Auch die interne Verlesung im Rat heißt so[3]. Der Audiencier aber hat seinen Namen von der amtlichen, öffentlichen Verlesung bei der ihm zustehenden Über-

---

[1] Maximilian hatte 1508 einige Urkunden für Auszahlung von Pensionen ausgestellt, an seinem Hofe registrieren lassen und eigenhändig unterschrieben; „mais pour l'absence de notre audiencier secrétaire signant en finances, estant par delà (in den Niederlanden), ne les avons fait signer de secrétaire ne aussy sceller, ains les vous envoions avec ceste, vous ordonnant, . . . que lesdites lettres vous faictes signer par nostredit audiencier, après les faictes sceller, vériffier et intériner par les chiefs, gouverneur et trésorier général de nos domaines et finances par delà, . . . et le tout ainsy faict et despéchié, nous renvoyez icelles lettres par la poste“ (Le Glay, Corr. I, 29).

[2] Die Zurückführung des Namens unseres Beamten auf diese Institution muß ich nur deshalb erwähnen, weil sie in der Einleitung zum „Inventaire sommaire“ des Fonds der „Papiers d'État et de l'Audience“ des Brüsseler Staatsarchivs (vgl. oben S. IX) sich findet. Ebenso wunderlich ist es, wenn Fruin 108 den Namen davon ableitet, daß der Audiencier die Bittschriften in Empfang genommen habe; das ist auch sachlich falsch.

[3] Beilage 3, Art. 3. Ebenso in einer Ordonnanz für die Sekretäre und anderes Personal des Grand Conseil de Malines vom 8. März 1504 (n. st.), Reg. mém. du Gr. Cons. I, 10 f.

gabe der Urkunden an die Parteien. Eben der Notar, der die ausgefertigten Urkunden den Parteien überlieferte, „Cil qui rent les lettres,“ wird in Frankreich gegen 1320 zuerst „Audiencier“ genannt[1]. In Burgund tritt der Name 1426 auf (Lameere 60). Wenn der Begriff „Audience du sceau“ ebenfalls für die ganze Schlußausfertigung der Urkunden gebraucht wird, von der definitiven Fertigstellung durch den Sekretär an[2], so dürfte das nur eine spätere, besonders auch durch die noch zu nennende dritte Hauptbefugnis des Audiencier veranlaßte, Erweiterung des Begriffs sein, von der der Name des Amtes nicht wird abgeleitet werden dürfen. Auch bei dem späteren Amt des (huissier) audiencier, des Gerichtsdieners, der die vorgeladenen Personen aufzurufen hat, kommt der Name nur von dem amtlichen Verkehr mit den Parteien. Und es fällt ins Gewicht, daß auch Kanzler und Garde du sceau ihren Namen danach erhalten haben, wie sie repräsentierend der Außenwelt gegenüber hervortraten.

Denn das bedeutete damals etwas ganz anderes als unsere Abfertigung durch einen Schalterbeamten, — dem doch immerhin auch heute noch ein Abglanz von der Machtfülle des durch ihn vertretenen Staates eigen ist. Im Jahre 1522, als schon das Aufkommen des Staatssekretariats den Kanzler zu bedrängen beginnt, bittet Gattinara den Kaiser angelegentlich, „que toutes les résolucions des mercedes et grâces, provisions et distributions des offices se facent en ma présence, et ne soit en pouvoir du secrétaire ni d'autre de les déclarer aux partyes sans moy et par ma bouche“ (Claretta, Notice 323). Wie konnte der Kanzler so die alten Rechte des Ersten Sekretärs antasten? Das mag uns anschaulich machen, daß aus den in kleinen Verhältnissen gewachsenen Institutionen in der Tat etwas fundamental anderes wurde, wenn sie in das Universalreich Karls V. übertragen wurden.

---

[1] Morel 92, auch Anm. 1, 420. Für den Wechsel der Bezeichnungen vgl. Spont 11 Anm. 2. Über die Geschichte des französischen Audiencier Spont 12 f., 20 f. Vgl. auch Breßlau, Urkundenlehre I, 224 ff.

[2] Vgl. Morel 90, 116, 419 f. Der burgundische Sprachgebrauch schloß mindestens die Siegelung aus. So heißt es im Edikt von Thionville 1473, beim Siegeln habe der Audiencier und andere anwesend zu sein, „pour après en faire l'audience“ und die Urkunden den Parteien zu überliefern (Placcaerten van Brabant IV, 328). In der Einsetzungsurkunde des Conseil privé von 1522 wird bestimmt, daß nachdem die Briefe gesiegelt worden sind, „icelles lettres seront portées ou envoyées en nostre audience, pour les tauxer, recouvrer le droit et émolument de nosdicts seaulx et après les délivrer aux parties“ (Rec. des Ord. II, 30).

Die dritte grundlegende Befugnis des Audiencier ist die Erhebung der Siegelemolumente, die bei der Überlieferung der Urkunden an die Parteien vor sich geht. Früher vom Kanzler selbst besorgt, wurde diese Erhebung 1321 in Frankreich einem besonderen Receveur des émoluments du sceau, und bald darauf dem Audiencier, übertragen (Morel 92). In Burgund gab es zunächst zwei Audienciers, für das große Siegel und das Geheimsiegel [1]. Seit 1468 aber haben wir nur einen Audiencier, der zugleich einziger Finanzsekretär ist, „seul signant en finances" [2]. Dem Audiencier war, wie für alle Kassenbeamten üblich, ein Contrôleur de l'audience zugeordnet, der aber eigentlich als sein „Gehilfe", als ein „sous-audiencier", zu betrachten ist (Morel 90, 420 f.).

Man darf nun aber schon von dem französischen Audiencier nicht sagen, er sei „avant tout officier comptable" (Morel 53), da er auch in Frankreich die bedeutendere Befugnis eines Bureauchefs der Kanzlei gehabt hat (vgl. unten). Für Burgund aber ist es sehr irreführend, von einem „Audiencier ou receveur des émoluments du sceau" zu reden (Lameere 60, 120), oder gar die Erhebung der Siegelrechte ausdrücklich als sein „Hauptamt" zu bezeichnen (Lameere, Audiencier 11). Bei Lameere liegt zunächst eine Verwechselung mit dem französischen Amt vor. Es tritt aber in der Tat diese Befugnis für uns besonders stark hervor, da naturgemäß überwiegend Zeugnisse für die Finanzverwaltung auf uns gekommen sind, auch alle Bestimmungen und Ordonnanzen vor allen Dingen eine möglichst genaue Regelung der Finanzangelegenheiten beabsichtigen.

An die Tätigkeit des Audiencier in der Finanzverwaltung knüpft eine Reihe von weiteren Befugnissen an. Der Rezeptor wird zugleich Taxator [3] und Registrator [4]. Und das Amt eines Registrators erweitert sich zu dem eines Garde des chartes. Es lag in der Natur der Dinge, daß eben der Beamte General-

---

[1] Lameere 63, 101, 174 f. Pierre Milet (oben S. 154) war Audiencier des Geheimsiegels. Vgl. oben S. 147.

[2] Lameere 188 (für 1468), Olivier de la Marche, État S. 10, Chmel 543, CRH. 1, XI, 709, Zwischendurch versucht Maximilian es einmal wieder mit drei Finanzsekretären (Beilage 1, Art. 2).

[3] Man vergleiche die hervortretende Stellung des Taxators in der deutschen Kanzlei (Posse, Die Lehre von den Privaturkunden 202, 204, Seeliger, Kanzleistudien I, MJöG. VIII, 37).

[4] Morel 419, Lameere 61, 63; Lameere, Audiencier 11 (unten Beilage 3, Art. 6).

archivar wurde, der sowohl die Register der gesiegelten Urkunden führte, als auch speziell die Übersicht über die für die Finanzen wichtigen Angelegenheiten hatte[1]. Zwei Archive kamen in Betracht. Die beiden Audienciers Numan und Haneton sind als Gardes des chartes de Flandre[2], d. h. Archivare in Lille und Rupelmonde bezeugt[3]. Regelmäßig aber dürfte dem Audiencier die Verwahrung des am Hofe mitgeführten Archivs zugestanden haben. So wird uns Januar 1511 berichtet, daß der Audiencier das Original des Vertrages von Blois in den „trésor des chartes" gelegt habe, „où sont les autres et semblables traictiez"[4].

Indem dann der Audiencier et premier Secrétaire zugleich Privatsekretär des Fürsten wird (unten S. 160f.), geht allmählich auch die ganze Korrespondenz durch seine Hand. Er nimmt die angekommenen Briefe in Empfang[5], er verliest eingelaufene Schriftstücke im Rat[6], er schreibt die Konzepte der ausgehenden Briefe (unten S. 161) und hat die Expedition zur Post zu besorgen[7]. So

[1] Das letzte dürfte vor allem in Betracht kommen. Ganz analog war es bei dem „Versuch, unter Maximilian I. ein Reichsarchiv zu schaffen", der Reichsschatzmeister Hans von Landau, der „mit dieser archivalischen Sammelarbeit betraut" wurde (Tille, MJöG. XXII, 1901, S. 297 f.).

[2] Brabant hatte, wie einen eigenen Kanzler, so auch einen eigenen Audiencier, der zugleich Garde des chartes de Brabant war (Gachard, Inventaire III, 353, und die Urkunden CRH. 5, VII, 166, 168). Vgl. noch für Brabant Gaillard, Cons. de Brab. II, 203, für Flandern Gachard, Inventaire I, S. IV, für Luxemburg Van Werveke 291 f., für Holland Riemsdijk 207.

[3] Gachard, Rapport sur les archives de Lille 1841, S. 72 f., 399, Inv. somm. des arch. départ. du Nord I, S. XII, 134 ff. Über die Bedeutung eines solchen Beamten als eines Sachverständigen auf Grund der von ihm verwahrten Archivalien vgl. die Urkunde bei Gachard, Rapport 400, und Gaillard, Cons. de Brab. II, 203. Um diese Zeit war in England der Custos rotulorum cancellariae ein Doktor der Rechte (vgl. Dumont III, 319, Giry 798 f.).

[4] Le Glay, Corr. I, 366, 384. Der Audiencier Louis Verreycken ist 1598 Garde des chartes du Conseil d'État (Gachard, Inventaire I, 228).

[5] März 1515 hat Konrad Renner aus Paris ein Paket Briefe nach den Niederlanden geschickt, damit sie zu Maximilian weitergesandt werden; der Audiencier hat das Paket Margarete präsentiert (Marg. an Max., P. 70). Am 20. Februar 1519 schreibt der französische Gesandte aus Barcelona: „Ad ce matin je me suis trouvé au lever de monsieur de Chièvres, et y est venu l'audiencier, qui a apporté lettres du dom-prévost (Philibert Naturel, Karls Gesandter in Frankreich) qui sont arrivées ceste nuyt" (Gachard, Bibliothèque nationale II, 70).

[6] So die Klageschrift Margaretes über schlechte Behandlung durch ihren Neffen Karl vom 20. August 1515 (Van den Bergh, Gedenkstukken III, 127). Vgl. Sanuto XXIV, 240, Brewer I, 411.

[7] Brewer I, 547, April 1513, von Margaretes vertrautem Sekretär Marnix.

sammeln sich bei ihm die Kanzleipapiere an, alle einlaufenden Briefe und alle Konzepte der ausgehenden Briefe und Urkunden. Die Aufbewahrung dieser Papiere ist zunächst Privatangelegenheit des Sekretärs, so daß man etwa 1522 wegen einiger Schriftstücke zu den geldrischen Verhandlungen sich an die Erben des verstorbenen Audiencier Haneton wenden muß [1]. Auf dieselbe Weise sind Staatspapiere Karls V. nach Granvelles Privatsitz in Besançon gekommen [2]. Indem dann aber ein Sekretär von dem andern die Papiere übernahm, konnte sich ein Archiv so vollständig erhalten wie das Margaretes in Lille. Ihm entspricht einigermaßen auf dem Brüsseler Staatsarchiv der Fonds der „Papiers d'État et de l'Audience". Die Doppelbezeichnung findet in der noch zu besprechenden Spaltung des uns beschäftigenden Amtes in den Niederlanden (unten S. 163) seine Erklärung. Der Fonds bietet bis in die zwanziger Jahre des 16. Jahrhunderts nur zerstreute Bruchstücke.

Da der Reinertrag der Siegelemolumente eine wichtige Einnahmequelle der Épargne darstellt, wird der Audiencier gelegentlich Receveur de l'Épargne. Wir fanden Haneton und Hannart als Inhaber dieses Amtes (oben S. 69 f.).

In erster Linie aber werden die Ausfertigungs- und Siegelgebühren für Bezahlung der Kanzleikosten verwandt. So wird der Audiencier Kassenführer der Kanzlei [3]. Die täglichen Gagen der Sekretäre freilich bezahlt der Maître de la chambre aux deniers [4], aber dem Audiencier steht die Verwaltung der gemeinsamen „bourses" zu. Wenn nun in Frankreich, und wohl in der früheren Zeit auch in Burgund, der Anteil der einzelnen nach Dienstalter und Arbeitsleistung verschieden bemessen war [5], und niemandem bekannt sein

[1] Erwähnt in einer großen Instruktion für die Regentin Margarete, Aud. 1221, fol. 30 v°. In der Ordonnanz für das Conseil privé von 1540 wird ausdrücklich bestimmt, daß die Sekretäre, jeder für sich, die Konzepte der von ihnen besorgten Ausfertigungen aufbewahren sollen (Rec. des Ord. IV, 242).

[2] Über die Kanzleipapiere Margaretes Gött. gel. Anz. 1908, S. 255 f. Ferdinand I. läßt 1524 wegen bestimmter Dokumente nachforschen bei den alten Sekretären Maximilians oder deren Nachlaß, wie bei Stürzel, Sernteiner, Ziegler, Renner und anderen (Bauer, Das Register- und Konzeptwesen in der Reichskanzlei Maximilians I. bis 1502, MJöG. XXVI, 1905, S. 267 f.).

[3] Morel 419—424.

[4] Morel 426—432; für Burgund siehe oben S. 135.

[5] Dagegen wird 1531 bestimmt, daß „les profits et émolumens desdits dépesches . . se recouvront . . en une commune bourse, pour les diviser également entre lesdits audiencier et secrétaires, comprins avec eux pour sa part le secrétaire ayant charge des choses d'Estat" (Rec. des Ord. III, 243, Nr. 17; vgl. unten S. 163 f., und die Dokumente CRH. 5, VII, 191 ff.

sollte, wie viel sein Kollege erhielt, so war ein Abhängigwerden der Sekretäre vom Kassenführer unausbleiblich (Morel 400 f, 440—442). Die Feststellung der Anwesenheit und die Entscheidung über Berechtigung des Fehlens brachten eine Polizeiaufsicht innerhalb der Kanzlei mit sich [1]. Und so faßten sich in dem Audiencier die Ansätze zusammen, die sonst wohl das Amt eines Protonotars oder eines Vizekanzlers schaffen. Er war leitender Bureauchef der Kanzlei geworden [2].

Nach dem allen ist es nur natürlich, daß dem Audiencier der ähnlich auch anderswo gebräuchliche Titel „Premier Secrétaire" gegeben wird. Eine Erwähnung aus dem Jahre 1467 [3] dürfte kaum die erste sein. Schon 1511 wird das Amt ausdrücklich bezeichnet als eins der wichtigsten, das an Bedeutung gleich nach dem des Kanzlers komme [4].

Daß aber 2 Jahrzehnte darauf der Premier Secrétaire geradezu an die Stelle des Kanzlers treten konnte, erklärt sich nicht mehr aus dem bisher Gesagten. Die Inhaber der alten leitenden Ämter, die eine jahrhundertelange Tradition für sich hatten, hat nicht der Finanzsekretär und noch weniger der Bureauchef der Kanzlei verdrängen können, sondern nur der Kabinettssekretär des Fürsten. Freilich hatte es an sich nicht viel zu sagen, wenn ein Sekretär nach dem Diktat des Fürsten oder eines der ersten Be-

---

[1] Morel 74, 90.

[2] Das ist bisher nur für das Frankreich des 14. Jahrhunderts sicher zu sagen. Die kleineren burgundischen Verhältnisse waren dem Aufkommen eines besonderen Bureauchefs der Kanzlei neben dem Kanzler weniger günstig. Übrigens ist das Amt des französischen Audiencier interessanter für die innere Geschichte der Kanzlei, das des burgundischen aber, sofern es über die Kanzlei hinausstrebt.

[3] CRH. 5, VII, 154, vgl. Gachard, Inventaire III, 343 f.

[4] Ende 1511 wollte der Audiencier Haneton sein Amt aufgeben (vgl. Le Glay, Corr. I, 460), aus politischen Gründen, aber offenbar auch, weil die eigene Kanzlei der Regentin seine Autorität zu großem Teil aufhob. Margarete schreibt darüber an Maximilian: „Ausurplus, Monseigneur, j'ay esté pressé par l'audiencier, de amectre la résignacion qu'il vouloit fère de son office à maistre Guilles van Dame, ce que luy reffuse, et me semble, Monseigneur, que ne la devez admectre. Et quant là viendroit, fauldroit bien regarder d'en pourveoir ung bon personnaige, bien entendu et rassiz qu'il vous fut féable, car c'est l'ung des principaulx estaz de vostre maison, après le chancelier ou président [Es gab damals keinen Kanzler, vgl. oben S. 92 Anm. 3]. Parquoy, Monseigneur, y aiez bon advys, et qu'il vous plaise n'y riens conclure sans m'en adverty" (P. 65, undatiertes Konzept von der Hand des Barangier).

amten die Briefe ausschrieb oder nach bestimmten Instruktionen Konzepte verfaßte, die dann von dem Kanzler oder einem andern korrigiert wurden. Das Bild aber, das wir aus den reichen Materialien des Liller Archivs über das Konzeptwesen am Hof Margaretes gewinnen können, zeigt uns eine selbständige Tätigkeit des Ersten Sekretärs (oder seines Stellvertreters) beim Konzipieren der Briefe, und damit einen bedeutenden Anteil dieses Beamten an der Leitung der äußeren Politik. Niemals finden sich in einem Konzept Korrekturen von der Hand des Präsidenten (resp. Kanzlers) Gattinara, und selten nur von der Margaretes selbst. Es kommt aber vor, daß umgekehrt der Sekretär einen Brief der Fürstin korrigiert. Das geschieht sogar bei dem persönlichsten Schreiben Margaretes an Maximilian, das überhaupt erhalten ist, einem schon zur Absendung bestimmten eigenhändigen Brief, in dem Marnix gerade alles Persönlichste wegstreicht und durch nichtssagende Formeln ersetzt[1].

Ähnlich steht es mit dem burgundischen Audiencier. Zwar sind aus der Zeit, ehe die Entwicklung des Amtes durch seine Spaltung gebrochen wurde, keine Konzepte erhalten. Aber abgesehen von der allgemeinen Stellung unsres Beamten haben wir folgenden Beweis. Als Philipp der Schöne 1501 nach Spanien reiste, blieb der Audiencier Haneton in den Niederlanden zurück, aber wir finden in dem Etat des Herzogs „au fait de sa chambre" vom 1. Februar 1502 (Anhang 2, oben S. 138) die Bestimmung, daß Laurent du Blioul jederzeit Zutritt zu seinem Zimmer haben solle und „se dira secrétaire de la chambre". Die Bezeichnung, genau unserm „Kabinettssekretär" entsprechend, ist aus Spanien (und dort wohl von der Kurie) übernommen worden[2]. In Spanien bezeichnete „Camara" und „Consejo de la Camara" den Kreis der vertrauten Ratgeber, das Kabinett (Carvajal 416 ff.). Sachlich aber haben wir es deutlich mit einer vorübergehenden Verdoppelung des Amtes des Audiencier zu tun. Du Blioul bezieht dasselbe erhöhte Sekretärgehalt von 18 s. wie der zurückbleibende Haneton (Coll. des voyages I, 369, 371), er trägt wie Haneton in die Hofliste die Namen der neu ernannten Beamten ein, er signiert alle Briefe Philipps an den Regentschaftsrat in den Niederlanden (ib. 373 ff). In den politischen Verhandlungen unter Philipp spielt

[1] Ich habe den Brief in den Gött. gel. Anz. 1908 S. 266 veröffentlicht, als Beispiel für den Vorschlag eines Editionsverfahrens für solche stark korrigierte Konzepte.

[2] Vgl. „escríbano de cámara", Colección de doc. inéd. XI, 460 f.

er eine große Rolle, während der zweiten Regentschaft Maximilians tritt er als eifriger Anhänger der burgundischen Nationalpartei zurück [1], nach dem Tode Hanetons 1522 wird er in den Niederlanden dessen Nachfolger als Audiencier (Gachard, Inventaire III. 345).

Ich mußte mich für das Amt des Kämmerers wie des Audiencier damit begnügen, die Elemente zu registrieren, die sich hier wie dort zu verbinden streben. Eine eingehende Darstellung aber würde sorgfältig auseinander zu halten suchen, was zu dem einfachen gesetzlichen Auswirken gegebener Kräfte gehört, die Notwendigkeit einer bestimmten Grundrichtung und die Möglichkeit einer Reihe von Wegen in dieser Richtung; und was vielmehr zufällige geschichtliche Tatsache ist — wenn wir von Zufall da reden, wo einem Anstoß und schon einer flüchtigen Berührung Macht gegeben wird, latente Kraftmassen für immer auf diese oder auf jene Seite zu werfen, kurz wo Quantität und Qualität zusammentreffen. Es würde gelten, in den chaotisch drängenden Bewegungen des Notwendigen und des Möglichen die konkreten Anstöße aufzudecken, die die Entwicklung nun gerade in die bestimmten Wege gelenkt haben, die sie in Wirklichkeit genommen hat. In diesem Sinne war ein sehr wirksames Moment für die Entstehung des Staatssekretariats die Häufung von Befugnissen, die dem burgundischen „Audiencier et premier secrétaire seul signant en finances“ eine leitende Stellung in den 3 großen Ressorts der Regierung gegeben hatte, sowohl auf den Gebieten von Justice und Finances (oben S. 39 ff.), wie im Kabinett und damit in der äußeren Politik. Doch erst dadurch hat diese zwar anderswo unerhörte, aber in den kleinen Verhältnissen des burgundischen Staates nicht verwunderliche Häufung jene Bedeutung für die allgemeine Geschichte erlangt, daß sie an den Hof Karls V. übertragen wurde, in die Verwaltung und Regierung eines ganz großen Reiches, das durch altehrwürdige obschon stark verblassende Traditionen, wie durch neue blendende Erfolge geeignet war, weithin vorbildlich zu wirken. Mit den hervorgehobenen Einschränkungen darf vielleicht gesagt werden, daß das Staatssekretariat in den zwanziger Jahren des 16. Jahrhunderts am Hofe Karls V. entstanden ist.

Von dort wurde die Institution mit verändertem Charaker und

---

[1] Er ist aber schon seit 1496 Greffier, d. h. in diesem Fall einfach Sekretär, des Ordens vom goldenen Vließ. Man beachte die Analogiebildung, daß bei Abwesenheit des Ordenskanzlers der Greffier Du Blioul dem Orden präsidiert (Reiffenberg 281) und in ihm eine sehr große Rolle spielt (vgl. ib. S. XXXIV).

unter neuem Namen auch in die Niederlande wieder zurückgetragen. Hier waren in derselben Zeit erhebliche Rückbildungen vor sich gegangen. Im Jahre 1523 hatten die Sekretäre des Conseil privé beim Kaiser geklagt, daß der Audiencier seinem Vorrecht, in Finanzsachen zu signieren, eine unrechtmäßig weite Auslegung gebe. Es waren verschiedene Gutachten eingefordert worden [1], und der Kaiser war dem der Liller Chambre des Comptes beigetreten, die auf Grund einer Durchforschung des archivalischen Materials seit der Zeit Philipps des Guten den Protest der Sekretäre für gerechtfertigt erklärt hatte. Man sieht, wie schwer eine Tendenz zur Neubildung an dem Gewicht der alten Traditionen zu tragen hat. Damit ist auch in Paris und London stark zu rechnen, nur nicht am Hofe Karls V., wo vielmehr neue Aufgaben auch neue Organisationen schaffen mußten. In den Niederlanden kam hinzu, daß Du Blioul wegen seiner politischen Stellung nicht das Vertrauen der Regentin besaß. Entscheidend aber wurde ein andres. Der Premier Secrétaire Margaretes, Jean de Marnix, zog naturgemäß die wichtigsten Befugnisse des Audiencier, diejenigen im Kabinett, an sich. Die Einrichtung der Conseils collatéraux 1531 legte diese Teilung des Amtes fest. Dem Audiencier Du Blioul als erstem Sekretär des Conseil privé trat für das „Conseil d'État" (oben S. 119 f.) Marnix als „Secrétaire d'État" zur Seite. Die für ihn bestimmten Instruktionen (Rec. des Ord. III. 240) zeigen ihn in einer ähnlichen Stellung, wie sie nach dem Liller Archiv für den Ersten Sekretär Margaretes während der zweiten Regentschaft Maximilians nachzuweisen ist. Er hat die Korrespondenz in Empfang zu nehmen und zu expedieren, der Verkehr mit Chiffren ist ihm anvertraut, er soll ein Protokoll der Beschlüsse des Rates führen, die Briefe aufsetzen und ausfertigen, bei wichtigen Angelegenheiten freilich nach einem Konzept oder nach dem Diktat des Präsidenten und unter Billigung des Rates. Diese Beschränkungen sind wesentlich aus den Regentschaftsverhältnissen zu verstehen.

Wir haben in dieser Einsetzungsurkunde des burgundischen Conseil d'État von 1531 vielleicht den ersten bestimmt ausgeprägten offiziellen Gebrauch des Titels „Staatssekretär" überhaupt. Wie es in den andern Staaten steht, kann freilich mit Sicherheit erst nach Aufnahme eines umfangreichen Quellenmaterials gesagt werden; in den Darstellungen liegt sehr häufig ein Zurücktragen späterer Be-

---

[1] Die Dokumente zu dieser Angelegenheit hat Lameere CRH. 5, VII, 182—189 publiziert.

zeichnungen vor. Aber ein Suchen nach dieser bestimmten Wortkombination, die erst eben im Entstehen begriffen ist, wird überhaupt kaum zum Ziele führen. Wir müssen zurückgehen auf den zu Grunde liegenden eigentümlichen neuen Sinn des Wortes „État" als Bezeichnung für die großen Lebensfragen des Staates, vor allem die äußere Politik und was mit ihr zusammengehört, in erster Linie Finanzen und Krieg. Man beachte die analoge Bildung des Wortes „Staatsrat". Unsre Ordonnanz setzt ein „Conseil d'État" ein und bestimmt, daß als zugehörig zu ihm gelten sollen die Glieder des „Conseil d'État résidens devers sa Majesté" (S. 239). In das Werden dieser Bezeichnungen nun führt uns hinein, wenn der Staatssekretär gleichzeitig genannt wird „Secrétaire ayant charge des choses d'État" (siehe oben S. 159, Anm. 5), oder wenn es 1526 von einem im Rate Karls V. hervortretenden Manne heißt, er sei die ganzen Tage beschäftigt „en estos consejos de estado"[1], d. h. Ratssitzungen, die sich mit den „Staatssachen" beschäftigen. Diese Bezeichnung aber als fest ausgeprägter Terminus technicus, der dann die Bildungen „Staatsrat" und „Staatssekretär" von selbst nach sich zog, stammt aus Spanien. Hier war der Prozeß der Ressortbildungen viel weiter fortgeschritten als in Frankreich und Burgund. Es gab einen besonderen Rat für Kastilien, für Aragon, am Hofe Karls V. auch für Deutschland und für Burgund, ein Consejo de las Indias, de finanzas, de guerra, de las ordenes, de la inquisicion. Darum nahm der zurückbleibende zentrale Rat früher als anderswo den Charakter eines politischen Rates an (vgl. oben S. 8), bildete also ein besonderes Ressort und brauchte einen besonderen Namen, ganz anders als das burgundische „Conseil des grands maîtres et affaires" (oben S. 20). Nun hatte in Spanien jedes dieser Ressorts einen eignen Sekretär. Die Korrespondenz der Sekretäre des Ximenes läßt uns hier ziemlich deutlich sehen. Sie nennen unter einander diese verschiedenen Sekretariate: „lo [zu ergänzen etwa: cargo] de las ordenes", „lo de la inquisicion", „lo del estado"[2]. Da ist es dann mehr Zufall, wenn der Ausdruck

[1] Documentos escogidos del archivo de la casa de Alba, Los publica la duquesa de Berwick y de Alba, Madrid 1891, S. 239.

[2] V. de la Fuente, Cartas de los secretarios del cardenal D. Fr. Franc. Jimenez de Cisneros, Madrid 1875, S. 26, 27, 36 etc. Die Bezeichnung „lo del estado" ist schon bestimmt ausgeprägt, als der vertraute Rat noch „consejo de la camara" (siehe oben S. 161) oder in der ersten Zeit Karls V. unter burgundischem Einfluß „consejo privado" (Salinas 87) heißt. Von einem Sekretär des Rates von Kastilien ist schon 1508 die Rede, in den Briefen des Francesco Corner vom Hofe Ferdinands des Katholischen 5. Januar 1508 bis

„secretaria de las ordenes“, „secretario de las ordenes“ sich schon findet (Cartas S. 36, 44), aber nicht gerade die Bildung „secretario del estado“.

Den Fortgang der Entwicklung am Hofe Karls V. kann ich hier nur andeuten. Die Verschmelzung der reich gegliederten spanischen Institutionen mit dem bedeutungsvollen burgundischen Amt bedarf einer eingehenderen Darstellung. Ich hoffe eine Geschichte der Ressortbildungen am Hofe Karls V. im Zusammenhang mit der Publikation einiger Dokumente, besonders der oben S. 104, Anm. 3 erwähnten Kanzleiordnungen, geben zu können.

Der Name „Audiencier“ wird am Hofe Karls V. nur noch für Jean Hannart gebraucht[1]. Bald wird der Titel in der offiziellen Hofliste ausdrücklich gestrichen (siehe Beilage 12b). Neben Hannart steht schon seit 1522 Jean Lallemand mit dem Titel „Signant en finances“ [2]). Seit 1527 aber heißt Lallemand regelmäßig „Premier Secrétaire“ (Aud. 29, Nr. 48 ff.). Vandenesse nennt ihn in seinem 1551 geschriebenen Werk: „Secrétaire d'État“[3]. Dezember 1528 wird Lallemand, des Verrats angeklagt, aus dem Amte entfernt. Ihm folgt Nicolas Perrenot Herr von Granvelle[4]. Neben Granvelle erhält sich in Autorität als Sekretär zunächst für Kastilien, dann für alle spanischen Reiche, Francisco de los Covos[5]. Als Gattinara 1530 stirbt, wird das Kanzleramt nicht wieder besetzt. Der Name „Staatssekretär“ hat sich für die beiden leitenden Minister noch nicht halten können. Der Wechsel war zu plötzlich, und ein Titel rückt schwer in eine höhere Gesellschaftsschicht auf, so lange die Generation noch lebt, die ihn als unbedeutend gekannt hat. Daß

30. Oktober 1509. Auf die Kopie des Brüsseler Staatsarchivs, Cart. Man. 175[6] möchte ich bei dieser Gelegenheit hinweisen. Über den Unterschied in der Stellung der spanischen und burgundischen Sekretäre vgl. auch das Memoire des Bischofs von Badajoz vom Hofe Karls V. 1516, CRH. 1, X, 33.

[1] Siehe oben S. 76 Anm. 1, Gachard, Bibliothèque nationale II, 52, 60, 68, Sanuto XXVII, 454, 515 [hier verdorben in: Zuan Analt auditor regio].

[2] In der Sammlung von Zahlungsbefehlen Aud. 29, Nr. 7, 17, 23. Salinas nennt ihn „Secretario de la hacienda“ (S. 178, vgl. 210 f., 326).

[3] J. de Vandenesse, Journal des voyages de Charles Quint, Coll. des voyages II, S. 72.

[4] Salinas schreibt am 22. Juni 1529: „En lugar de Juan Aleman sirve uno del Consejo de Estado que se llama Nicolao Perrenot“ (S. 437).

[5] Am 8. Februar 1523 schreibt Salinas, er habe gehört, daß viele Sekretäre entlassen werden sollen, und nur folgende im Dienst bleiben: „para las cosas de Castilla el secretario Cobos solo“, für Aragon Urries, für Neapel Pero Garcia, für Rom Soria, für den Krieg Çoaçola, „y más micer Juan Aleman y Annart“ (S. 100). Man sieht, wie die spanischen und burgundischen Institutionen noch unvermittelt nebeneinander stehen.

er aber gleichzeitig in den Niederlanden im offiziellen Gebrauch sich einbürgert, hilft auch zum richtigen Verständnis der Institution am Hofe Karls V.

5. Zur Geschichte des Pensionswesens.

Es muß einmal an einem Beispiel gezeigt werden, wie zwecklos in der Regel die zufällig aufgegriffenen Notizen sind, die man so häufig findet, dieser oder jener habe eine Pension von der und der Höhe bezogen und an dem und dem Tage bewilligt erhalten. Ich verfolge die von Chièvres genossenen Jahrgehälter, seit er als einfacher Chevalier noch in der Masse der Hofbeamten stand, bis zu der Zeit, als die Staatsleitung in den Händen des Premier Chambellan Karls V. lag.

Die erste Pension, in Höhe von 1200 l., wird ihm durch Lettres patentes vom 27. Oktober 1491 bewilligt und läuft vom 1. Oktober 1486 an (B. 2151, fol. 96; 2161, fol. 271). Eine Quittung Chièvres' vom 1. Juni 1494 (B. 2150, Nr. 7) gibt fälschlich 1. Oktober 1488 anstatt 1486; der Fehler geht in die auf jene Quittung hin erfolgte Aufzeichnung des Receveur général über (B. 2148, fol. 75), und wird nur deshalb von der Chambre des Comptes nicht bemerkt, weil es sich um eine Restzahlung handelt, für die der Anfangstermin bedeutungslos ist.

Am 1. Okober 1490 beginnt ein erhöhtes Jahrgehalt von 2000 l., bewilligt in Ulm am 16. September 1492 (Gachard, Rapport sur les archives de Lille, 278). Die Chambre des Comptes erkennt die Auszahlung einer Summe auf Grund dieser neuen Bewilligung nicht an. Es wird an den Rand geschrieben: „Non constat du contenu au texte", denn es fänden sich nur Lettres patentes vom 27. Oktober 1491, durch die ihm 1200 l. vom 1. Oktober 1486 an bewilligt wurden, was mit der neuen Angabe schlechterdings nicht stimme. Es war also versäumt worden das Beweisstück mitzuschicken. Am Rande ist der spätere Empfang einer Kopie der neuen Lettres patentes angemerkt. Die Pension läuft bis zum 9. August 1495, „que mondit seigneur fist certaines nouvelles ordonnances sur le fait de son hostel" (B. 2162, fol. 271). Danach ist der État bei Butkens von „1594" zu datieren (oben S. 137).

Das Gehalt wird einfach erneuert und hat Kurs vom 1. August 1495 bis zum 14. März 1497 (n. st.), „que mondit seigneur fist de rechief autres ordonnances de compter toutes pencions à part par ung escroe extraordinaire de sondit hostel (B. 2162, fol. 271).

Danach ist die Ordonnanz von März 1497 (oben S. 137) genauer zu datieren.

Eine neue Pension in Höhe von 1000 fr. wird ihm durch Lettres patentes, datiert Brüssel, 11. Dezember 1497, bewilligt, und bis zum 31. Januar 1500 (n. st.) bezahlt (B. 2165, fol 73; 2169, fol. 48; 2173, fol. 64 v⁰).

Vielleicht zwingt die spanische Reise zur Einschränkung, denn neue Lettres patentes vom 2. März 1500 (n. st.) aus Gent bewilligen nur 800 l. Die Bezahlung geht bis zum 31. Januar 1504 (n. st.) fort (B. 2169, fol. 37 v⁰; 2173, fol. 64 v⁰; 2181, fol. 39 v⁰; 2185, fol. 49 v⁰).

Am 12. März 1504 (n. st.) wird die Summe auf 1200 l. erhöht und als Anfangstermin der 1. Februar 1504 (n. st.) festgesetzt (B. 2185, fol. 49 v⁰).

Aber schon Mitte 1504 wird Chièvres, der seit 1497 Großbailli des Hennegan gewesen war, wieder an den Hof gezogen, darum seine Pension am 1. August 1504 im Haag auf 2400 l. erhöht und so bis zum 26. März 1507 (n. st.) ausbezahlt. Dabei beobachten wir das Phänomen, daß dies wirklich ungefähr nach der ständigen Formel „de demi an en demi an par égale portion" geschieht (B. 2191, fol. 127; 2197, fol. 98, 113 v⁰, 121; 2101, fol. 64 v⁰); Chièvres war nämlich selbst Chef der Finanzen (oben S. 62 ff.).

Als Gouverneur der Niederlande erhält er für die Zeit der Abwesenheit Philipps durch Lettres patentes, datiert Brügge, 26. Dezember 1505 außer seiner Pension täglich 10 l., was ebenfalls bis zum 26. März 1507 (n. st.) in Geltung ist (B. 2197, fol. 110; 2201, fol. 64).

Für die nächsten zwei Jahre, in denen Maximilian fast alle burgundischen Angelegenheiten in der Schwebe ließ, wird Chièvres für den Ausfall einer Pension durch außerordentliche Geldgaben entschädigt (B. 2207, fol. 118 v⁰; 2210, fol. 175).

Seit seiner Berufung zum Premier Chambellan Karls am 27. April 1509 bezieht er ein Jahrgehalt von 3000 l., außerdem tägliche Repräsentationsgelder, die sich jährlich auf 2000 l. belaufen. Diese Summen werden nicht erhöht, als Karl zur Regierung kommt (B. 2210, fol. 175; 2214, fol. 115 v⁰; 2218, fol. 85; 2224 fol. 172; 2229, fol. 101; 2237, fol. 137; 2251, fol. 121 v⁰ etc.). Er bezieht also im ganzen ebensoviel wie der Pfalzgraf Friedrich, dessen Pension sich auf 5000 l. beläuft (siehe Beilage 9).

6. Österreich und Burgund.

Die heute besonders in Deutschland, weniger allgemein in Österreich herrschende These, daß durch Maximilian I. die französisch-burgundische Verwaltungsorganisation in Österreich rezipiert worden sei[1], hat eine nur kurze, aber sehr interessante Geschichte. Im Jahre 1866 hat Bidermann, dem der Titel „Schatzmeister-General" französisch klang, in einem Aufsatz zur Tiroler Landesgeschichte anmerkungsweise die in zu affirmativer Form gehaltene Vermutung ausgesprochen, daß Maximilian dies Amt aus Burgund entlehnt habe[2]. Dann hat 1871 v. Meiller in einer Arbeit über die obersten Hofämter in Österreich[3] unter ausdrücklicher Ablehnung der Möglichkeit, daß schon unter Maximilian burgundische Hofstaatseinrichtungen in Österreich herübergenommen sein könnten (S. 23), eine solche Übertragung seit dem Jahre 1518, als Ferdinand seinen eigenen Hofhalt bekam, datiert. Er ist also mit Unrecht als Zeuge für unsere Theorie angeführt worden[4]. Gelegentlich hat dann Luschin v. Ebengreuth 1879 in einer allgemeinen Übergangsformel darauf hingewiesen, daß Maximilian aus der Kenntnis der burgundischen Verwaltung eine Anregung zu eigenen Reformen gewinnen mußte[5]. Veranlaßt durch diese noch ganz harmlosen Bemerkungen hat 1884 Edgar Loening in der Einleitung zu seinem „Lehrbuch des deutschen Verwaltungsrechts" (S. 40) die weittragende Behauptung einer Nachbildung der burgundischen Verwaltungsorganisation durch Maximilian ausgesprochen. Er verweist leider nicht auf jene vereinzelten Bemerkungen, sondern zitiert einfach die Titel jener Arbeiten. So mußte dem Leser, der sich nicht die Mühe nahm, die Aufsätze vielleicht erst aus ver-

---

[1] Noch kürzlich hat auf dem internationalen Historikerkongreß zu Berlin 1908 Pirenne in einem Vortrag über die burgundischen Verwaltungseinrichtungen diese Rezeption betont und in der Diskussion keinen Widerspruch, vielmehr allseitige Zustimmung gefunden.

[2] Bidermann, Geschichte der landesfürstlichen Behörden in und für Tirol 1490—1749, Archiv für Geschichte und Altertumskunde Tirols III, Innsbruck 1866, S. 330 Anm. 1.

[3] A. v. Meiller, Zur Geschichte der obersten Hofämter in Österreich, Heraldisch-genealogische Zeitschrift, Organ des heraldisch-genealogischen Vereines „Adler" in Wien, I, 1871, S. 6—8, 14—15, 23—24.

[4] Man wird die in der Tat unklare Stelle S. 15, wo davon die Rede ist, daß Maximilian die burgundischen Ordnungen in Burgund beibehalten habe, mißverstanden haben.

[5] A. Luschin v. Ebengreuth, Geschichte des älteren Gerichtswesens in Österreich ob und unter der Enns, Weimar 1879, S. 275.

schiedenen Bibliotheken zusammenzusuchen, sich einprägen, daß hinter Loening eine lange Reihe stehe. Schon 1886 erklärt Adler in seinem Werk über „die Organisation der Zentralverwaltung unter Maximilian I.“, unter Hinweis auf Loening und wieder die ganzen dort schon genannten Arbeiten, die „Tatsache“ solcher Übertragung sei „von der Wissenschaft vielfach anerkannt oder [!] vorausgesetzt“ (S. 5), und v. Below sagt in einer viel gelesenen Rezension dieses Buches (Historische Zeitschrift 57, 1887, S. 286), man habe „schon lange“ von dem Einfluß der burgundischen Verwaltung auf die Reformen Maximilians gewußt. Das erledigt sich durch folgendes: Wir haben aus dem Jahre 1884, also gleichzeitig mit Loenings Buch, zwei Äußerungen von sehr kompetenter Seite über unseren Gegenstand, nämlich im ersten Bande der Geschichte Maximilians I. von Ulmann (Kap. VI über die Verwaltungseinrichtungen) und in Huber's Innsbrucker Rektoratsrede[1], die sich S. 5—9 mit den Reformen Maximilians beschäftigt. Dabei ist nirgends von Burgund die Rede[2]. Beide Autoren haben also jenen Bemerkungen von Bidermann und Luschin, deren Arbeiten sie natürlich kennen, keine Bedeutung beigemessen.

Die so eingedrungene Anschauung hat Adler nachträglich in dem genannten Werk durch vielfache Argumente zu stützen gesucht. Kurz darauf, 1887, hat Rosenthal in seiner Arbeit über „die Behördenorganisation Kaiser Ferdinands I.“ (Archiv für österreichische Geschichte 69, 1887, S. 51—316) neue Argumente hinzugefügt und die Behauptung bedeutend schärfer pointiert. Er redet noch unumwundener von einer „Rezeption“ fremder Einrichtungen, und von ihm stammt die heute vulgär gewordene Form der These, die am besten in folgendem Satz erscheint: „Wie reizvoll müßte sich eine Schilderung gestalten, die den merkwürdigen Wanderzug verfolgen würde, welchen jene Organisation zurücklegte, seitdem das erstarkende Königtum der Capetinger . . . seine absolute Gewalt begründete . . ., und die sodann darlegte, wie diese französischen Einrichtungen auf niederländisch-burgundischen Boden verpflanzt wurden und von da ihren Wanderzug in die habs-

[1] Alfons Huber, Geschichte der österreichischen Verwaltungsorganisation bis zum Ausgange des 18. Jahrhunderts, Innsbruck 1884, 40 S.

[2] Besonders deutlich ist die Stelle Ulmann I, 823 f., wo verschiedene Gründe aufgezählt werden, die Maximilian zur Schaffung des Hofrates bestimmt haben könnten; dabei wird burgundischer Einfluß überhaupt nicht mit in Rechnung gezogen. Siehe auch Jäger, Gesch. der landständischen Verf. Tirols II, 2 (1885), S. 385 ff., 393 f., 428 f.

burgische Monarchie und dann weiter in die deutschen Territorien fortsetzten" (S. 102 f.).

Da niemand eine Nachprüfung im einzelnen unternahm, hat die Autorität und Verbreitung des Loeningschen Lehrbuches, die unübersichtliche Anhäufung des Materials bei Adler und die schematisch-anschauliche Form, die Rosenthal betonte, vorerst das Schicksal der These entschieden. Allgemein gehaltene ablehnende oder die Antwort zurückstellende Bemerkungen wie die von Bornhak (1886)[1], Fellner (1887)[2], Bachmann (1900)[3] vermochten nicht durchzudringen. Und heute wird wohl jemand, der einen Zweifel äußert, zurechtgewiesen, ohne daß eine Begründung für solche Zurechtweisung erforderlich scheint[4]. Kurz, die Anschauung, die des Beweises wie der Widerlegung ermangelt, hat sich im Laufe der Zeit unmerklich festgesetzt und vergröbert[5].

Seit Adlers und Rosenthals Arbeiten ist für die Theorie nichts Materiales hinzugebracht worden. Ich habe mich also fast ausschließlich mit ihnen auseinanderzusetzen. Wenn die Fülle von

[1] In einer Rezension von Adlers Buch, Archiv für öffentliches Recht I, 1886, S. 604—607.

[2] Th. Fellner, Zur Geschichte der österreichischen Zentralverwaltung 1493—1848, I, MJöG. VIII, 1887, 258—301.

[3] Ad. Bachmann, Die Behördenorganisation Kaiser Maximilians I. (Neue Jahrb. f. das klass. Altertum, Gesch. u. deutsche Lit. III, 1900, S. 362 bis 381, 444—464).

[4] Als etwa Tetzner (Die landesfürstliche Verwaltungsrechtspflege in Österreich vom Ausgang des 15. bis zum Ausgang des 18. Jahrh., Ztft. für das Privat- und öffentl. Recht XXIV, 1897) geäußert hatte, „daß die Ideen für die Organisation der Finanzverwaltung unter Maximilian nicht durchaus burgundischen und spanischen Ursprungs seien" (S. 492), antwortet ihm Rachfahl (Zur österr. Verwaltungsgesch., Schmollers Jahrbuch XXIII, 1899): „Das ist eine schiefe Bemerkung, die zu Mißverständnissen Anlaß geben könnte. Allerdings machte sich entsprechend der Steigerung der staatlichen Aufgaben das Bedürfnis nach einer neuen vollkommneren Verwaltungsordnung von selbst geltend, und selbständige Ansätze in dieser Richtung lassen sich schon gegen Ende des Mittelalters in verschiedenen Territorien verzeichnen. Das französisch-burgundische Vorbild aber wurde dadurch so wirksam für die deutsche Verwaltungsgeschichte, daß man von ihm die formale Organisation in ihrer hohen technischen Vollkommenheit entlehnte. Mehr ist niemals behauptet worden, und das würde auch wohl T. nicht bestreiten wollen" (S. 1120).

[5] Z. B. sagt Ferd. Menžik (Beiträge zur Gesch. der kaiserl. Hofämter, AöG. 87, 1899) S. 450: „Leider haben wir wenig Nachrichten über die Organisation des Hofdienstes während dieser Zeit (der ersten Jahre Ferdinands I.) und wissen (!) nur so viel, daß der Wirkungskreis der Hofämter nach dem Beispiel der spanischen oder (!) burgundischen Ämter, welche sich schon ziemlich (!) entwickelt hatten, festgesetzt wurde."

Mißverständnissen, die aufzudecken sein werden, verwunderlich scheint, so beachte man, daß die Meinung war, für eine im allgemeinen bereits feststehende Anschauung nur noch neue Beweise beizubringen. Da werden dann schnell Möglichkeiten zu Wahrscheinlichkeiten und Gewißheiten. Selten wird ein Argument unbefangen sorgfältig gewogen. Bezeichnend ist die übermäßig gesteigerte affirmative Form für die unsichersten Behauptungen [1] und als Gegenstück dazu die Verklausulierungen, die solche Behauptungen wieder unangreifbar machen sollen [2].

Die erste Vorbedingung für die Aufstellung einer Rezeptionstheorie ist eine Kenntnis wenigstens der Grundzüge der früheren Organisation, so daß mit einiger Wahrscheinlichkeit gesagt werden darf, das Neue könne nicht als Fortentwicklung des Alten erklärt werden. Diese Vorbedingung fehlt. Ich sehe ab von den Zeugnissen für eine fortlaufende geregelte Tätigkeit der Finanzverwaltung (auf die die Frage sich konzentriert) am deutschen Königshof und in Niederösterreich [3], und verweise nur auf Tirol [4]. Diese Landschaft, in den italienischen Kulturkreis hineinragend, wurde gerade 1490 dem österreichischen Staate eingefügt. Mit Recht sagt Fellner, S. 260 Anm. 1, es sei „nicht ausgeschlossen, daß vielleicht gerade die Administration von Tirol auf die anderen Länder übertragen wurde. Adler selbst weiß nicht genug des Rühmens über die hochentwickelte Verfassung Tirols im 15. Jahrhundert zu erzählen". In der Tat finden sich bei Adler und Rosenthal Stellen, die recht schlecht mit jener These sich vertragen [5]. Um so mehr ist zu sagen: Ehe man annehmen soll, daß Maximilian sich seine Finanzverwaltung aus Burgund geholt habe, muß man verlangen genauer zu erfahren, was für eine Verwaltung das war,

[1] Z. B. Adler 5 f., 20, 23, 79, 109 Anm. 1, 192, 360, Rosenthal 103, 107, 110, 114 Anm. 1, 197 Anm. 2.

[2] Z. B. Adler 5 f., 360, Rosenthal 136 Anm. 2, 197 Anm. 2.

[3] Vgl. K. Schalk, Österreichs Finanzverwaltung unter [dem Hubmeister] Berthold von Mangen 1412—1436, Blätter des Vereins für Landeskunde von Niederösterreich, N. F. XV, Wien 1881, S. 277—299.

[4] Gelegentlich macht Werunsky (S. 86) auch aufmerksam auf das „Vorbild der erweiterten Verwaltungstätigkeit der Städte, besonders Wiens". Er denkt dabei zunächst an das Materiale (Erweiterung des Schutzes der Untertanen usw.). Man braucht aber nur das Verhältnis der damaligen Höfe zu den Städten sich vorzustellen, um einen starken Einfluß der Stadtverfassungen besonders auf die Ausbildung der kollegialen Regierungsbehörden für wahrscheinlich zu halten.

[5] Besonders Adler 314, Rosenthal 105 Anm. 1, 196.

von der die lange Reihe der Raitbücher des Innsbrucker Archivs seit 1460 (siehe Adler 313, 325—330) Kunde gibt. Was Adler S. 329 f. an dieser vormaximilianischen Finanzverwaltung in Tirol tadelt, ist nicht zwingend: daß sie „noch den Hofdienst mit dem Landesamte verbinde“ — das kann wesentlich eine Frage des Namens sein; der Camerlengo an der päpstlichen Kurie hat den Titel bis heute behalten —; daß „der wechselnde Inhalt der Dienstinstruktionen von übler Vorbedeutung“ sei — in dieser Beziehung beginnt sicher keine neue Periode mit Maximilian —; endlich, daß es „an den sittlichen Vorbedingungen gefehlt“ habe. Wenn unter Sigmund von Tirol (1439—1490) der oberste Finanzbeamte vor einer Kommission Rechnung legt, und selbst, gemeinsam mit einem anderen, jährlich alle Rechnungen der übrigen Finanzbeamten prüft (Adler 320), so kann das für relativ kleine Verhältnisse als eine allen Bedürfnissen genügende Organisation angesprochen werden (z. B. gegen Rosenthal 196 f.). Als Beweis ist etwa auf die Organisation am Hof der Margarete von Österreich zu verweisen (oben S. 44). Daß die Kontinuität gewahrt wurde, darauf kam es an, und davon legen die Innsbrucker Raitbücher beredtes Zeugnis ab. Es finden sich aber auch ausdrückliche Hinweise darauf, daß wesentliche Elemente der alten tirolischen Ordnung von Maximilian übernommen worden sind. So bestätigt die Schatzkammerordnung von 1498 die Raitungen „nach ordnung, gewonheit und gebraüch unser camer“ . . ., „wie die vormals auf unser camer von alter her gemacht und gehalten worden sind“ [1]. Da sich aber nach den gedruckten Quellen noch kein ausreichendes Bild von der tirolischen Finanzverwaltung vor Maximilian gewinnen läßt, kann das letzte Wort in unserer Frage noch nicht gesprochen werden. Es würde sich entschieden lohnen, auf Grund der Innsbrucker Archivalien hier Klarheit zu schaffen.

Die zweite Vorbedingung für Aufstellung einer Rezeptionstheorie ist eine einigermaßen genaue Kenntnis dessen, was herübergenommen worden sein soll. Diese Kenntnis hat Adler und Rosenthal gefehlt, und kein Neuerer hat einen Vergleich auf Grund besserer Kenntnis vorgenommen. Die Werke, die das Vergleichsmaterial gegeben haben, sind jetzt weit über ein halbes Jahrhundert alt. Es sind für Frankreich Pardessus, Dareste, Chéruel, für Burgund so gut wie nur die 1837 erschienene „Notice“ Gachards

[1] Fellner-Kretschmayr, Die österreichische Zentralverwaltung, Veröffentlichungen der Kommission für neuere Geschichte Österreichs V und VI (Wien 1907), Bd. VI, S. 36 (Art. 23) und 42 (Art. 49) = Adler 523, 529.

über die Chambres des Comptes (oben S. 131), in der von der reichen Organisation für die Finanzverwaltung am Hof gar nicht gehandelt wird. Und zwar sind, wie es scheint, nur etwa 20 Seiten Text ernstlich benutzt worden, nicht aber die von Gachard mitgeteilten Quellen[1]. Freilich das Werk von Vuitry über die französische Finanzverwaltung (oben S. 132) ist neueren Datums. Hier aber tritt ein verhängnisvoller methodischer Grundfehler der Argumentationen besonders deutlich zutage. Das Vergleichsmaterial, das für eine Rezeptionstheorie natürlich streng nur das gleichzeitige sein darf, ist auf dem entscheidenden Gebiet aus einem Werk genommen, das 1380 abbricht. Nur gelegentlich einmal dringt das Bewußtsein durch, wie unsicher aus diesem Grunde der Boden ist, auf dem man steht (Adler 370, Anm. 1). Im allgemeinen wird ohne Bedenken Vergleichsmaterial aus wechselvollen Entwicklungen von Jahrhunderten zusammengesucht. Streng genommen aber gehört der ganze Längsschnitt durch die französisch-burgundische Verwaltungsgeschichte, den Adler in der Einleitung gibt, nicht zur Sache. Auf einen möglichst genauen Querschnitt für wenige Jahre wäre alles angekommen.

Die Darstellung der burgundischen Verwaltung in den betreffenden Jahrzehnten ist nun aber nicht viel mehr als ein einziges großes Mißverständnis. Die ganze Anschauungsgrundlage wird den Argumentationen entzogen durch die einfache Tatsache, daß Maximilian nicht die kurzlebigen Institutionen Karls des Kühnen kennen lernte, also nicht die von diesem Herzog herübergenommenen französischen Formen[2], vielmehr stark abweichende Organisationen (oben S. 13 ff., 50 ff.). Vor allem auch traf er die burgundischen Institutionen nicht wundervoll funktionierend, zum Rezipieren einladend an, vielmehr im Zustand schlimmster Verwirrung nach der

---

[1] Wenn für Adler „ganz außer Zweifel steht, daß (bei der Schatzkammerordnung von 1498) die Chambre des Comptes der Niederlande von Einfluß wurde“, er aber „über Art und Maß des Einflusses kein entscheidendes Wort wagt“ (S. 360), so fragt man sich, warum er die Instruktionen nicht verglichen hat. Wenn Rosenthal S. 115 Anm. 2 im Zitat einer Stelle aus der Instruktion Philipps des Kühnen für die Chambre des Comptes setzt: „par importunité“, so dürfte das Übernahme eines Druckfehlers nach Gachard S. 6 sein, denn im Dokument selbst, Gachard S. 79, vgl. 77, steht die ganz allgemein auch in Frankreich gebräuchliche Formel: „par importunité de requérants“.

[2] So Rosenthal 57 Anm., Adler 19, vgl. 20. Freilich ist in Betracht zu ziehen, daß eine allgemeine Stimmung des Wunsches, die zentrale Gewalt zu stärken, auch nach dem Tode Karls des Kühnen fortgewirkt hat; aber nicht in den Kreisen der hohen Adligen, denen Maximilian sich zunächst anschloß.

Katastrophe des Jahres 1477; einer Verwirrung, die in dem durch Krieg und Revolution ausgefüllten Jahrzehnt seines ersten Aufenthalts in den Niederlanden (oben S. 3, 19) fortdauerte. Für eine Rezeption der burgundischen Einrichtungen war die Lage die denkbar ungünstigste. Bezeichnend ist, daß eine Institution wie die Épargne einfach aufhören konnte, weil Maximilian, wie er selbst sagt, nichts davon gewußt hat (siehe Beilage 2).

Was das Sachliche betrifft, so sind selbst die wesentlichsten Grundlinien völlig verzeichnet. Burgund hat nicht den auf der Unterscheidung von ordentlichen und außerordentlichen Einnahmen begründeten zweigeteilten Organismus der Finanzverwaltung von Frankreich herübergenommen (Adler 19f., 327 Anm., vgl. Rosenthal 129), vielmehr, mit Ausnahme des Rückfalls unter Karl dem Kühnen, gerade überwunden (oben S. 44 f.). Wenn angenommen wird, daß Maximilian das Grand Conseil kennen lernte als Organ für die politische Verwaltung und Regierung, anstatt wesentlich schon der Gerichtsbarkeit dienend (oben S. 18), wenn dies Grand Conseil 1473 „seinen festen Sitz zu Mecheln erhalten“ haben soll (Adler 18 f., Rosenthal 57 Anm.) — eine Verwechslung mit dem Parlament, — wenn die lediglich der Finanzkontrolle dienenden Chambres des Comptes bis zur Zeit Karls des Kühnen als die einzigen Finanzbehörden erscheinen (Adler 18), die zugleich die Verwaltung der Gelder besorgt hätten (Adler 17, 333), wenn das Verhältnis der Provinzialgerichtshöfe und der Chambres des Comptes dahin charakterisiert wird, daß die eine dieser Behörden „überwiegend mit Regierungs- und Justizbefugnissen, die andre mit Befugnissen der Finanzverwaltung und Kontrolle ausgestattet“ gewesen sei [1]), so stimmt das zwar vorzüglich zu den österreichischen Regimenten und Raitkammern, aber nimmermehr zu den burgundischen Behörden. Ähnlich steht es selbst dann, wenn einmal eine

---

[1] Adler 16 f., Rosenthal 108. Das von Adler gegebene Bild scheint bisher für einwandsfrei zu gelten. Wenigstens beschreibt neuerdings Kreiten AöG. 96 S. 196 die Liller Chambre des Comptes lediglich und ausdrücklich nach seinen Angaben. In Adlers Darstellung erscheint auch die Pariser Chambre des Comptes in einer fälschlich den österreichischen Raitkammern angenäherten Form (S. 9, 417 Anm. 2). Die von ihm S. 9 mitgeteilten etwas übertrieben geratenen Sätze von Vuitry (II, 568 f.) über die hohe Bedeutung der Chambre des Comptes des 14. Jahrhunderts auch für die Verwaltung sind zu berichtigen etwa nach dem Satz Vuitrys selbst (I, 290): „En 1318, c'est une ordonnance royale qui constate qu'ils (die Trésoriers) sont devenus les chefs réels de l'administration des finances avec le concours et la surveillance de la Chambre des comptes.“

Quelle direkt benutzt worden ist. Nachdem Adler der Ordonnanz von 1493 gemäß (siehe oben S. 137) von einem „Superintendent und Haupt aller Finanzen“ berichtet hat, dem „eine Reihe von Beamten für die Führung der Finanzen zugeordnet“ sind, durfte er nicht mehr sagen, daß „aus der Quelle nicht klar zu erkennen wäre, ob wir es hier mit einem Finanzkollegium oder mit einer Reihe von Einzelbeamten zu tun haben“ (S. 21). Für eine Ansicht, die betont, daß „eine Hauptmaßregel maximilianischer Verwaltungspolitik“ bestehe in der „Ersetzung des führenden Einzelbeamten durch ein verwaltendes und abrechnendes Kollegium“ [1], ist es freilich unbequem sich einzugestehen, daß Maximilian in diesem Fall gerade umgekehrt das Kollegium durch einen Einzelbeamten ersetzt hat (vgl. oben S. 47, 57, unten S. 189 f.).

Soll die Annahme einer bewußten Rezeption in großem Stil richtig sein, so müssen zahlreiche ausdrückliche Erwähnungen in Briefen und den Ordonnanzen sich finden.

Darum spielt der von Adler S. 509 f mitgeteilte und S. 79 f besprochene Entwurf „niederländischen Ursprungs“ (so auch Fellner-Kretschmayr VI, 17) aus dem Jahr 1497 eine so große Rolle. Das Stück stammt aber zweifellos nicht aus Burgund, ist noch weniger von einem „höheren Finanzbeamten der Niederlande“ verfaßt worden (Adler 79) oder etwa gar als Übersetzung eines französisch geschriebenen Entwurfs anzusehen (Adler 509). In Burgund kannte man keine „Zahlkämmerer, Zahlschreiber, Kammerschreiber, Buchhalter“ und keinen „Untermarschall“. Auch konnte kein wohl Orientierter die Chambre des Comptes zu „Rûssel“ (d. h. Lille), die mit Einnahme und Ausgabe nicht das geringste zu tun hatte, „Schatzkammer“ anstatt „Rechenkammer“ oder „Raitkammer“ nennen; so weit ging die Unsicherheit der Begriffe nie. Eine „argentier camer an herzog Philipen hof“ aber war dort selbst unbekannt. Der Ausdruck bezeichnet offenbar die burgundische verwaltende Finanzbehörde. Ihr soll eine Behörde am Hof Maximilians entsprechen, die besteht aus 3 „Argentiern“ (so Absatz 4, 7, auch in der Überschrift), auch genannt mit einer damals beliebten Doppelbezeichnung: „tresoriermaister und argentiermaister“ (Absatz 1), „des hofs tresorier und argentier“ (Absatz 2) [2]. Sie

[1] Adler 333. Dieselbe Formel übernommen von Luschin v. Ebengreuth, Österreichische Reichsgeschichte 269.

[2] In Absatz 6 liegt offenbar ein Versehen Adlers vor. Es muß heißen: „Item die kunigliche majestaet verordent noch vier die uber seiner kuniglichen majestaet vier schatz und argentier [camern] kumen“.

entsprechen den burgundischen „Commis", die auch „Trésoriers" heißen (oben S. 53, 57). Da der burgundische „Argentier" damals als Garde des joyaux in der Reihe der niederen Hofbeamten stand (oben S. 54), so konnte der Name in Burgund nicht einmal gelegentlich für die „Commis" gebraucht werden. Auch am Hof Maximilians bezeichnet in dieser Zeit der Titel „governator de l'argento" nur den Verwahrer der Kostbarkeiten[1]. Wir haben also ein typisches Beispiel für eine damals verbreitete Neigung zu Fremdworten vor uns, die in freiester Weise zwar auch nach dem Französischen, vermutlich aber überwiegend nach dem Lateinischen gebildet werden[2]. Die „strenge, geradezu schematische Zentralisation" in unserm Entwurf endlich ist nicht weniger der burgundischen als „der überkommenen deutschen Entwicklung fremd"; sie ist original maximilianisch. Mit diesem Hauptbeweis der These ist es also nichts; vor allem ist demnach die „hiesige" Schatzkammer, deren Artikel in die Ordnung der Hofkammer eingefügt werden sollen, nicht eine burgundische (woran mag Adler denken, an die Liller, oder etwa die Brüsseler Chambre des Comptes, oder die Finanzbehörde am burgundischen Hof?), sondern offenbar die Innsbrucker Schatzkammer, die eine lange Tradition und Erfahrung hinter sich hatte.

Neuerdings hat Pirenne (III, 173 Anm. 1) unter Verweisung auf Adler und Rosenthal und zur Stütze ihrer These einen Brief Maximilians an Margarete vom 5. April 1510 angezogen, aber zu viel hineingelegt. Maximilian schreibt: Weil wir uns später des jungen Jean Pedinger, der bisher in unsrer Kapelle beschäftigt war, „en fait de comptes" bedienen wollen, und weil wir wünschen, daß er die französische Sprache lerne, aus diesen Gründen schicken wir ihn zu euch und fordern euch auf, ihn in unsrer Chambre des Comptes zu Lille unterhalten zu lassen und denen unsrer Rechenkammer aufzutragen, „qu'ilz luy facent aprendre ledit langaige walon et aussi l'art et pratique de comptes" (Le Glay, Corr. I 253). Da ist das Erlernen der Technik der Comptes jedenfalls nicht die Hauptsache. Am wenigsten wird der „jeune filz" ausgeschickt, um

[1] Siehe Sanuto I, 306 in einem Verzeichnis der Begleiter Maximilians von September 1496. Dies und die Erwähnung der „hiesigen Schatzkammer" beweisen, daß der Entwurf auch nicht am Hofe Maximilians verfaßt worden ist.

[2] Vgl. unten S. 181 f. zu den Worten „Schatzmeister-General" und „Superintendent". Es ist immerhin möglich, daß in unserem Fall eine dunkle Erinnerung an die gelegentlich größere Bedeutung des burgundischen Argentier (oben S. 54) mitspielt.

die österreichischen Einrichtungen nach burgundischem Muster zu reformieren. Er soll in Lille, anstatt etwa in Innsbruck, seine Lehrzeit durchmachen, weil er vor allen Dingen französisch lernen soll. Ich komme unten Seite 178 und Seite 186 auf diese in der Tat interessante Nachricht zurück.

Allenfalls könnte man in diesem Zusammenhang den Plan einer Ausdehnung des burgundischen Hausordens auf Österreich (oben S. 60 f.) anführen. Aber das ist durchaus ein Ausnahmefall ohne typische Bedeutung. Burgund hatte nicht zum geringsten durch die unerhörte Prachtentfaltung auf den Ordensfesten das bewundernde Staunen Europas erregt; in diesen Dingen war seine Überlegenheit anerkannt, und wenn jemand, so hatte Maximilian ein Verständnis für die glänzende und wieder fein-symbolische Romantik, die in diesen Orden blühte.

Nötigt dies Fehlen jeder positiven Erwähnung [1] unter allen Umständen zu einer erheblichen Einschränkung der These, so kommt hinzu, daß unter Maximilian umgekehrt einzelne Übertragungen von österreichischen Verwaltungsinstitutionen in das Nebenland Burgund sich nachweisen lassen.

Freilich kommt hier gerade nicht in Betracht die seltsame „Rechnungslegung burgundischer Schatzmeister in Innsbruck“, die bei Rosenthal 198 Anm. 1 geradezu als Tendenz Maximilians gedeutet wird, „die Innsbrucker Kammer zu einer allgemeinen Zentral-Revisionsstelle zu gestalten“. Werunsky macht daraus gar, der Innsbrucker Kammer sei „die Zentralverwaltung des gesamten Kammergutes . . auch in den burgundischen Landen übertragen“ worden [2]. Irrig ist aber auch Adlers vorsichtigere Bemerkung, es sei „Tatsache, daß die Innsbrucker Rechenkammer ihre ausgedehnten Befugnisse zu Zeiten auch auf die Niederlande ausdehnt, daß ein burgundischer Schatzmeister ihr beigeordnet wird, und niederländische Finanzbeamte zu Innsbruck Rechnung legen“ (S. 23, 425 f). Denn der „burgundische Schatzmeister“ (Jean Bontemps; er legt 1505 Rechnung) gehört nicht der burgundischen Verwaltungsorganisation an, sondern ist Erheber der burgundischen Einkünfte Maximilians. So hat etwa Margarete einen spanischen Schatzmeister für Erhebung und Verwaltung ihrer Witwenrente. Auch der Titel des 1510 zur Rechenschaftsablegung nach Innsbruck

[1] Dagegen haben wir ein ausdrückliches Zeugnis für venetianische Einflüsse (Adler 152 Anm. 2).

[2] E. Werunsky, Österreichische Reichs- und Rechtsgeschichte, S. 102 (Zweite Lieferung, Wien 1896).

geforderten Philippe de Chassey („Schoße"), „Rentmeister-General von Burgund" (Adler 426), wird falsch verstanden. Er war „Thesaurier zu Tola (Dôle) und Rentmeistergeneral in der Grafschaft Burgund" (Adler 426, Anm. 1). Beamte der Franche-Comté hatten gelegentlich direkt mit Maximilian zu tun, weil Margarete gewisse Einkünfte aus dieser Landschaft, ihrem persönlichen Besitztum, dem Vater überlassen hatte. In unserm Fall handelt es sich dazu um ein Disziplinarverfahren gegen Chassey [1]. Sowohl 1505 als auch 1510 mußte die Innsbrucker Kammer einige Beamte, die der französischen Sprache mächtig und mit den Besonderheiten des burgundischen Rechnungswesens vertraut waren, hinzuziehen (Adler 425, Anm. 2; 426, Anm. 1). Aus solchen Bedürfnissen heraus ist Jean Pedinger in die Niederlande geschickt worden.

Eine Übertragung österreichischer Einrichtungen nach Burgund liegt aber vor bei der Regenterie und dem Gerichtsrat von 1493 (oben S. 19 f.) und vielleicht bei dem Amt des „Contrôleur général des pays et finances (oben S. 62 Anm. 2). Ausdrücklich als Absicht des Kaisers bezeugt ist sie in dem 1508 erwogenen Plan, in Burgund eine Behörde nach Art der österreichischen und tirolischen Regimente einzusetzen (oben S. 93).

In dem letzten Fall haben wir es freilich weniger mit einer österreichischen Einrichtung zu tun als mit einer bei Maximilian persönlich beliebten Behördenform, die er in Österreich wie in Burgund immer wieder einzuführen sucht. Wir lernten die lange Reihe der in Burgund fremden Gebilde kennen: Das „Conseil des finances" von 1487 (oben S. 53 ff.), die „Regenterie" und den Gerichtsrat von 1493 (S. 19 f.), das „Conseil des maîtres des requêtes" von 1510 (S. 96 f.), das „Conseil des finances" von 1510 (S. 63 f.), das „Conseil de la guerre" von 1514 (S. 99 f.). Wenn so Maximilian die burgundischen Verwaltungseinrichtungen unausgesetzt umzugestalten sucht, so ist positiv erwiesen, daß er sie nicht als durchaus überlegen empfunden hat. Darauf aber kommt für unsre These mehr an als auf die heute noch nicht auszumachende Frage nach dem objektiven Wertverhältnis zwischen der Verwaltungsorganisation Tirols und der Frankreichs, das eben erst von den Zerrüttungen des hundertjährigen Krieges sich zu erholen begann.

Von einer so bedenklich fundierten Hypothese muß man zum mindesten eine klare und präzise Fragestellung verlangen. Anstatt dessen bewegen sich die Bemerkungen in einem unbestimmten

[1] Siehe den gleichzeitigen Brief Maximilians bei Le Glay, Corr. I, 328, und GGA. 1908, S. 282.

Schweben zwischen der Behauptung einer allgemeinen Anregung sowie der Herübernahme französisierender Ausdrücke einerseits, und einer Rezeption des französisch-burgundischen Verwaltungsorganismus in Bausch und Bogen andrerseits. Es ist zwecklos, die überall ohne Begründung auftretenden verschiedenen Nuancen aufzuführen. Ich hebe zunächst die Verwaltungsgebiete heraus, die von der Frage nicht ernstlich betroffen werden.

Zuerst die Organisation der Hofhaltung. Adler datiert (S. 109, Anm. 1, vgl. Rosenthal 66, Anm. 4), ohne eine Begründung zu versuchen, entgegen der Ansicht von Meillers (siehe oben S. 168) einen burgundischen Einfluß schon aus der Zeit Maximilians. Daß sich 2 burgundische Hofstaatsverzeichnisse im Wiener Staatsarchiv finden, ist bei der Stellung Maximilians seinem Sohn und Enkel gegenüber (oben S. 3) kein Beweis (so Fellner-Kretschmayer VI. 100, Anm. 1). Dagegen hat von Meiller für eine Übertragung burgundischer Hofstaatseinrichtungen unter Ferdinand I. beachtenswerte Argumente vorgebracht (S. 24). Der Fremde Ferdinand brachte eben seinen Hofstaat (freilich keinen Verwaltungsorganismus) mit. Wie sehr aber Vorsicht geboten ist, zeigt folgendes. Man legt großes Gewicht auf den Vergleich des österreichischen „Obersten Hofmeisters“ mit dem burgundischen „Grand maître d'hôtel“, und in der Tat übersetzte man damals eins mit dem andern. Sachlich aber war es vielmehr der burgundische Premier Chambellan, dessen überragende Stellung der des Hofmeisters entsprach (siehe oben S. 141). Behielt nun das Hofmeisteramt in Österreich auch im 16. Jahrhundert und später seine leitende Stellung[1], obwohl es in den ersten Jahren Ferdinands I. von dem burgundischen Amt des Grand maître d'hôtel einen neuen Ausgang genommen hatte, so sieht man, daß das burgundische Amt sich in Österreich nach den österreichischen Traditionen wandelte. Der Gegensatz beider Reihen kam 1561 bei Verhandlungen wegen Übernahme des Oberstkämmerer-Amtes zur Sprache. Maximilian II. machte die Bedingung, daß es dem Obersthofmeister-Amt nachzustehen habe, wogegen der Kandidat an die burgundische Tradition unter Karl V. erinnerte, nach der, wie er meinte, beide Ämter in gleichen Würden gehalten worden seien (von Meiller 24).

Was die Kanzlei betrifft, so wäre vielmehr von einer Übertragung österreichischer Gebräuche nach Burgund zu reden (oben S. 20). Völlig fehlgegriffen ist es, wenn Rosenthal (S. 83, Anm. 1)

[1] Mehrfach in den Urkunden bei Fellner-Kretschmayr VI.

den geheimen Rat Ferdinands mit dem niederländischen Conseil d'État in Verbindung bringen will (siehe oben S. 119 f.). Die Organisation des Hofrates unter Maximilian I. betrachtet Rosenthal selbst „nicht sowohl als eine Neuschöpfung, denn als eine Zusammenfassung der vorhandenen Kräfte" (S. 57).

Die kollegialen Regimente endlich sind in Deutschland und Österreich im 15. Jahrhundert sehr gebräuchlich gewesen (siehe v. Wretschko, auch Adler 485). Auch wäre schwer zu sagen, welcher burgundischen Behörde sie nachgebildet sein sollten. Die Provinzialgerichtshöfe kommen nicht in Betracht. Das burgundische Grand Conseil kann nur in Parallele zum Gerichtsrat am deutschen Königshof gestellt werden; wie 1495 das Reichskammergericht, so wird 1504 in Burgund das Grand Conseil als Zentralgerichtshof verselbständigt (oben S. 22). Nur von dem vertrauten Rat in Burgund dürfte man eine Linie zu den Regimenten ziehen wollen, wie denn in der „Regenterie" von 1493 die Briefe ausgehen mit der Unterschrift: „per dominum archiducem per se ipsum" (oben S. 20). Der sich bildende burgundische vertraute Rat mit seinen noch völlig freien Formen kann aber natürlich nicht das Vorbild der kollegial organisierten und mit ganz bestimmten Befugnissen ausgestatteten maximilianischen Regimente sein.

Es bleibt also nur das freilich weite Gebiet der Finanzverwaltung, auf das auch Adler und Rosenthal alles Gewicht legen. Diese starke Einschränkung der These ist besonders zu betonen. Zunächst sind die angeblich französischen Amtsnamen, die in den Argumentationen eine so große Rolle spielen, herauszuheben.

Von dem Namen „Schatzmeister-General", der so überzeugend französisch klang, ist die Rezeptionstheorie ausgegangen [1]. Nur wird leider Simon von Hungersbach in seiner Ernennungsurkunde [2] von 1491 garnicht so genannt, sondern zweimal „Generalschatzmeister" und fünfmal „Schatzmeister". Kommt einmal die verdächtige Form vor [3], so steht in demselben Dokument daneben wieder einfach der Titel „Schatzmeister". In den Ordonnanzen von 1498 aber wird fast regelmäßig die Bezeichnung „obrister Schatzmeister" gebraucht. Da nun überhaupt am Hof Maximilians die Amtstitel sehr schwankend sind (oben S. 81 Anm. 4), so hat eine

---

[1] Bidermann (siehe oben S. 168), Loening 40 Anm. 2, Adler 23, Rosenthal 106 f.

[2] Fellner-Kretschmayr VI, 1 f. = Adler 507—509. Vgl. Adler 72, 182 f., 333 f.

[3] Z. B. 1497, Fellner-Kretschmayr VI, 3.

gelegentlich neben andern Benennungen auftauchende französisierende Bezeichnung an sich nur sprachgeschichtliches Interesse. Weshalb übrigens nur an das Französische gedacht wird, und nicht vielmehr an das Lateinische, das noch Umgangssprache war, etwa speziell an den „Thesaurarius generalis“ der römischen Kurie (Bangen 354 ff), ist nicht einzusehen. Sachlich aber kann es sich 1491 garnicht um eine Entlehnung aus Burgund handeln. Damals lag die Leitung der burgundischen Finanzverwaltung in den Händen von 4 Trésoriers, die mit einigen hohen Herren zusammen als „Commis sur le fait des domaine et finances“ bezeichnet werden (oben S. 57). Wenn dann Maximilian 1491 einen Generalschatzmeister ernennt, dem 1492 ein „oberster Aufseher und Gegenschreiber“ zugeordnet wird (Adler 75, 183, 198), so haben wir anstatt einer Rezeption vielmehr die denkbar größte Abweichung, die innerhalb des durch den gleichen Verwaltungszweig gegebenen gemeinsamen Rahmens möglich war. Ein verzweifelter Rettungsversuch des Argumentes ist es, wenn man den Namen vielmehr von „Receveur général“ anstatt von „Trésorier général“ ableitet[1]. Da es bei Rosenthal (S. 107) Axiom ist, daß der Titel „offenbar“ auf das burgundische „Vorbild“ hinweise, so bemerkt er garnicht, wie sehr seine eigne Anmerkung dem widerspricht: „Ein Beamter mit diesem Titel war dort nicht bekannt, aber es gab einen Receveur général des finances und trésoriers. Dagegen hatte die französische Chambre des Comptes trois généraux trésoriers de France, eine Amtsbezeichnung, welche der österreichischen entspricht“. Was soll man zu dem Durcheinanderwerfen von Chambre des Comptes (Kontrollbehörde), généraux (verwaltende und rechtsprechende Behörde für die Finances extraordinaires) und trésoriers (verwaltende und rechtsprechende Behörde für die Finances ordinaires) sagen (siehe oben S. 44 f.)? Freilich, wenn ohne Wahl Parallelen aus langen, komplizierten Entwicklungen zusammengestellt werden, mag man schließlich jede Kombination dieser noch unsicher schwankenden Bezeichnungen belegen können. Und da die Auswahl zwischen den möglichen Grundformen nicht groß ist, muß sich gelegentlich Analoges finden. So gab es z. B. 1440 für kurze Zeit in Burgund neben dem Trésorier gouverneur général und dem Receveur général einen Contrôleur des finances (Lameere 66, oben S. 49 f.), was der maximilianischen Organisation 1491/92 einigermaßen entspricht. —

[1] Bachmann, Neue Jahrbücher für das klassische Altertum etc. III, 1900, S. 378 f. Der Unterschied von „Schatzmeister“ und „Einnehmer“ war dem deutschen Sprachgebrauch bekannt.

Ein weit stärkeres Argument für eine Rezeptionstheorie wäre die in diesem Zusammenhang bisher nicht beachtete Stellung des „Generalschatzmeisters“ oder „Schatzmeister-Generals“ Villinger in den letzten Regierungsjahren Maximilians. Davon ist unten zu handeln.

Als weitere Hauptstütze für unsre These gilt die Bezeichnung „Superintendent“ (Adler 79, 83, 363 Anm. 1, Rosenthal 114 Anm. 1). Wenn Adler einmal vorsichtiger ist (S. 208 Anm. 1), tadelt ihn von Below (Hist. Ztft. 57, S. 286), er lasse die burgundischen Verhältnisse so sehr außer Acht, „daß er es vorzieht, auf die Erklärung eines unzweifelhaft aus Burgund entlehnten Amtes lieber zu verzichten, statt jene zur Erklärung heranzuziehen“. Nun finde ich aber den Titel in Burgund zum erstenmal in der Ordonnanz Maximilians von 1493 in vlämischer Sprache (oben S. 57), dann erst wieder 1517 und 1523 in völlig andrer Bedeutung (oben S. 116, 149, 41). Sicher ist er also nicht Terminus technicus. Daß er dies bis tief ins 16. Jahrhundert hinein auch in Frankreich nicht war, hat Boislisle schon 1881 nachgewiesen[1]; der Ausdruck wird hie und da als Nebenbezeichnung für die généraux und trésoriers gebraucht. Wenn es in Maximilians Hofkammerordnung von 1498 von zweien der Statthalter heißt, sie sollen „Superintendenten unsers innemen und ausgeben“ sein (Fellner-Kretschmayr VI, 18, 26), so sieht man deutlich: ihr Titel ist „Statthalter“, ihre Tätigkeit ist ein „superintendere“. Der Ausdruck ist so sehr Qualitätsbezeichnung und nicht Terminus technicus, daß er fast nur neben einem andern Titel erscheint, wie in Burgund 1493 (vgl. oben), in dem Entwurf von 1497 (4 „Aufseher und Superintendenten“, Adler 510), in den Ordnungen von 1498 („Superintendenten und Landräte“, Fellner-Kretschmayr VI, 5, 32, Adler 208 Anm. 1), auch unter Ferdinand 1525 („oberster Schatzmeister und Superintendent“, Rosenthal 126 Anm. 4). Handelt es sich danach auch hier weder um Entlehnung eines bestimmten Titels noch eines bestimmten Amtes, so ist auch dieser Ausdruck nicht ohne weiteres französischen Ursprungs. Sonst müßte wohl gar die Frage gestellt werden, ob der evangelische Superintendent in Pommern 1525 direkt aus Frankreich oder über Mecheln-Innsbruck gekommen ist. Der schon bei Augustin vorkommende Ausdruck wurde von der späteren Scholastik für die

[1] A. de Boislisle, Semblançay et la surintendance des finances, Annuaire-Bulletin de la société de l'histoire de France, 1881, S. 225—274, siehe besonders S. 225, auch Anm. 2; 231, auch Anm. 3.

Bischöfe, sofern sie Regierer sind, gebraucht[1]. Wir haben es also einfach mit einem weit verbreiteten Fremdwort allgemeiner Bedeutung zu tun.

Besonders lehrreich sind die Fälle, in denen die französischen Bezeichnungen in einem anderen als dem in Burgund üblichen Sinne angewandt werden. Von dem „Argentier" wurde oben S. 175 f. gesprochen. Gelegentlich wird von einem Finanzbeamten gesagt, er sei früher „Griffier" eines bestimmten Schatzmeisters gewesen (Adler 235, Anm. 1). Es würde aber ein solcher Beamter in Burgund vielmehr „Clerc" heißen müssen (vgl. oben S. 80 Anm. 3). Der dem Greffier, d. h. dem Sekretär für die internen Angelegenheiten des Rates (siehe oben S. 54) entsprechende Beamte wird in den Ordnungen Maximilians 1498 „Ratssekretär" genannt (Fellner-Kretschmayr VI, 11—16, Anm.), und für die Finanzbehörde „Kammerschreiber" oder „Kammersekretär". Zweimal freilich haben wir dafür den Ausdruck „Finanzsekretär" (Fellner-Kretschmayr VI, 35, Adler 509). Besondere Finanzsekretäre, neben denen überdies der „Greffier des finances" steht, gab es aber in Burgund nur unter der Einwirkung Maximilians (siehe Beilage 1, Art. 2). Etwas anderes noch ist das Amt des „Audiencier et premier secrétaire seul signant en finances" (siehe oben S. 154f.).

In einem einzigen der bisher in der Literatur aufgeführten Fälle haben wir wenigstens eine wirkliche Parallele. Es handelt sich um den Pfennigmeister und den ihm beigeordneten „Controlor"[2], entsprechend dem französischen und burgundischen „Maître de la chambre aux deniers" und „Contrôleur de la dépense ordinaire de l'hôtel" (siehe oben S. 74). Freilich pflegt der Ausdruck „Contrôleur" überall an den verschiedensten Stellen im Verwaltungsorganismus aufzutreten (siehe auch Viollet III, 384), ist also kein terminus technicus, sondern eine Qualitätsbezeichnung; und wenn wir z. B. in England dieselben Beamten finden (Treasurer of the Household und Comptroller of the Household), so ist mit der Wahrscheinlichkeit zu rechnen, daß diese Organisation einfach im Wesen der mittelalterlichen Hofhaltung gegeben war. Ich komme aber auf diese Parallele zurück (S. 188, auch Anm. 1).

Die als Stütze für unsere Theorie vorgebrachten Namen für Behörden können kurz erledigt werden. Daß ausnahmsweise ein-

---

[1] Nobbe, in der Zeitschrift für Kirchengeschichte XIV, 404.

[2] Adler 109, auch Anm. 1, Rosenthal 125 Anm. 2. Die Instruktion für den „Controlor" von 1502 (Fellner-Kretschmayr VI, 24 Anm. 1) zeigt freilich große Abweichungen in den Befugnissen.

mal die nichtssagende Bezeichnung „großer Hofrat“ vorkommt (Adler 55), für die auch in England und zahllosen Stadtverfassungen Analogien sich finden, ist ebenso beweisunkräftig, wie wenn „gelegentlich“ (so sagt Adler 112 selbst) die Benennung „Finanzkammer“ neben der weit überwiegenden „Hofkammer“ erscheint. Nach Loening (S. 40, Anm. 2) weist der Name „Raitkammer“ auf das Vorbild der Chambre des Comptes hin. Der Ausdruck „raiten“ in finanztechnischem Sinne ist aber schon mittelhochdeutsch bezeugt, und das Wort „Kammer“ war in der Verwaltung, besonders in Verbindung mit den Finanzen, schon lange gebräuchlich. Nach Adler S. 192 soll auch für die Namen „Schatzkammer“ und „Rechenkammer“ der „burgundische Ursprung außer Zweifel“ stehen. Damit sind so ziemlich die Möglichkeiten von Kombinationen gut deutscher Bezeichnungen erschöpft.

Ich gehe auf die sachlichen Vergleiche ein. Am meisten ist die Abhängigkeit der österreichischen Raitkammern von den burgundischen Chambres des Comptes behauptet worden. Man beachte aber den ausgesprochenen Gegensatz schon in den allgemeinen Umrissen der Behörden. Unter den damaligen Großstaaten vertritt Österreich das Extrem auf der einen Seite, die Vermischung von Finanzverwaltung und -Kontrolle [1], ja von Finanzen und Regierung [2],

---

[1] So die oberösterreichische Kammer von 1491 (Adler 332 f., Text 506 f.), die von 1496/97 (Adler 349 f.; der Text ist von Fellner-Kretschmayr nicht wieder aufgefunden worden, vgl. VI, 2 f.), die von 1498 (Adler 362—365, Text bei Fellner-Kretschmayr VI, 27—48, und Adler 515—534), und so während der ganzen Regierung Maximilians (Adler 416 ff., vgl. besonders 418) und zur Zeit Ferdinands I. (Rosenthal 182, 200, besonders 186 und das „natürlich“ S. 179; Text der Kammerordnung von 1536 bei Rosenthal 291—315). In Niederösterreich scheint eine Trennung von Verwaltung und Kontrolle kurze Zeit bestanden zu haben (Adler 220 f., 228, 235—237) — bei all den Experimenten Maximilians das einzige Beispiel! — aber jedenfalls kümmerlich genug und (trotz Adler 393) kaum länger als 1—2 Jahre (Adler 242, auch Anm. 1, 302, 304, 419 ff., Rosenthal 174 f.). Die erst unter Ferdinand 1522 wieder aufgerichtete Raitkammer ist ebenso wie ihre Nachfolgerinnen von 1527 und 1539 „zugleich Finanzausführungs- und Revisions-Organ“ (Rosenthal 176 f.); nicht anders die böhmische und die ungarische Kammer (Rosenthal 177, Text der böhmischen von 1527 bei Rosenthal 281—291). Ja auch die Hofkammer von 1498 (Text bei Fellner-Kretschmayr VI, 17—26, vgl. Adler 509—511) hat während der kurzen Zeit ihrer Existenz einen sehr erheblichen Teil der Kontrolle zurückbehalten (Adler 82 f., 86 f., 365 f., 370 f.). Mehr noch ist mit der Kontrolle beschäftigt ihre erste Nachfolgerin als Kollegialbehörde, die Hofkammer von 1537 (Text bei Fellner-Kretschmayr VI, 247 bis 271 und Rosenthal 232—259).

[2] Ansätze zu einer Trennung machen die Reformen von 1496—1498 (für

dagegen Burgund das andere, die Beschränkung auf die Kontrolle (und die damit unmittelbar zusammenhängende Gerichtsbarkeit), weil nur hier die der zentralen Finanzverwaltung dienende Kontrollbehörde, die Liller Chambre des Comptes, sich fern vom Hof befindet (siehe oben S. 43 f.). Kontrastieren nun mit dieser vollständigen Abweichung der gleichzeitigen Organisationen die von Adler und Rosenthal zusammengestellten zutreffenden Parallelen zwischen den österreichischen Regimenten und Raitkammern um die Wende des 15. Jahrhundert einerseits, und andererseits dem englischen Exchequer des 12.[1], dem französischen Hofrat des ausgehenden 13. und beginnenden 14.[2], den burgundischen Provinzialräten des ausgehenden 14. und beginnenden 15. Jahrhunderts[3], so ist das ein positiver Beweis, daß wir es anstatt mit einer Rezeption vielmehr mit einem gleichartigen Wachsen an den verschiedensten Stellen zu tun haben[4]. Es ist überall die von dem Eingreifen des Fürsten im letzten Grunde unabhängige ganz allmähliche doppelte Auslösung, der Finanzen aus der Regierung, der Kontrolle aus der Finanzverwaltung, zeitlich durch Jahrhunderte getrennt, maßgebend allein die verwaltungsgeschichtliche Reife des Staates.

Was das Verfahren der Raitkammern betrifft, so hätte man sich durch ein einfaches Vergleichen der Instruktionen leicht von

die niederösterreichische Organisation in den Jahren vorher vgl. Adler 192, dagegen Fellner 263, auch Anm. 2). Wenn das aber nach wenigen Jahren sich wieder fast völlig verwischt, in Oberösterreich (Adler 335, 391, 401, 406, 412 f., 416 ff.), in Niederösterreich (Adler 227), und sogar am Hofe (Adler 154, 156), vgl. besonders das Innsbrucker Libell und seine Vorverhandlungen (Adler 458, 466—468, 471 f., 480 f., Rosenthal 63, 110—112), — so darf man wirklich nicht sagen, daß „die Lostrennung der Finanzen von der Gesamtverwaltung den Grundzug der maximilianischen Verwaltungspolitik“ bilde (Rosenthal 107 f.). Unter Ferdinand wird sogar wieder eine Instruktion gemeinsam für Regiment und Kammer in Niederösterreich erlassen (Rosenthal 180), und in Oberösterreich 1533 ausdrücklich „Kammer und Regierung in ein Wesen gezogen“ (so in der Ordnung von 1536, die gedruckt ist bei Rosenthal 291—315, S. 292), was 1536 bestätigt wird, nur daß die Kanzleien getrennt sein sollen (ib. 310 f.).

[1] Die Verweisungen auf Gneist 177—186, 228—234 sind häufig (Adler 85, 88 f., 192 f., Rosenthal 104, 108, 131 Anm. 3, 141 f., 195, 200 Anm. 3, 209). Es handelt sich aber dort um die „anglo-normannische Periode“ 1066—1272, vor allem um den „Dialogus de Scaccario“ von 1178 (oben S. 134).

[2] Adler 9, 88, 335, 417 Anm. 2, Rosenthal 107, 108, 131 Anm. 4, 142, 195 bis 197, 200 Anm. 3.

[3] Adler 16 f., Rosenthal 108; vgl. oben S. 9, 130.

[4] Rosenthal bemerkt das gelegentlich selbst (S. 108, 136 Anm. 2, 196 f.), ohne aber Konsequenzen daraus zu ziehen.

der Grundlosigkeit der These in dieser Beziehung überzeugen können[1]. Wenn daneben noch ein ausdrücklicher Beweis nötig ist, so liegt er vor in dem Protest der Innsbrucker Kammer gegen die Zumutung, die burgundischen Rechnungen zu prüfen, und speziell in einem Brief der Behörde an Maximilian vom 23. August 1510: „Die Rechnungen (des Philippe de Chassey) seien nicht nach der Kammerordnung verfaßt, daher sei es unmöglich, sie nach den Regeln derselben zu prüfen. . . Sollte der Kaiser dennoch an seinem Befehl festhalten, so sei nötig, Instruktionen über die burgundischen Hofgebräuche einzusenden.“ Adler selbst gibt (S. 426, Anm. 1) diese Analyse, die keines Kommentars bedarf.

Wie soll es dann aber erklärt werden, daß jemand wie Jean Pedinger (siehe oben S. 176 f.) auch in Lille anstatt in Innsbruck seine Lehrzeit „en fait de comptes“ durchmachen kann? — falls man nicht annehmen will, daß Pedinger nur für die aus Burgund kommenden Sachen verwandt werden sollte. Es gibt eben, wie weitere Vergleiche etwa mit dem englischen „Dialogus de Scaccario“ von 1178 (siehe oben S. 134) zeigen, eine allgemeine europäische „art et praticque de comptes“ schon seit Jahrhunderten. Hier liegt der zweite Grund, weshalb über unsere Frage noch nicht das letzte Wort gesprochen werden kann. Jede Rezeptionstheorie und jede Vergleichung steht auf sehr schwachen Füßen, so lange es noch nicht möglich ist, die von vornherein auf beiden Seiten gemeinsamen Formen und Entwicklungstendenzen als einigermassen fest bestimmte Größen in Rechnung zu ziehen.

Diese Fragen werden für uns brennend, wenn wir zu der Finanzverwaltung am Hof kommen. Die allgemeine Form der kollegialen Hofkammer freilich stimmt nur zu den in Burgund fremden von Maximilian 1487 und 1510 eingesetzten „Conseils des finances“ (oben S. 53 ff., 63 f.), so daß auch dieser Hauptbeweis sich gerade gegen die These richtet. In den Instruktionen der österreichischen Hofkammer aber finden sich Ähnlichkeiten und Parallelen zu den burgundischen Gebräuchen: Die Aussonderung einer bestimmten

[1] Eine Instruktion für die Liller Chambre des Comptes vom Ende des 14. Jahrhunderts, wohl sicher aber immer wiederholt und wesentlich so auch zur Zeit Maximilians in Geltung, bei Gachard, Inventaire I, 74—80; Bestimmungen für die Brüsseler und Liller Chambres des Comptes von 1463, 1540, 1541 ebenda S. 101—104, 137—141, Rec. des Ord. IV, 360 f. Französische Instruktionen von 1454 und 1511 bei Jacqueton 74—90, 153—169. Zum Vergleich die Ordnung der Innsbrucker Schatzkammer von 1498 (Fellner-Kretschmayr VI, 27—48, Adler 515—534), der böhmischen Raitkammer von 1527 (Rosenthal 281—291), der tirolischen von 1536 (Rosenthal 291—315).

Summe für den Hofhalt[1], die Form des Zahlungsbefehls[2]. Dazu kommt die Konstellation der Ämter besonders in den letzten Regierungsjahren Maximilians[3]: ein Schatzmeister, auch „Generalschatzmeister“ oder „Schatzmeister-General“ genannt[4], neben dem ein „Einnehmer“, 1518 auch als „Einnehmer-General“ bezeichnet[5], steht, entsprechend dem gleichzeitigen burgundischen „Trésorier général“ und „Receveur général“; und für die Ausgaben des Hofhaltes der Pfennigmeister mit dem Controlor. Unter allen Umständen aber ist beschränkend zu sagen, daß die Annahme einer Rezeption technischer Einzelheiten für jene Zeit bedenklich ist, so lange nicht wörtliche Anklänge in den Instruktionen nachgewiesen sind. Denn eine Rezeption wäre natürlich auf Grund von Kopien der Ordonnanzen erfolgt[6], und da die Reglements damals in der Regel lose aus lauter einzelnen Artikeln zusammengesetzt waren (oben S. 71, 106), so mußten mindestens Bruchstücke in der alten Form erhalten bleiben. Außerdem haben wir auch hier eine positive Erwähnung, daß die „ordnung unser niderburgundischen finanz“ von der österreichischen abweicht (Fellner-Kretschmayr VI, 64 f.). Dürfte man für jene Konstellation der Ämter eine burgundische Einwirkung annehmen, so müßte das Materiale der Rezeptionstheorie gerade umgekehrt werden: Nicht die kollegialen Behörden, sondern die als Rückschritt getadelten Einzelämter der letzten Regierungsjahre wären herübergenommen worden; der Kaiser hätte sich, nachdem alle eigenen Versuche mißlungen waren, zu den bewährten burgundischen Formen bekehrt[7].

Alle jene Parallelen aber stimmen nun sehr bedenklich darin

---

[1] Fellner-Kretschmayr VI, 23, vgl. oben S. 74.

[2] Fellner-Kretschmayr VI, 18 f., vgl. oben S. 75 f.

[3] Die Urkunden bei Fellner-Kretschmayr VI, 54–76. Vgl. Adler 146, 479.

[4] „Schatzmeistergeneral“ 4 mal (S. 59, 60, 74), „Generalschatzmeister“ 1 mal (S. 77), „Schatzmeister“ etwa 90 mal.

[5] Im Innsbrucker Libell, Fellner-Kretschmayr VI, 88 f.

[6] Vgl. den Bericht Guicciardinis über eine Rezeption burgundischer Finanzreglements bei „verschiedenen auswärtigen Fürsten“ nach Mitte des 16. Jahrhunderts (oben S. 71).

[7] Es ist um so mehr gerade auf diese Parallelen zu verweisen, da Adler (ebenso Rosenthal), wie Seeliger in seiner Rezension sagt, „eine scharfe Beleuchtung der einzelnen Hofchargen und ihrer veränderten Wirksamkeit entschieden vernachlässigt hat. Gerade die mit besonderen Verwaltungszweigen betrauten Beamten jedoch bildeten den alten festen Stamm, um den sich unter romanischer Einwirkung [?] zur Zeit Maximilians die kollegialen Regierungsorgane gruppierten“ (Deutsche Literaturzeitung VII, 1886, Sp. 634).

überein, daß es sich um lauter weit verbreitete Typen handelt, nirgends um eine charakteristische Form, wie etwa bei den von Karl dem Kühnen aus Frankreich herübergenommenen Behörden, dem Parlament, der Chambre du trésor und der Chambre des aides (oben S. 13f., 52). Die Grundform einer Trennung von Hof- und Staatsausgaben, die typische Verbindung, daß einem Kassenbeamten ein Contrôleur („Gegenschreiber") beigegeben ist[1], das z. B. auch in dem England des 12. Jahrhundert sich findende (Adler 85) mehrfache Signieren eines Zahlungsbefehls, weil nur so seinem Zweck, der Kontrolle, dienend, die Scheidung der Finanzverwaltung in ein ausführendes und anweisendes Organ[2] — das sind so natürlich gegebene und häufig wiederkehrende Formen, daß es gar nicht Wunder nimmt, wenn Maximilian, der im Laufe seiner Regierung ziemlich alle Möglichkeiten durchprobiert hat, hier gelegentlich für einige Jahre mit den burgundischen zusammentrifft. Man wird um so vorsichtiger sein, als daneben so fundamentale Unterschiede stehen wie die Verträge mit Gossembrot und die Einsetzung eines Extraordinari-Einnehmers 1502.

Ich muß mich mit diesen allgemeinen Erwägungen von Möglichkeiten begnügen. Meine Aufgabe kann nur sein, einerseits das bisher für die Rezeptionstheorie Vorgebrachte zu erledigen, damit Raum werde für ein Anfassen der Probleme von richtigeren Fragestellungen aus, andererseits besonders auf die bisher übersehenen Punkte aufmerksam zu machen, an denen eine neue Untersuchung einzusetzen haben würde. Ein Beginnen freilich mit der Erörterung einzelner Parallelen würde nur in unfruchtbare Subtilitäten führen. Ohne eine Kenntnis der vormaximilianischen Verwaltung Tirols und der Grundzüge der europäischen Entwicklung ist man der erdrückenden Fülle der oft seltsam verschiedenartigen und fortwährend wechselnden Formen der Einrichtungen Maximilians unbedingt nicht gewachsen.

Nehmen wir aber einmal an, es würde eine Reihe von solchen Übertragungen sich erweisen lassen, so wäre doch damit für unsere These wenig gewonnen. Die grundlegende Frage der Kontinuität wird allzu leicht genommen. Freilich bei den Landesbehörden haben wir eine Kontinuität, aber gerade da fehlen die Analogien. Bei

[1] Vgl. oben S. 183. Der „Controlor" war dazu sehr bald wieder verschwunden (Adler 137).

[2] Daß der Einnehmer freilich dem Schatzmeister durchaus untergeordnet ist, sogar von ihm ernannt wird (Fellner-Kretschmayr VI, 74—76), stellt eine sehr erhebliche Abweichung von dem burgundischen Brauch dar.

den Finanzorganen am Hof dagegen, wo Analogien gefunden werden können, fehlt jede Kontinuität. Daß Ferdinand I. auch hier an die Einrichtungen Maximilians wieder angeknüpft habe (Rosenthal 64f.), ist nicht erwiesen. Wenn apriori etwas als wahrscheinlich gesagt werden darf, so ist es dies, daß Ferdinands allmächtiger Minister in den ersten Jahren, der Spanier Salamanca, Haupt der Finanzen und der Kanzlei, also der gesamten geschäftlichen Tätigkeit, spanische Formen in Österreich eingeführt habe. Ferdinand selbst war bekanntlich in Spanien erzogen worden und kann von der burgundischen Verwaltungsorganisation überhaupt nicht allzu viel Kenntnis gehabt haben. Hat er später, als er 1527 und 1537 mit Neuordnungen beschäftigt war, wieder auf burgundische Formen zurückgegriffen, oder etwa auf die Gestalt, die sie unterdessen am Hof des Bruders angenommen hatten? Das liegt vorläufig alles durchaus auf dem Gebiet des Hypothetischen.

Was ist es nun, das einer These jahrzehntelang Kredit hat geben können, deren einzelne Elemente fast sämtlich auf Mißverständnissen ruhen, und die, auch an ihren stärksten Punkten sich unfähig zeigt, das ihr aufgelegte große Gewicht zu tragen? Es ist die Tatsache, daß die Zeit Maximilians auf dem Gebiet der Verwaltung einen ganz neuen Charakter zeigt, ein Drängen nach Anwendung neuer Formen, Organisationsversuche in großem Stil, wie sie bisher unerhört gewesen waren. Nun ist es aber keineswegs nötig, dafür nach direkten Einflüssen von außen zu suchen. Gerade was dem nicht allzu tief dringenden Blick sich besonders aufdrängt, ist anders begründet. Zunächst ist herauszuheben, was an den neuen Organisationen einfach maximilianisch ist[1]. Dazu gehört gleich die starke Vorliebe für die Kollegialität, denn das Schema, in dem Maximilian die Verwaltungsdinge sieht, ist das der Nebenordnung, der möglichst gleichmäßigen Einteilung. Es ist charakteristisch, daß bei all seinen vielgestaltigen Reformplänen von der Organisation eines geheimen Rates nicht die Rede ist, obwohl vor allen Dingen die Schaffung einer starken, geordnet tätigen Zentrale das Bedürfnis der Zeit war. Wir fanden in Burgund immer wieder eine ganz charakteristische Form. Die Gruppen der die Geschäfte führenden Beamten werden überbaut durch eine kollegiale Gruppe von Seigneurs; so bei dem Kriegsrat 1514 (oben S. 99f.), dem Conseil des maîtres des requêtes 1510 (oben S. 96f.),

---

[1] Daß man den persönlichen Anteil Maximilians unterschätzt, sagt auch Luschin, Österr. Reichsgesch. 265, freilich ohne eine Begründung zu geben.

so in den Conseils des finances 1487 (oben S. 53 ff.) und 1510 (oben S. 63 ff.). Diese schematische Kollegialität, die besonders in der Finanzverwaltung völliges Fiasko gemacht hat, in Burgund (oben S. 64 f.) wie am Hofe Maximilians [1], wird in Burgund an die Stelle von organisch gewachsenen Gebilden gesetzt, der aus drei Schichten bestehenden Finanzbehörde (oben S. 47 ff.), sowie des nicht eigentlich kollegial zu nennenden Hofrates (oben S. 108 f., 118 Anm. 1), der 1493 geteilt wird in die streng kollegiale „Regenterie" und den streng kollegialen Gerichtsrat (oben S. 19 f.). Dasselbe Prinzip erscheint sogar im Kabinett, das die drei Häupter der verschiedenen politischen Strebungen der Niederlande zusammenbringt (oben S. 95).

Die Betonung der Kollegialität ist nur eine Erscheinungsform für die schematische Systematik, von der die ganze Organisationstätigkeit Maximilians beherrscht ist. Adler selbst redet von der „schematischen Zentralisation" in dem Entwurf von 1497 (oben S. 61, 176), von dem „Systematisieren" in der Buchhaltungsordnung von 1515, die plötzlich nicht weniger als 14 verschiedene Register einführen will (Adler 152), von dem „fast schematischen Aufbau" der niederösterreichischen Verwaltungsreform von 1501, die das Land mit sechs nebeneinander stehenden Kollegialbehörden beglücken wollte (Adler 223). Die Verteilungsmethoden bei den in Burgund versuchten Systemen von 1493 (oben S. 57 f.) und 1510 (oben S. 97 ff.) gehören ebenfalls hierher, auch etwa die merkwürdige Zusammensetzung einer Kommission für Erledigung eines Prozesses (oben S. 37, Anm. 1). Dasselbe in größerem Stil ist der zweimal auftretende Doppelplan einer Verschmelzung aller habsburgischen Lande und einer einheitlichen Behördenorganisation für alle Gebietsteile (oben S. 60 f., 93), und in größtem Stil der Traum, die weltliche und die geistliche Gewalt über die Christenheit in seiner Person zusammenzufassen. Wer sollte kein Verständnis haben für diese innere Nötigung, die Dinge von oben zu fassen und im Geist zu zwingen, die Vorbedingung für alle Größe des Schaffenden. Darum darf man aber doch einen Organisator nicht rühmen, dem das historisch Gegebene nicht mehr Grundlage seiner Reformen bleibt, dessen geniale Einfälle beobachtend die Wirklichkeit und schaffend die Möglichkeit zu vergewaltigen unternehmen, in dessen Konzeptionen nicht allzu selten eine leere Spielerei (vgl. oben S. 98 f.) ein mitbestimmendes Element ist.

---

[1] 1518 vertritt er den Forderungen der Stände gegenüber entschieden seine bureaumäßige Finanzorganisation, die sich bewährt habe (Adler 154, 458, 466 f., 470, 479, Rosenthal 110—112, 125).

Im letzten Grunde steht hinter dem allen eine große europäische Bewegung. Nur, daß der Reformtrieb der Zeit in Maximilian ein besonders wohl disponiertes Medium fand, und der plötzlich außerordentlich angewachsene österreichische Staat mit einem starken Bedürfnis nach neuen Organisationen entgegenkam[1]. Die Träger jener Bewegung, so weit die Verwaltung in Frage kommt, die internationalen Juristen, kannten die Verwaltungseinrichtungen fremder Staaten, und diese Kenntnis hatte ihnen eine höchst praktische Bedeutung. Nicht nur werden einzelne Elemente der Verwaltung verglichen und herübergenommen[2]; man rechnet mit einer europäischen allgemeinen Meinung in diesen Dingen[3]; vor allem bei Amtsbefugnissen richten sich die Ansprüche und dadurch die Organisationen nach dem allgemeinen europäischen Gebrauch[4]; für Neuorganisationen gilt als schwerwiegendes Argument, ob Gleiches sich in anderen Staaten findet oder nicht[5]. Die

---

[1] Das wird betont bei Huber-Dopsch, Österr. Reichsgesch.[2] 87 f. Werunsky erinnert S. 91 an die „Zunahme der Intensität der Verwaltung und des schriftlichen Geschäftsganges in der zweiten Hälfte des 15. Jahrhunderts".

[2] Gattinara setzt in die Kanzleiordnung 1522 eine Bestimmung über Registerführung „more hispanico" (Aud. 789 fol. 558). Obernburger mahnt Karl V. mit dem Argument „more praedecessorum principum" (oben S. 113 Anm. 1).

[3] Maximilian tritt 1518 den Ständen, die eine zweite Raitkammer fordern, entgegen mit dem Argument, es sei „schimpflich, über die kaiserlichen Lande mehr als Eine Raitkammer aufzustellen, da es viel grössere Königreiche mit grösserem Einkommen gebe, die doch nur Eine Raitkammer haben" (Adler 468). Und 1512 beschwert er sich Margarete gegenüber, die eigenmächtig einen État für den Hofhalt Karls publiziert hatte (oben S. 98 Anm. 1), das gereiche zu seiner großen Unehre und Schande, da es in allen Königreichen der Christenheit bekannt geworden sei (P. 7).

[4] Gattinara beklagt sich 1522 Karl V. gegenüber: „Pour estre le plus grand chancelier et avec plus grande charge qui fut jamays, je me treuve en moindre auctorité non seullement de celle que ont les chanceliers de France et Angleterre, mays assez moindre que celle que souloient avoir vos chanceliers de Bourgongne" (Claretta, Notice 312). In dem Memoire an Margarete verteidigt er sich gegen einen Vorwurf mit dem Argument: „C'est une chose toute ordinaire en toutz lieux du monde, que les greffiers et secrétaires ont accoustumé despecher d'eulx mesmes, sans en parler en conseil" (ib. 264).

[5] In dem Memoire von 1482 (oben S. 17 f.) wird die Forderung, die Geistlichen aus dem Verwaltungsorganismus zu entfernen, widerlegt zuerst nach der Schrift, dann nach den Vätern bis Thomas, dann aus dem Brauch des hl. Reiches, dann der „grande monarchie de France", Kastiliens, Aragons, Portugals, Englands, Flanderns, endlich der Herzöge von Burgund (CRH. 4, XVII, 472 ff.).

notwendige Folge ist ein allmählicher Ausgleich der Verwaltungseinrichtungen in den europäischen Staaten.

Vergegenwärtigt man sich die Tragweite dieser Tatsachen, so wird man das ganze Anschauungsbild, nach dem die Verwaltungsorganisation noch um die Wende des 15. Jahrhunderts einen Wanderzug im Zickzack angetreten haben soll, mit größter Vorsicht aufnehmen und jedenfalls als etwas Sekundäres neben dem Primären jener allgemeinen Durchdringung betrachten.

Beilagen.

1. Ordnung Maximilians für die Finanzen[1], Brügge, 26. Dezember 1487.

Brüsseler Staatsarchiv, Fonds der Chambre des Comptes, Nr. 135 (Register der Chambre des Comptes von Brabant), fol. 207—208[2].

Ordonnance faicte sur le fait des finances.

Maximilian par la grâce de Dieu Roy des Rommains tousiours auguste, et Phelippe par la mesme grâce Archiducz d'Austrice, Ducz de Bourgoingne, de Lothier, de Brabant, de Lembourg, de Luxembourg et de Gheldres, Contes de Flandres, de Thirol, d'Artois, de Bourgoingne, Palatins de Haynnaut, de Hollande, de Zeellande, de Namur et de Zutphen, Marquis du Saint Empire, Seigneurs de Frise, de Salins et de Malines, à tous ceulx qui ces présentes lettres verront et orront salut. Savoir faisons que pour mectre ordre ou fait de noz finances, et affin que soyons deschargié de plussieurs grans poursuites que avons journellement à cause de nosdictes finances, au moyen desquelles ne povons bonnement vacquer ne entendre en noz grans et pesans affaires, nous avons par bon et meur advis et délibéracion des gens de nostre conseil ordonné et conclu les poins et articles cy-après déclairez.

[1]. Premiers que dorésenavant chascun jour du matin depuis neuf heures jusques à unze les cy-après dénommez se trouveront en nostre court, quelque part que soyons, ou lieu que sera à ce ordonné, pour traictier et besoingnier sur toutes choses concernans le fait de nosdictes finances, où ilz vacqueront et entenderont, selon que les affaires le requerront, assavoir Messire Phelippe de Clèves, et le Sire de Bèvres, noz cousins, le Seigneur de Wailhain et le Seigneur de Molembays, Messire Martin Seigneur de Polhain et le Seigneur de Maingoval nostre grant maistre d'ostel; et oultre iceulx pourront entrer oudict conseil, quant bon leur semblera, noz chancellier, premier chambellan, et les chiefz de nostredict conseil en l'absence de nostredict chancellier, et avec les dessusdicts y seront les deux commis, le greffier, et les autres officiers qui ont accoustumé de servir èsdictes finances.

---

[1] Besprochen oben S. 53—57, vgl. S IV.

[2] Die Kopie hat Herr Em. Lefevre vom Brüsseler Staatsarchiv besorgt.

[2]. Item et pour l'expédicion de toutes les choses qui se conclurront èsdictes finances, y avons ordonné et ordonnons les trois secrétaires ordinaires signans en finances tant seullement, assavoir Maistre Nicolas de Ruter, Maistre Gérart Numan et Maistre Jacques de Gondebault.

[3]. Item avons aussi ordonné, que toutes descharges seront signées de l'un des six dessus nommez, par l'un desdicts commis, par nostre receveur général, et après y sera mis nostre signet.

[4]. Item que nous ne signerons plus aucunes ordonnances, dons, offices, ou autres concernans le fait de nosdictes finances.

[5]. Item que tous officiers de recepte de noz pays, s'il semble bon ausdicts de noz finances, seront suspenduz de leurs estas, et autres mis en leurs lieux pour l'année advenir, affin qu'ilz puissent rendre compte de leur entremise; et les restes que leur seront deues par leurs deriains comptes seront assignez sur les années avenir, et après seront réintégrez en leurs offices, s'il semble prouffit.

[6]. Item que toutes pensions extraordinaires, quelles qu'elles soient, réservé celles de quatre solz et en dessoubz, et aussi rentes à vie et à rachat, seront abolyes de nostre demaine et remises sur les aydes extraordinaires, et payées par les mains de nostre argentier, ainsi qu'il est accoustumé, et les pourrons modérer et corriger à nostre bon plaisir.

[7]. Item que nulz offices, assavoir de recepte et de justice ayans recepte de nosdicts pays, ne seront de cy en avant donnez par nous sinon par l'advis de ceulx desdictes finances, affin de par eulx y estre gardé nostre prouffit.

[8]. Item que aucune chose ne pourra estre faicte ou conclute, qui concerne la diminucion du demayne et de noz aydes par tous noz pays, quelque advis que autres y aient baillié, sinon par l'advis de ceulx desdictes finances, principalement par l'un desdicts seigneurs et par l'un des commis desdictes finances, et autrement deffendons à nostre chancellier de despescher aucunes lettres patentes sur lesdicts advis.

[9]. Item que de cy enavant nous ne signerons aucunes lettres d'ordonnances, de dons, debtes, gaiges ne autres quelconques, mais remectons le tout ou conseil de nosdictes finances, où le tout se despeschera par l'advis desdictes des finances et soubz leurs seings manuelz, ou du moins des seings manuelz de l'un desdicts six seigneurs et de l'un desdicts commis, et au bureau desdictes finances et non autrement.

[10]. Item que dorésenavant ne seront en nosdictes finances que lesdicts trois secrétaires signans en finances, et interdisons à tous noz autres secrétaires de signer èsdictes finances.

[11]. Item lesdicts trois secrétaires signans en finance expédieront tous mandemens ainsi signez par l'un desdicts six seigneurs et commis et du greffier desdictes finances, et n'y mectront présens que ceulx qui auront esté à l'expédicion.

[12]. Item que tous deniers, soient de noz demaine, d'aydes, parties extraordinaires et autres, se conduiront par l'ordonnance desdicts des finances, et par les mains de nostredit receveur général d'icelles finances, et non autres.

[13]. Item et pour ce que parcidevant pour le désordre qui a esté en nosdictes finances plussieurs se sont meslez d'icelles, nous avons révocqué et révocquons tous financiers extraordinaires, et ordonnons que nulz ne se mesleront du fait de nosdictes finances que ceulx qui sont dénommez et ordonnez par ces nouvelles ordonnances.

[14]. Item que toutes garnisons, dons extraordinaires, pensions, messageries et autres parties extraordinaires, se conduiront des deniers de noz aydes, pardessus les parties pour les despenses ordinaires de nous Maximilian et Phelippe.

[15]. Item que de cy enavant nul ne pourra recevoir aucuns deniers extraordinaires, sinon par descharge de nostredict receveur général, et par l'ordonnance, comme il est cy dessus déclairé.

[16]. Item et pour ce que parcidevant plussieurs oultraiges et injures ont esté faiz aux gens de nosdictes finances et à leurs clercs et ~~serviteurs~~, nous deffendons à tous, de quelque estat qu'ilz soient, de plus menacher ou injurier les gens et officiers de nosdictes finances et leurs clercs, déclairans, se aucuns font le contraire, que en ferons faire telle correction et pugnicion, que ce sera exemple des autres.

[17]. Item que dorésenavant ne pourrons donner ne quicter aucuns dixiesmes deniers, confiscations, rémissions, exploix de justice, sans l'advis de ceulx desdicts des finances, qui en feront en la manière accoustumée et non autrement.

Si donnons en mandement à nosdicts chancellier, premier chambellan, chiefz de nostredict conseil en l'absence de nostredict chancellier, ausdicts gens de nostredict grant conseil et de noz finances, qu'ilz nous servent ès choses dessusdictes et leurs deppendences, et en oultre ilz et tous autres noz justiciers, officiers et subgectz, cui ce peut et pourra touchier et regarder, entretiennent et facent entretenir nostre présente ordonnance de point en point selon sa fourme et teneur. Car ainsi nous plaist il et le voulons estre fait. En tesmoing de ce nous avons fait mectre nostre seel à ces présentes. Donné en nostre ville de Bruges le XXVIe jour de décembre l'an de grâce mil IIIIc quatre-vings et sept, et du règne de nous Roy le second. Ainsi signé Par le Roy. De Gondebault. Ainsi soubz escript et signé. Collation est faicte aux lettres originales par moy. De Gondebault.

Collation faicte avec une copie auctenticque signé par Gondebault.

2. Wiedereinrichtung der Épargne durch Maximilian [1], Lüttich, 20. Januar 1490 (n. st.).

Brüsseler Staatsarchiv, Fonds der Chambre des Comptes Nr. 135 (Register der Chambre des Comptes von Brabant), fol. 200 v⁰—202 [2].

Institucion de l'espargne et application de toutes parties extraordinaires à icelle.

Maximilian par la grâce de Dieu Roy des Rommains tousiours auguste, et Phelippe par la meisme grâce Archiducz d'Austrice, Ducz

[1] Besprochen oben S. 68, vgl. S. IV.

[2] Die Kopie hat Herr Em. Lefevre vom Brüsseler Staatsarchiv besorgt.

de Bourgoingne, de Lothier, de Brabant, de Lembourg, de Lucembourg et de Gheldres, Contes de Flandres, d'Artois, de Bourgoingne, Palatins de Haynnau, de Hollande, de Zeelande, de Namur, de Zutphen et de Malines, Marquis du St. Empire, Seigneurs de Frise et de Salins. A tous ceulx qui ces présentes lettres verront Salut.

Comme il soit venu à nostre congnoissance que feuz les ducz Phelippe et Charles de Bourgoingne noz prédécesseurs, cui Dieu absoille, aient en leur temps eu en leur hostel entre autres choses une espargne, en laquelle et par le receveur d'icelle espargne se levoient et recevoient tous deniers venans de confiscacions de biens, [succession] de bastars, d'espaves, exploix de justice, droiz de reliefz de fiefz, biens venans de la mer qui s'appellent en thioiz le Zeedracht, et autres semblables extraordinaires qui n'estoient de leur demaine, et par l'ordonnance que noz prédécesseurs tenoient en icelle leur espargne, leur en venoit annuellement de grans prouffiz, et il soit que depuis leur trespas pour les grans affaires que avons eu à supporter, et par ce que n'avons entendu que c'estoit de ladicte espargne, icelle a esté délaissée, et avons à ceste cause eu et soustenu de grans dommaiges, tant par ce que nous avons donné pluseurs desdicts biens qui se devoient mectre en nostredicte espargne, à beaucop de gens qui ne nous ont jamais servy, et qui ne l'avoient mérité envers nous, comme aussi par ce que pluseurs noz officiers et receveurs qui depuis se sont meslez de recevoir iceulx deniers, n'en ont fait nostre prouffit ainsi qu'ilz devoient, Savoir faisons que nous, ces choses considérées, désirans remectre sus ladicte espargne et faire nostre prouffit desdictes confiscations, biens venans de la mer, de succession de bastars et autres dessus déclairez, qui ne sont de nostre demaine, ainsi que noz prédécesseurs ont fait parcidevant, et aussi faire lever tous extraordinaires par une main, avons à bonne et meure délibération, de nostre certaine science, conclu et ordonné, concluons et ordonnons par ces présentes, que tous les biens meubles et immeubles et autres quelzconcques qui doréssenavant nous escherront en et par tous noz pays et seignouries, soit par confiscation, succession de bastars, d'espave et autres venans de la meer, exploiz de justice, droiz de reliefs de fiefz, et autres choses extraordinaires, comment ne en quelque façon que ce soit, et qui ont esté levez parcidevant par plusieurs receveurs qui se dient receveurs de nostre extraordinaire, soient venduz à nostre prouffit par ceulx et ainsi qu'il appertiendra, et les deniers en venans receuz par ung nostre receveur de l'espargne, que commectrons à ce. Lequel recevra et recouvra aussi à nostre prouffit tous semblables biens desia escheuz depuis le trespas de nosdicts prédécesseurs, et lesquelz n'avons parcidevant donnez ne quictez par noz lettres patentes expédiées ainsi qu'il appartient, et contraindra à ce tous ceulx qui trouvera avoir lesdicts biens, ainsi qu'il est accoustumé de faire en tel cas. De tous lesquelz biens et deniers sera tenu ung conterolle par ung de noz officiers qui à ce aussi ordonnerons. Et desdicts biens et deniers nostredict receveur de l'espargne sera tenu rendre bon et léal compte et reliqua là où et ainsi que ont fait parcidevant les receveurs de l'espargne de nosdicts prédécesseurs. Voulans et déclairans en oultre, que se de cy en avant nous faisons aucun don des biens et deniers qui devroient venir à nostredicte espargne, à cui ne convient, que c'estoit au préjudice de ceste nostre présente ordonnance, iceulx dons seront nulz et de nulle valeur et comme telz regectez et mis au néant. Et avec ce tous officiers qui parcidevant et jusques au présent ont levé et receu aucuns extraordinaires seront révoquez et rappellez, et par ces présentes les révocquons et rappellons, et voulons que tous lesdicts extraordinaires soient de cy en avant levez et receuz par nostredict receveur de l'espargne.

Si donnons en mandement à hault et puissant prince nostre très chier et très amé cousin et lieutenant général le Duc de Zassen, à noz très chiers et féaulx le seigneur de Champvans chevalier nostre chancellier, et les autres gens de nostre grant conseil, chancellier et gens de nostre conseil en Brabant, gouverneur et gens de nostre conseil à Luxembourg, lieutenant et gens de nostre conseil en Gheldres, président et gens de nostre conseil en Flandres, lieutenant et gens de nostre conseil en Hollande, Zellande et Frise, grant bailly de Haynnau et gens de nostre conseil à Mons, gouverneur et gens de nostre conseil à Namur, gouverneur de Lille, Douay et Orchies, trésoriers et commis sur le fait de noz demaine et finance, président et gens de noz chambres des comptes de Lille, de Brouxelles et de La Haye, et à tous autres noz justiciers, officiers et subgectz, que ceste présente ordonnance ilz publient ou facent publier, en et par tous nosdicts pays et seigneuries ès lieux qu'il appartiendra, et ce fait l'entretiennent et facent entretenir de point en point selon sa fourme et teneur, sans y faire ne souffrir faire aucune difficulté ou empeschement au contraire. Car ainsi nous plaist il estre fait. En tesmoing de ce nous avons fait mectre nostre seel à ces présentes. Donné en nostre ville de Luicx le XXe jour de janvier l'an de grâce mil CCCC quatrevings et neuf, et du règne de nous Roy le IIIIe. Ainsi signé Maximilian.

Et sur le ploy: Par le Roy, le seigneur de Wolkestain, Messire Gaspar Maech, le Seigneur de Berssele et pluseurs autres présens. De Gondebault.

Encor sur le dict ploy: Ceste lettre est enregistrée en la Chambre des comptes du Roy des Romains nostre Sire et de nostre très redoubté seigneur Monseigneur l'archiduc d'Austrice, Duc de Bourgoingne etc., Conte de Flandres, à Lille ou registre y tenu commenchant en février mil IIII[c] IIII[xx] folijs VI[xx] XIX et VII[xx], et au surplus fut illec expédiée selon sa forme et teneur le XXVI[e] jour d'avril l'an mil IIII[c] IIII[xx] et dix. Moy présent, Valet.

Atache à ladicte lettre.

Ceste lettre icy atachée soubz le signet de l'un des gens des comptes du Roy des Rommains nostre Sire et de nostre très redoubté seigneur Monseigneur le duc d'Austrice, de Bourgoingne, de Brabant etc., à Brouxelles a esté enregistrée en icelle chambre au registre y tenu commenchant en l'an mil IIII[c] LXXVII folijs II[c] et II, et au surplus fut illec expédiée selon sa fourme et teneur le XV[e] jour de may l'an mil CCCC IIII[xx] et dix. Moy présent, Haveloes.

3. Bruchstück der Kanzleiordnung von 1497[1].

Brüsseler Staatsarchiv, Fonds der Papiers d'État et de l'Audience Nr. 789 fol. 86[2].

Extrait de l'ordonnance de l'an IIII^{xx} XVII.

Secrétaires.

[1]. Nous deffendons aux secrétaires, comme dessus est dit des maistres des requestes, d'avoir pension ou gaiges de qui que ce soit.

[2]. Item ordonnons que toutes requestes qui se debvront despescher à la chancellerie seront présentées à nosdicts chancellier ou aux maistres des requestes et non à autres, en deffendant aux secrétaires et autres qui que ce soit d'en point recevoir à paine d'amende arbitraire.

[3]. Et à la lecture des requestes qui seront baillées par nostredict chancellier aux secrétaires, se tiendra ordre en manière que noz audiencier et contrerolleur auront la première audience, et chascun des autres secrétaires selon sa promotion à l'estat de secrétaire et son anchienneté à icelluy.

[4]. Et auront nosdicts secrétaires quant ilz iront dehors pour noz affaires XXX sols par jour, et pour parties XL sols.

[5]. Que lesdicts secrétaires seront tenuz de lever tous les mandemens, qu'ilz envoyeront en l'audience pour porter au seau, quant ilz seront seellez; et d'en payer le seau à nostre audiencier.

[6]. Item que tous mandemens en laz de soye seront dorésenavant registrez ou registre de l'audience, selon que parcidevant a esté accoustumé.

[7]. Et auront lesdicts secrétaires pour leurs sallaires selon que s'ensuit et non plus, à paine de privation d'office, s'ils exigent aucune chose oultre et pardessus icellui taux, assavoir: de debitis VIII sols, pour gardes de privées personnes en forme commune XII sols, pour grâces à plaidoyer par procureur VI sols, pour respiz à cincq ans VIII sols, pour respiz à ung, deux ou trois ans XII sols, pour seureté de dix mois XII sols, pour requeste civile VI sols, pour mandement en cas d'appel, réformacion, anticipation, simple committimus, relièvemens de laps de temps, évocation, mutacion d'appellation, ou opposition, cas de nouvelleté, maintenue, mises de faiz et autres provissions semblables de justice XVIII sols. Et si pluiseurs sont impétrans, s'ilz sont dix ou au dessoubs, ilz payeront le double, s'ilz sont vingt et au dessoubz le triple, et s'ilz sont au dessus de vingt, ilz payeront le quadruple. Et les villes, chappittres, abbayes, collèges, mestiers et confrairies payeront le double.

[8]. Pour sauvegard d'églises cathédrales, collégiales et conventuelles à double queue durant la vie du prince L sols, pour rappeaulx et pardons en simple queue XXV sols, pour amortissemens et anoblissemens LX sols, pour rémissions et rappeaulx de ban en laz

---

[1] Siehe oben S. 104, 106 Anm. 1, vgl. S. IV.

[2] Die Kopie hat Herr Em. Lefevre vom Brüsseler Staatsarchiv besorgt. Das Original ist ohne Absätze geschrieben.

de soye et légittimacions LX sols, pour rappeaulx de ban en queue XXV sols, pour privilèges nouveaux ou confirmation de privilèges anciens arbitraires (et s'il en est plainte, seront arbitrez par nostredict chancellier et gens de nostre grant conseil), pour saulfconduiz pour marchans et autres ennemis, arbitraires comme au précédent article, pour saulfconduiz d'ennemis pour venir devers nous ou à quelque journée, le secrétaire ne prendra riens, pour lettres de pas XXV sols, pour ottroy des bonnes villes pour chascun an XXV sols, pour ottroy de previlèges des Lombars pour chascun an XXV sols, pour retenue aux honneurs XXV sols, pour retenue aux gaiges non excédans IIII^xx livres L sols, pour commission et don d'offices sans gaiges et de X livres et au dessoubz, XX sols, pour commission et don d'offices excédans lesdicts IIII^xx livres, arbitraires, selon les qualitez d'iceulx offices (et s'il en vient plainte, nosdicts chancellier et gens de nostredict grant conseil l'arbitreront), pour collacions des bénéfices L sols, pour lettres closes VI sols.

Greffiers.

[9]. Et ne prendront à paine de privation d'office et d'amende arbitraire pour leur sallaire sinon le taux qui s'ensuyt: Pour présentacion XII deniers, pour acte non dispositif VI sols, pour acte dispositif XII sols, pour appointement dont on levra lettres patentes, pour l'appointement et lettres patentes XXV sols, pour commission à faire enqueste XX sols, pour commission pour adjourner sur le prouffit de deffaulx pour veoir tauxer despens et conclure en droit XII sols, pour sentence non excédant une peau de parchemin VI livres, pour sentence non excédant demy peau de parchemin III livres, et s'elle excède une peau, sera arbitraire, aussi sentences de collèges et communaultez, qui seront excessives en escripture (et s'il en vient plainte, seront arbitrées par nostredict chancellier et le conseil).

[10]. Et ne seront oultre et par dessus ledict taux tenues les parties de donner aux clercs du greffier ne aux clercs des secrétaires aucune chose pour le vin, se bon ne leur semble.

4. Rats- und Kanzleiordnung Margaretes[1], 17. Dezember 1516.

Archives départementales zu Lille, Lettres missives, Portef. 33. Die zur Aufbewahrung in der Kanzlei bestimmte Kopie, von Schreiberhand, mit geringen Korrekturen. Beigelegt ein Zettel von Gattinaras Hand.

Madame par bonne et meure délibéracion, tant pour l'adresse de son privé conseil que pour la despesche des mandemens patens, lettres missives et aultres matières, ha fait dresser les ordonnances ensuyvantes, lesquelles elle entend estre dorésenavant entretenus et adioustées aux aultres ordonnances de sa maison, affin que le tout soit bien conduyt à la raison, à l'honneur d'elle et de son conseil, et prouffit d'elle et de ses subiectz.

[1]. Premièrement elle a estably et ordonné par ses présentes son privé conseil des personnes ensuyvantes, lesquelx elle entend estre tenuz pour ordinaires conseilliers de sondit privé conseil, assavoir:

[1] Besprochen oben S. 102 f., 105—109, 112—114, vgl. S. IV.

Monseigneur le gouverneur de Bresse, chevalier d'honneur, chief de la maison et des finances,
Monseigneur le président et chief dudit privé conseil,
Monseigneur de Montbaillon, premier maistre d'hostel,
Monseigneur de Beauregard,
Monseigneur l'aumonnier et confesseur de madame,
Le maistre d'hostel qui servira lors,
Le doyen de Poligny,
Messire Claude Jaillon,
Et le seigneur d'Aubigney, maistres aux requestes,
Et les aultres maistres aux requestes ordinaires contez par les escroz,
Les conseilliers, bailliz et lieutenants généralx de Bourgoingne,
Le trésorier général des finances de madite dame, seigneur de Thoulouse.

[2]. Tous lesquels dessus nommez, quant ilz seront en court, et aussi les secrétaires ordinaires de madite dame, se trouveront deux fois la sepmaine, assavoir le lundi et le jeudi à deux heures après mydi tous assemblez en la chambre qui sera ordonnée pour tenir le conseil, pour illec en la présence de madite dame, quant elle se pourra trouver, aultrement en la présence dudit seigneur gouverneur et chevalier d'honneur comme chief de la maison après madite dame, adviser sur les requestes et aultres affaires de la maison.

[3]. Pour garder la porte de la chambre dudit conseil par dehors et non laisser entrer que ceulx qui seront ordonnez, et aussi pour appeller aucuns quant il sera mestier, sera tenu l'huissier de chambre servant, se trouver au lieu, jour et heure dessusdits, et non en bouger jusques à ce que le conseil sera perachevé.

[4]. Auquel conseil seront leutes tout au long les requestes qui auront esté présentées à madite dame; et après les matières seront proposées par ledit président, et les opinions par luy recuillies, quant il sera pardeçà, et en son absence par le premier maistre aux requestes.

[5]. Ce qui aura esté conclud audit conseil, quant aux matières de justice sortira son effect; et quant aux matières de grâce, l'on en fera le rapport à madite dame, ensemble les oppinions et advis de sondit conseil, pour après en ordonner son bon plésir.

[6]. Ne seront rappourtées audit conseil ne mises en délibéracion aucunes requestes qui préalablement n'ayent esté présentées à madite dame et après mises ès mains dudit président ou de celluy qui présidera en son absence, pour mieulx peser et incorporer les matières, et les savoir mieulx desduire audit conseil, affin d'y pourveoir plus meurement.

[7]. Lesquelles requestes ainsi présentées à madite dame, visitées et délibérées comme dessus, seront par ledit président ou celluy qui présidera en son absence délivrées ès mains des secrétaires, en leur ordonnant les appoinctemens des despesches, telz qu'ilz auront esté concludz.

[8]. Aussi tous les samedi après disner ledit président ou celluy qui présidera en son absence, se trouvera en ladite chambre que

sera ordonnée pour le conseil, et illec visitera bien au long les mandemens qui auront esté despeschez toute la sepmaine. Et ceulx qui trouvera avoir esté bien despeschez, les fera séeller en sa présence, les aultres les fera corriger ou refaire ainsi qu'il appartiendra. Et seront lesdits mandemens enregistrez [par] ordre [de][1] cellui qui aura la charge et garde du seau, sans délivrer les mandemens que cela ne soit fait, pour savoir toutes despesches que se feront, ainsi qu'il est accoustumé faire en la chancellerie du roy.

[9]. Et seront tenuz les secrétaires de madite dame se trouver aux lieu, jour et heure pour ce ordonnez avec toutes les dépeschez des mandemens qui seront à séeller, pour corriger et réparer tant et quant ce que leur sera ordonner [sic] par ledit président ou cellui qui présidera en son lieu.

[10]. Ne sera séellé mandement quelconque dehors les lieu, jour et heure que dessus, réservé que si sur sepmaine advenoit quelque dépesche requérant célérité, ouquel cas par ordonnance de madite dame ledit président seroit tenu visiter, signer et fère séeler ainsi que lui seroit ordonné et que le cas le requerroit, en réservant tous aultres mandemens aux lieu, jour et heure pour ce ordonnez.

[11]. Et pour ce que l'on pourroit pourter au sçau plusieurs mandemens, desquelx ledit président ne sauroit à parler, et qui auroient esté despeschez en son absence, comme en matière des finances ou d'offices ou aultres semblables deppendantes de la grâce et bon plaisir de madite dame, lesdits secrétaires avant que dépescher telz mandemens ne les porter au sceau, seront tenuz préalablement avoir sur ce ordonnance signée de madite dame, laquelle sera atachée audit mandement, quant ilz les appourteront pour faire sceller.

[12]. Si ledit président ou celluy qui présidera en son lieu, quant ausdites matières que seront dépeschées en leur absence, y trouvoit aucune difficulté, ou que madite dame y eust aucung préiudice et dommaige, en pourra advertir madite dame, avant que telz mandemens soient par elle signez ne délivrez aux parties, pour y adviser et en ordonner après son bon plésir.

[13]. Lesdits secrétaires n'appourteront signer à madite dame aucung mandemens, qui ne soient préalablement visitez et séellez comme dit est, et signez par ledit président ou celluy qui présidera en son absence, et que la signature soit en lieu que madite dame la puisse veoir, et signera madite dame tous mandemens et lettres sans nul réserve en la manière accoustumée.

[14]. Au regard des lettres missives, affin que l'on n'escripve aujourd'hui une chose et demain une aultre, et pour évicter contrariété de lettres, madame ordonne que les secrétaires, qui dépescheront lesdites lettres missives, ne les apporteront signer à madite dame synon en la forme que s'ensuyt.

---

[1] Die ursprüngliche Fassung war: „enregistrez par cellui . . .“ Dann wurde „par“ gestrichen und darüber sehr flüchtig geschrieben: „ordre“. Man hat sich also nicht die Zeit genommen, das nach Wahl dieses Ersatzes doch passende „par“ wieder hinzusetzen. Auch „de“ ist offenbar zu ergänzen.

[15]. C'est que lesdits secrétaires escripront en une ou deux petites lignes au bas de la lettre la substance d'icelle lettre, en sorte que l'on la puisse après copper, et ce affin que madite dame puisse veoir et entendre l'effect et substance d'icelle lettre avant que la signer.

[16]. Et affin qu'il n'y ait abbuz, et que le tout passe par une main, pour avoir meilleur souvenance des dépesches qui se feront, madite dame ordonne, que lesdites lettres missives, après qu'elle auront esté dépeschées par ses secrétaires en la manière que dessus, seront visités par mondit seigneur le gouverneur et chevalier d'honneur, quant il y pourra vacquer; aultrement pourra commectre quelcung dudit conseil pour le faire en son absence et après l'en advertir et informer. Lequel gouverneur ou son commis après lesdites lignes d'ambas fera quelque signe èsdites lettres, par lequel madite dame congnoisse, qu'elle aura esté visitée, et que plus seurement elle les puisse signer.

[17]. Les instructions et mémoires que seront dépeschées par advis et délibération du conseil, seront minutées par ledit président ou celluy qui sera en son lieu, et seront leutes les minutes avant que les grosser, à la présence de madite dame et de telz du conseil qu'il luy plaira, pour savoir si l'on y debvroit adiouster ou dyminuer. Mais s'il y a quelque aultres matières que madite dame vuille dépescher plus secrètement, elle appellera telz qu'il luy plaira, et en sera fait à son bon plésir.

[18]. Les sceaulx de madite dame demourront ès mains dudit président et chief de conseil qui en prendra le prouffit et joyssance, ainsi que faisoit feu monseigneur le conte de Montrevel. Et ne seront lesdits seaulx mis dehors des mains dudit président et chief de conseil taut qu'il sera en court et auprès de madite dame. Mais quant ledit président partira de court pour aler en Bourgoingne ou aultre part par ordonnance de madite dame, il sera tenu rendre et remectre lesdits seaulx ès mains de madite dame, pour en absence dudit président les faire garder par tel qu'il luy plaira, et les bailler aux jour pour ce ordonnez à celluy qui aura charge de séeller, pour faire séeller les mandemens et dépesches en la manière dessus déclarée. Et toutes et quanteffois que ledit président sera de retour devers madite dame, lesdits seaulx luy seront renduz et remis, pour en joyr et user, ainsi que par madite dame luy a esté accordé, consentu et ordonné [1].

---

[1] Hier ein Zeichen, das auf einen beiliegenden von Gattinara geschriebenen Zettel folgenden Inhalts verweist:

„Et pour ce que ledit président ha présentement aulcungs procès et affères particuliers que luy touchent: combien que madite dame ait entière confidence en luy: et qu'elle ne croit que pour son propre afère ne aultre voulsist fère aulcunne chose qui fust contre son debvoir ne contre son serement: néantmeins pour oster aux parties auxquelles le faict peult toucher tout scrupule de suspicion et occasion de murmure: madite dame ha ordonné et ordonne: que jusques à ce que lesdites affères particuliers dudit président auront prins fin: et que ses procès seront vuydez ou que aultrement y soit ordonné par madite dame: ledict président ne gardera poinct la clef de la boyte desdits seaulx ayns ladite clef demeurra: ès mains de madite dame:

Ainsi fait, ordonné et conclud par madite dame le XVIIe jour de décembre l'an mil cinq cens et sèze[1].

5. Drei Briefe über die Ernennung Margaretes zur Regentin 1518/19[2].

a) Charles de Poupet Seigneur de la Chaux an Margarete, Saragossa, 24. Juli [1518].

Archives départementales zu Lille, Lettres missives, Portef. 39bis, eigenhändig.

Madame, par mes autres lettres vous escrips ce que monseigneur de Chièvres m'avoit dit sur ce que désirés estre conduit vers le roy vostre nepveur. Cejourd'ui ledit seigneur de Chièvres estant appart avec ledit seigneur roy nous appelle, monseigneur le gouverneur de Bresse et moy, et nous présens a dit au roy les trois choses que désiriés il vous acordat, et en parlant de cest affayre n'a failli à dire toutes les bonnes choses qu'on eust seu dire, sans oublier les services, que avés fait et faictes, en quoy ledit seigneur roy prenoit plaisir de oyr, ce (= se) loant et contantant fort de vous. Et en effet, madame, ce qu'il vous a pleu demander vous est accordé, comme il vous est escript tant par ledit seigneur roy que je croys aussi par mondit seigneur de Chièvres, lequel sans vous en mantir, madame, ce (= se) monstre vostre vray bon serviteur. Ce que avés requis, madame, n'est grant chose, et quant en voudriés d'autre sorte, à veoir le vouloir du roy, et aussi que ledit seigneur de Chièvres est tant vostre serviteur, auriés ce qu'il vous plairoit.

Je croys aussi, madame, que on vous escript des nouvelles du mariage fait en Engleterre, et si est à croyre que desia le savés, et pour ce que par ung moyen ou autre en devés estre advertye, ne vous en feray plus longe compte, mais fais fin, priant dieu qu'il à

---

et ledit président tant qu'il sera icy gardera lesdits seaulx ainsy cloz et fermez en la boyte: et les jours ordonnez pour séeller: ledit président apportera la boyte ainsy clouse que sera ouverte par madite dame: et le seaul mis dehors pour sceller les mandementz qui seront illeques présentz: lesqueltz mandementz seront séellés en la chambre pour ce ordonnée: en la présence de madite dame si estre y veult ou en présence d'aultre tel que luy plaisra pour ce ordonner: et ne seront par ledit président dépeschez aulcungs mandementz: ne séellés sinon en la forme que dessus: Et s'il est question de fère seller aulcung mandement qui touche audit président ou à ses partyes adverses: madite dame le pourra fère signer et séeller par aultres personnes non suspectes: Et quant au prouffit desdits seaulx l'ung des secrétaires de madite dame en tiendra le registre et contrerolle et le recepvra pour en rendre compte audit président."

[1] Dies anstatt des gestrichenen Datums: „le pénultie jour de novembre, veille de feste de glorieux apostre et martir Monseigneur Saint Andrey".

[2] Besprochen oben S. 116 f., vgl. S. IV.

vous, madame, doint bonne vie et longue. Escript à Sarragosse ce XXIIIIe de jullet.

Vostre trèshumble et trèsobéissant subjet et serviteur Lachaulx.

b) Margarete an Maximilian[1], Brüssel, 25. Oktober 1518.

Archives départementales zu Lille, Lettres missives, Portef. 39bis, Konzept von der Hand des Des Barres[2].

Mon très redoubté seigneur et père, très humblement à vostre bonne grâce me recommande.

Monseigneur, pour ce que je sçay estes joyeulx d'entendre nouvelles qui me soyent honnorables et prouffitables, vous veulx bien advertir, que puis aucuns jours il a pleu au roy monseigneur mon nepveur, de sa grâce me donner plus d'auctorité en ses affaires, que puis son émancipation je n'ay eu jusques à oyres, assavoir qu'il veult que j'aye le regard sur le fait de ses finances et que je garde le signet dont l'on use en icelles, item que dorésenavant je ne use plus du cachet qu'il m'avoit laissé à son partement, ayns que toutes lettres qui se dépescheront en son nom pardeçà concernants sesdites affaires je les signe „par le roy Marguerite". Et m'a octroyé la disposicion de tous les offices qui escherront vacquans à sa donnacion, pour en pourveoir ceulx que bon me semblera, sauff ceulx qu'il avoit réservé à luy à son partement de deçà. *Et me fait mondit seigneur et nepveur tant de bien et d'honneur, que je ne m'en sçauroye trop louer ne contenter (Zusatz).* Lesquelles choses, monseigneur, je tiens vous seront bien agréables, car de tant que j'auray plus de biens, d'honneur et d'auctorité, j'auray meilleur moyen vous faire service selon mon désir et de mondit seigneur et nepveur. J'espère me tellement acquicter envers luy, que s'il a eu quelque bonne oppinion de moy, par quoy il soit esté meu me fère l'honneur dessusdit, il ne l'empirera, ayns plustôt l'augmentera, à ayde de dieu, auquel je prie, mon très redoubté seigneur et père, vous donner bonne vye et longue.

Escript à Bruxelles le XXVe d'octobre XVe XVIII.

c) Margarete an den Großkanzler Gattinara, nicht lange vor dem 1. Juli 1519[3].

Archives départementales zu Lille, Lettres missives, Portef. 67, undatiertes Konzept von der Hand des Marnix[4].

Monsieur le chancellier. Vous sçavés la difficulté ou délay qu'on a mis à la dépesche du tiltre qui a semblé nous devoir estre baillié, tant pour nostre honneur que pour le bien et avancement des affères

---

[1] Der Brief bezieht sich auf die Urkunde Karls V. vom 24. Juli 1518 (Rec. des Ord. I, 656 f., siehe oben S. 116 Anm. 3). Die Antwort Maximilians, vom 12. Dezember 1518, findet sich bei Le Glay, Corr. II, 372.

[2] Vgl. Gött. gel. Anz. 1908 S. 262.

[3] An diesem Tage wurde Margarete von Karl V. zur Regentin der Niederlande ernannt (Rec. des Ord. I, 682—684, vgl. oben S. 117).

[4] Vgl. Gött. gel. Anz. 1908 S. 262.

du roy pardeçà. Et quant nous avons bien tout pensé, il nous semble, qu'on nous devroit requérir de ce que prions, et qu'il seroit aussi convenable de nous bailler ledit tiltre comme l'on l'a puis nagaires et plus ample que ne demandons baillié à monseigneur le cardinal de Gurce touchant les pays d'Austriche, comme avons veu par le double dudit povoir qu'on nous a envoyé d'Espaigne. Touteffois nous nous remectons du tout au bon vouloir et plésir dudit seigneur roy, et ne laisserons pour ce, ny pour quelque traverse qu'on nous ait cuydé indirectement fère envers luy, comme sçavés, de nous démonstrier tousiours telle envers luy et ses affères que debvons, de sorte que par ce il sera contraint nous estre bon seigneur et neveur. Et pour ce que telz choses passent pardevant vous, vous en avons bien voulu escripre ces deux motz, affin que s'il vient à propoz, en vueillés dire quelque mot où il apartiendra. Et qu'y vouldra fère quelque chose pour nous, tenés main que pour le bien et service dudit seigneur roy il soit plustôt que plustart, et il en sera de mieulx servy, avec ce que quelque auctorité qu'on nous baille, n'entendons l'extendre ny amplier, sinon au bon plésir dudit seigneur roy et advis de monseigneur de Chierves et de vous. A tant . . .

6. „Mémoire pour le Privé Conseil“, wohl von 1543[1].

Brüsseler Staatsarchiv, Fonds der Papiers d'État et de l'Audience, Nr. 789, zwei gleichlautende Kopien, fol. 21—22 und am Ende des Bandes, die letzte mit Randbemerkungen, von denen ich die wichtigeren anmerke[2].

Mémoire pour le privé conseil.

[1]. Par les derenières ordonnances donnez à ceulx du privé conseil, desquelles on envoye le double joinctement avecq ce mémoire, est miz ordre comment lesdiz du privé conseil se doibvent conduyre. Lesquelles ilz ont observé et ensuy, excepté en trois articles[3], comme cy aprez sera déclairé.

[2]. Et depuis lesdiz du privé conseil[4], considérans la multitude

[1] Die „letzte Ordonnanz“ (Art. 1) ist wegen der Namen der Sekretäre (siehe unten S. 206 Anm. 1 u. 3) nicht die von 1531 (Rec. des Ord. III, 241—243), sondern die zum großen Teil gleichlautende vom 12. Oktober 1540 (Rec. des Ord. IV, 240—242; das Personal ist verzeichnet bei Alexandre 34). Die „Kriegszeiten“ (Art. 4) sind also die Jahre 1542—1544. Nun war der Kaiser Ende 1543 in den Niederlanden. Für die Datierung kommt weder die Zeit nach seiner Anwesenheit in Betracht, da über alle Dinge neu berichtet wird, noch die Zeit seiner Anwesenheit selbst, da das Memoire ihm „geschickt“ wird (Art. 1). Der Charakter des Dokumentes als einer Rechtfertigungsschrift, und zugleich das Vorläufige des Hinweisens auf mögliche Reformen, paßt aber sehr gut in eine Zeit, in der man die baldige Ankunft des Kaisers erwartet. Vgl. S. IV.

[2] Die Kopie hat Herr Em. Lefevre vom Brüsseler Staatsarchiv besorgt.

[3] Am Rande: „Utinam in omnibus exceptis tribus“.

[4] Am Rande: „Par le président du privé conseil; alors n'estoit que Nigri, Hennes et Pamele“.

des requestes que l'on présentoit pour avoir grâces, ont advisé certaine ordonnance et restriction sur la concession desdictes grâces, de laquelle aussy sera joincte copie avecq le présent mémoire.

[3]. Et pour ce que par les ordonnances dudict conseil entre aultres choses est dict que les secrétaires dudict conseil n'auroient entrée audict conseil sinon l'audiencier et en son absence le plus anchien secrétaire [1], et que les aultres debvroient actendre leurs distributions, pour tant mieulx garder le secret dudict conseil [2], l'on n'a observé ledict article selon sa teneur, tant pour réputacion des secrétaires [3], quy de tout temps ont eu entrée audict conseil, que aussy souvent est requiz qu'ilz soyent présens à la délibération des affaires, dont ilz doibvent faire la despesche, pour tant mieulx scavoir drescher icelles. Mais au lieu de ce on a observé que lesdiz secrétaires ont eu ladicte entrée. Et quant a esté question de traictier aulcunes choses, èsquelles estoit requiz plus grand secret, on déclaira ausdiz secrétaires que on ne despeschera nulles requestes, et qu'ilz se peulent bien retirer, que lors ilz se sont tousiours retirez sans y contredire.

[4]. Aussy par lesdictes ordonnances est dict que on debvroit seller deux foiz la sepmaine [4], ce que durant la guerre n'a esté observé, comme pour aultres affaires occurrans n'estoit possible de le observer. Mais a convenu d'espier le temps de seller selon que les affaires permectoient. En temps de paix se peult observer, mais semble à correction, que vauldroit mieulx de ordonner de seller une foiz la sepmaine, qu'est assez pour les poursuyvans les grâces, et quant aux provisions de justice, est plus convenable de les poursuyr aux aultres consaulx qui ont cerge de la justice, et communément ne viennent au privé conseil, ne soit qu'ilz ayent eu reffuz ès aultres consaulx, qu'est grand empeschement sans raison.

[5]. Par lesdictes ordonnances est aussy dict que les despesches de grande importance doibvent estre signées par deux du conseil avant les seeller [4], ce que n'est observé ès despesches d'importance [5] quy se accordent audict conseil, qu'est peu souvent, en tant que lesdiz du conseil n'accordent nulles despesches de grande importance [6], mais icelles se passent communément par ceulx des finances, qui signent les ordonnances et vériffient les mandemens que pour ce l'on despesche, et n'entendent que ceulx du conseil doibvent signer ny auctoriser

---

[1] Am Rande: „Me Loys de Zote [als Vertreter des Audiencier 1542 und 1543 bezeugt, Rec. des Ord. IV, 437, 466 f.]. Quid de secretario status?"

[2] Siehe Rec. des Ord. IV, 242, für 1540, vgl. ib. III, 242, Nr. 16, für 1531.

[3] Am Rande: „Mathieu Strick, Jan van Langheren, Georges Esplegem, Sebastien Bourgeois, Me Jehan Vlierden, La Torre, Me Pierre Verreycken audiencier".

[4] Siehe Rec. des Ord. IV, 242, für 1540; vgl. ib. III, 242, Nr. 13, für 1531.

[5] Am Rande: „Neque in illis que sunt minoris importantiae servatur, neque constitutio facta est pro iis que sunt magnae importantiae, sed generaliter pro omnibus".

[6] Am Rande: „Deberent autem secundum potestatem ipsis datam".

leurs despesches [1]. Sur quoy il plaira à Sa Majesté ordonner son bon plaisir, ayant regard que jamais on n'a accoustumé faire signer par ceulx du conseil, ce qu'est passé en finances.

[6]. Au surplus pour ce que le président du privé conseil à cause des aultres affaires tant d'estat que des finances, en quoy l'on l'entremect, ne peult souvent estre au privé conseil, mais est la pluspart empesché vers la royne, et que ayant regardt à l'estat des affaires il est mal apparant qu'il y pourra estre sy souvent comme seroit bien requiz, il plaira à Sa Majesté aussy en ce prendre regard et ordonner son bon plaisir [2].

[7]. Et selon que jusques à présent on a observé audict conseil, en l'absence du président le plus anchien dudict conseil présent est accoustumé de y présider et appostiller les requestes selon la délibération dudict conseil.

7. Remonstranz der Sekretäre des Conseil privé an Philipp II., wohl von 1589 [3].

Brüsseler Staatsarchiv, Fonds der Papiers d'État et de l'Audience Nr. 789 fol. 88—89 [4].

Au Roy.

[1]. Sire. Par l'institution du souverain conseil à Malines feu de très louable mémoire le Roy Dom Phelippe vostre grand père, décrétant certaines ordonnances sur la conduicte dudict conseil en l'an mil IIII^{c} IIII^{xx} XVII [5] feit entre autres pointz la taxation des sallaires ou émolumens procédans des dépesches tant de grâce que de justice, qui se feroient par les secrétaires illecq, qu'estoit ou temps que tous vivres estoient recouvrables à meilleur pris plus de la moictié qu'ilz ne sont pour le jourd'huy, voire estant lors ung pattart plus en estime que quatre ne sont de présent.

[2]. Et depuis que vostre Conseil privé a esté mis sus, le mesme taux (sans excéder) a esté entretenu et levé par les secrétaires d'icelluy, qui lors tenoient résidence quasi ordinaire et fixe audict Malines auprès de feue de bonne mémoire Madame Marguerite Archiducesse d'Austrice, adoncques gouvernante de pardeçà.

---

[1] Am Rande: „A sçavoir si choses de grâces à telz et autres conservans l'auctorité et souveraineté du prince se doibvent traicter au privé conseil ou celluy des finances, il fauldroit regarder l'ordonnance que ceulx des finances sur ce ont. Au moings il semble que le prince veult, que ceulx des finances ne doibvent pas faire telles despesches sans l'advis du privé conseil".

[2] Nach dem Tode des Louis van Schore am 25. Dezember 1548 wurden die Ämter des Président du Conseil d'État und des Chef et président du privé Conseil getrennt (Alexandre 38).

[3] Am 8. Oktober 1589 hat Philipp II. den Sekretären des Conseil privé Erhöhung ihrer Gagen bewilligt (Alexandre 308 f.). Vgl. S. IV.

[4] Die Kopie hat Herr Em. Lefevre vom Brüsseler Staatsarchiv besorgt. Das Original ist ohne Absätze geschrieben.

[5] Siehe Beilage 3.

[3]. Et en l'an XV^{c} XXXI l'empereur vostre père par ses ordonnances dudict Conseil privé avoit, sans changer ne haulcher ledict taux des dépesches, réduit le nombre desdicts secrétaires à sept comprins l'audiencier, et leur accorda gaiges seullement de quinze pattars par chascun jour de service selon le contrerole, à charge de suyvir par tous voz pays la royne d'Hongrie vostre tante lors gouvernante, avecq interdiction de non prendre ny avoir gaiges ny pensions directement ny indirectement pour servir aultruy, de manière que la faculté leur a esté ostée, d'avoir autre entremise ou moyen d'eulx entretenir et vivre que sur leurs petitz émolumens d'office, ce que, sans y mesler de leur particulier patrimoine, à leur grande jacture ne leur a esté et encoires ne sera possible de faire, comm'ilz ont souffisament expérimenté soubz diverses considérations.

[4]. Si comme que présentement leur nombre est accreu jusques à dix participans, que lesdicts émolumens ne reviègnent à la moictié près qu'ilz soloient passé vingt et trente ans, parce que quasi toutes les provisions de justice se lièvent en vostredict Grand Conseil, et au Privé Conseil se dépeschent seullement les matières de grâce et peu d'autres, voire que y estans les requestes décrétées, la pluspart demeurent aux lyaces des secrétaires, sans estre levées ne dépeschées, à cause que les poursuivans surattendent contemplation ou faveurs, pour tant mieulx venir à leur intention et après cop présenter nouvelles requestes, afin de non estre chargez d'amendes, finances et autres semblables.

[5]. D'autre part pendant que vostredict Conseil Privé se transporte de lieu et pays en autre, ne se font aucunes dépesches, jusques il soit assis. Ce non obstant lesdicts secrétaires sont tenuz suyvir la court et soubstenir double mesnaige sur lesdicts gaiges de XV pattars, l'ung en leur résidence fixe, et l'autre ès lieux où la court se transporte, avecq la grande chierté règnante puis XII ou XV ans plus de la vraye moictié que paravant, tant à l'endroit des vivres que en toutes autres choses, et s'augmente de jour à autre de plus en plus sans apparance de mieulx, ainsi que est à ung chascun notoire. Y joinct que lesdicts secrétaires depuis six ans ont esté chargez de payer impostz sur leurs boissons, chairs, bledz, dixième denier et impost de cheminées, comme autres bourgois et populaire des villes, contre leurs anchiens previlèges, exemptions et franchises. Pardessus ce leur convient faire autres grans fraiz inévitables, si comme de chariaiges, batelaiges, logis passaiges et beaucop d'autres despences extraordinaires nécessaires suyvant ladicte court. De sorte que non seullement Vostre Majesté à cause de ladicte chierté moderne, a augmenté à tous chartons trois solz de gaiges par jour sur chascun cheval à la charge desdicts secrétaires et autres officiers suyvans ladicte court, qu'est la juste moictié outre le taux accoustumé. Mais que plus est, ne peuvent lesdicts secrétaires encoires recouvrer chariotz pour suivre vostre court quant elle marche, qu'ilz n'en soient constrainctz de payer X, XI, XII ou XIII florins par jour, qu'est souvent autant par ung seul jour ou jour et demy, que montent leurs gaiges d'ung mois entier.

[6]. Tellement que jà pour telz respectz et considérations Sa

Majesté Impériale au mois d'apvril de l'an XV[c] XL VI accorda accroissance de gaiges à Messrs les conseilliers dudict Conseil privé, obmectant les secrétaires, qui toutesvoies (comme membres) sont aussy constrainctz et tenuz de servir et suyvir partout.

[7]. A ces occasions et pour considération des raisons avantdictes et de la chierté à présent règnante, ilz supplient très humblement, qu'il plaise à Vostredicte Majesté vouloir incliner à l'haussement et accroissance des sallaires et émolumens susdicts, selon que s'ensuyt, assçavoir que pour toutes dépesches de grâce et lettres patentes qui s'expédient en laz de soye, soient dorésenavant payez cent solz au lieu de soixante que porte la vielle ordonnance, pour toutes despesches à double queue IIII[xx] solz, dont l'on reçoipt cincquante, pour toutes dépesches à simple queue en matière de cryme, si comme de pardons simples, cincquante solz en lieu de XXV solz, pour collations de bénéfices à l'arbitraige du chief du conseil à l'advenant des qualitez et importances desdicts bénéfices, pour placetz sur bulles appostolicques, pour chascun bénéfice ou réservation de pension, respectz et cessions, que sont matières de grâce, XXX solz, ainsi qu'il se paye en la chancellerie de Brabant, et des bénéfices notables à l'arbitraige dudict chief, demeurans toutes autres provisions de justice au taux ordinaire qu'est XVIII solz, et tousiours des doubles dépesches à l'advenant, pour lettres closes touchans crime douze solz, et des autres de justice VIII solz.

[8]. Et pardessus ledict haulssement qu'il plaise à Vostredicte Majesté accroistre et méliorer les gaiges de vosdicts secrétaires, assçavoir de quinze pattars jusques à vingt cincq pattars par jour, afin qu'ilz puissent vivre et eulx entretenir honnestement avecq femme et enffans en vostredict service, et partant leur sera baillé plus estroicte obligacion de rendre peyne et continuer de bien en mieulx aux debvoirs de leursdicts estatz.

8. Antwort auf eine Anfrage an das Archiv der Chambre des Comptes, betreffend Philipp von Cleve, um 1503[1].

Brüsseler Staatsarchiv, Fonds der Papiers d'État et de l'Audience Nr. 867 („Revenues et charges des finances" I) fol. 12.

Messire Jeromme Lauwerin seigneur de Watervliet, chevalier, conseillier et trésorier général des demaine et finances de monseigneur l'archiduc d'Austrice duc de Bourgogne etc., a escript à messeigneurs les président et gens des comptes à Lille par charge de mondit seigneur deux ses lettres closes contenans pluiseurs points et articles sur les affaires d'icelluy seigneur, dont il désiroit avoir responce; laquelle se fait par lesdits des comptes ainsi qu'il s'ensuit:

Premiers, sur ce que l'une desdites lettres contient d'envoier par

[1] Jerôme Lauwerin war 1499—1508 Trésorier général (oben S. 61 f.). Das Dokument gehört noch in die Zeit Philipps des Schönen, der 1506 starb. März 1503 kam der Herzog in Lyon mit Philipp von Cleve Herrn von Ravenstein zusammen (Lalaing, Coll. des voyages I, 281).

déclaracion la pension que prenoit monseigneur de Clèves à présent, lui estant jeusne et pardeçà, devers feu monseigneur le duc Charles ou madame sa compaigne, lesdits des comptes ont pour ce fait veoir les comptes de la recepte générale, argenterie et de la chambre aux deniers de feu mondit seigneur, aussi de l'ordinaire et extraordinaire de madame la duchesse, et les escroes sur ce renduz; en tous lesquelz comptes ne èsdits escroes ne se treuve point que ledit seigneur de Clèves euist de feu mondit seigneur le duc Charles aucune pension ou somme de deniers pour son entretenement, ne aussi qu'il fuist compté par lesdits escroes. Mais l'on a bien treuvé aucuns petis dons comme de XIIII ou XV florins au cop lui avoir esté faiz pour jouer et esbattre aux quartes. Parquoy, s'il a eu autre chose, il fault que ce ait esté manuelement des deniers de mondit seigneur venans de ses coffres, ou par assignacion particulière sur une des receptes des pays de mondit seigneur en Brabant, Hollande ou ailleurs [1].

9. Aus dem Register des Receveur général: Einsetzung des Pfalzgrafen Friedrich zum Erzieher und Ersten Ratgeber Karls V., 1514.

Archives départementales zu Lille, B (Cours et juridictions etc.) 2237 fol. 134 v°—135. Das kursiv Gedruckte gibt das Formular an.

A monseigneur Frédérick duc de Bavière conte palatin du Riyn *la somme de* deux mil cincq cens livres *dudit pris, que par le commandement et ordonnance d'iceulx seigneurs ledit receveur général lui a baillé et délivré comptant pour semblable somme qui deue lui estoit à cause de* cincq mil *semblables livres, que mesdits seigneurs par leurs lettres patentes données en leur ville de* Rademberg le premier jour de février l'an XV^c^ treize [v. st.] *luy ont* tant *en considéracion* des grans, notables et aggréables services par luy faiz à feu de trèsnoble mémoire le roy domp Phelippe que dieu absoille, et pour la consanguinité de lignaige dont il leur atient, comme pour et à cause de son estat de l'ung des trois ordonnés en ensuyvant l'ordonnance faicte au mois d'octobre oudit an [2] par ledit seigneur empereur, le roy d'Arragon comme grans pères, et le roy d'Angleterre comme beaufrère, sur la garde, conduicte et gouvernement de la personne de mondit seigneur l'archiduc, dont icelluy seigneur empereur de sa part et par lesdites lettres patentes lui a commis et ordonné, ensemble d'estre le premier en tous consaulx après madite dame de Savoye, et en son absence le chief tenant son lieu èsdits consaulx, tant pour les affaires de leurs finances que autres, *ordonné, octroyé et accordé prendre et avoir d'eulx de pencion par chacun an, à en estre paié par les mains dudit receveur général des finances lors présent ou autre à venir, et des deniers de sa recepte de demy an en demy an par égale porcion, à commencher ledit* premier jour de février *et deslorsena-*

---

[1] Es folgen dann, fol. 12 v°—18, Beantwortungen einer Reihe von anderen Anfragen.

[2] Veröffentlicht am 19. Oktober 1513 zu Lille, siehe oben S. 139.

vant tant et si longuement qu'il seroit et se tiendroit devers mondit seigneur l'archiduc et serviroit comme dit est. *Et ce pour* demy an *commenchant* ledit premier jour de février XVe treize *et finissant* le derrenier jour de juillet ensuyvant l'an XVe quatorze. *Pour ce icy par sa quictance avec copie auctenticque desdites lettres patentes vérifiées comme dessus cy rendue ladite somme de* II^m V^c l.[1].

10. Entwurf für ein Conseil de la guerre, 1514[2].

Archives départementales zu Lille, Lettres missives, Portef. 76, undatierter Zettel.

Chief du conseil de la guerre.
Le duc Frédérick de Bavière.
Les conseilliers de la guerre.
Le conte de Nassauw.
Le conte Félix de Werdemberg.
Le conte de Kungstain.
Le seigneur d'Isselstain.
Le seigneur de Wassenaer.
Le seigneur de Zevenberghe.
Le seigneur de Walhain.
Le seigneur de Castre.
Maistres des payes.
Ung commissaire de par le trésorier de l'empire.
Simon Longin.
[Messire Thiéry le Begge] (gestrichen, an seiner Stelle:)
Maistre Jehan Hannart.
Denis Brun.
Le trésorier de la guerre.
Le trésorier de l'artillerie.

11. Aus dem Register des Audiencier, 1515[3].

Brüsseler Staatsarchiv, Fonds der Chambre des Comptes, Nr. 20409.

D'icellui droit six livres à cause d'une charte de rémission pour Jehan Reygheerts alias de Backe de l'omicide par lui commis

[1] Die Chambre des Comptes beanstandet am Rande diesen Posten, da der Pfalzgraf, der nach den Lettres patentes für die Zeit seiner Anwesenheit bezahlt werde, den Eid für sein Amt erst am 18. Mai 1514 geleistet habe, „qui est trois mois demy après la dacte des lettres, qui fait à présupposer qu'il vint lors devers mondit seigneur, parquoy peult sambler que le paiement de ceste pencion doit commencier audit XVIIIe jour de may". Es bedarf eines besonderen neuen Privilegs, dessen Einsendung weiter unten am Rande angemerkt wird, damit die Chambre des Comptes sich zufrieden gibt.

[2] Der Pfalzgraf Friedrich (siehe Beilage 9) wie der Graf Felix von Werdemberg (siehe Le Glay, Corr. II, 247, 249, 262) sind erst Anfang 1514 in die Niederlande geschickt worden. Wie die Namen beweisen (es ist niemand aus den wallonischen Provinzen darunter), handelt es sich um die für Frühjahr 1514 geplante Wiederaufnahme des Krieges gegen Frankreich.

[3] Siehe oben S 114f.

en la personne d'un povre homme impotent demandant l'aumosne, moiennant amende civile, à l'arbitraige et tauxation desdits de Flandre, apparant par le contrerolle dudit contrerolleur. Pour ce icy lesdits VI l.[1].

Du mesme droit six livres à cause d'une charte de rémission et pardon contenant rappel de ban pour Willem van Rousse pour avoir emmené une josne fille de l'eaige de dixsept ans . . .

Dudit droit autres six livres à cause d'une charte de légitimacion pour Jehan de Lannoy filz illégitisme de Jehan de Lannoy Seigneur de Maingoval par lui engendré ou corps de Kathérine de Villers . . .

Du mesme droit douze livres à cause d'une charte d'octroy et privilège pour les avocats, eschevins et conseil de la ville d'Ypre, par lequel est octroyé et permis à toutes personnes, de povoir amener chacun samedi toutes manières de vivres et autres provisions, non obstant les franchises, libertez, transactions ou appointemens, que les poissonniers, bouchiers ou autres de ladite ville d'Ypre pourroient alléguer au contraire . . .

Du mesme droit six livres à cause d'une chartre d'octroy pour Arnoul de la Coste filz de Andrien, par lequel lui est permis pour lui, ses hoirs et héritiers, Seigneurs de Rodes autrement de Nyeuwenhove de povoir dès maintenant et à tousiours user de toute telle et semblable juridiction, prééminence et droicture comme il est usé et accustumé en sa terre et seigneurie d'Anglemonstier . . .

Du mesme droit 60 solz à cause d'un congié en placcart pour messire Jeromme Lauweric de povoir mener hors dés pays de pardeçà mil corsetz de piétons avec les appertenances, et cent pièces d'artillerie moindres que petites serpentines . . .

Dudit droit douze livres à cause d'unes lettres patentes en double queue, par lesquelles l'on mect au néant certain procès parcidevant intenté par le procureur général contre messire Jerôme Friscobald au grant conseil à Malines pour raison du tonlieu d'Jersickeroort en Zeellande, ensemble toutes procédures, appointements et exploix qui en peuvent deppendre et en estre ensuyz . . .

12. Die Rubrik „Conseil" in den Hoflisten.

a) In der Ordonnanz vom 21. Juni 1517[2].

Brüsseler Staatsarchiv, Fonds der Papiers d'État et de l'Audience Nr. 23 fol. 42 v°–43 v°.

Conseil.

Messire Jehan le Sauvaige, chevalier, Seigneur d'Escaubeke, chancellier, à la pension à luy ordonnée.

---

[1] Zusatz zu einer anderen Remission wegen Totschlag eines Priesters: „Le roy pour la povreté dudit de Burchgrave luy a quicté le droit de seau pro deo, comme il appert par lettre signée de sa main. Pour ce icy Néant."

[2] Siehe oben S. 139.

Maistres des requestes tousiours comptez à chacun 48 s. par jour.

Le doyen de Besançon, premier maistre des requestes.
Le prévost de Cassel.
Le prévost d'Aire.
Maistre Loys Vacqua.
Maistre Josse Laurens.
Maistre Anthoine Sucquet.
Maistre Claude de Chassey.

Secrétaires.

Maistre Jehan Hannart, premier secrétaire pour Espaigne, tousjours compté durant le présent voyaige à 30 s. par jour.

Autres quatre secrétaires, aussi tousjours comptés à 24 s. par jour.

Maistre Remacle d'Ardenne.
Maistre Jehan de le Sauch.
Maistre Jehan de Grutère.
Maistre Henry de Lespinée.

Deux huissiers tousjours comptés chacun à 12 s. par jour.

Nicolas Desmaretz.
Adolf Dalman.

Ung Chappellain.

Maistre Pierre Barbier.

Ung Indiciaire, tousjours compté à 18 s. par jour.

Maistre Remi du Puis.

b) In der Ordonnanz von Anfang 1522, fortgeführt bis etwa 1527[1].

Brüsseler Staatsarchiv, Fonds der Cartulaires et Manuscrits Nr. 391A, fol. 114. Das Gestrichene ist in eckige Klammern gesetzt, das Hinzugefügte kursiv gedruckt (vgl. GGA. 1908, S. 265).

Grand Conseil.

Trois conseilliers et maistres des requestes à 48 s. chacun.

[Messire Claude de Chassey]. *Mort.*
[Maistre Loys Vacca]. *Royé, pour ce qu'il est du conseil des Indes et évesque de Canarie.*
[Le prévost de Cassel]. *Absent et royé.*

[1] Siehe oben S. 139. Das Dokument zeigt, wie die burgundische Rubrik (die Bezeichnung „Grand Conseil“ ist hier kein Terminus technicus) am Hofe Karls V. abstirbt, und zugleich, welch eine Fülle von Notizen in diesen immer weiter fortgeführten offiziellen Kopien der Ordonnanzen sich findet.

Ung premier secrétaire [et audiencier] à 30 s.

[Messire Jehan Hannart visconte de Lombeke]. *En son lieu maistre Jehan Lalemand.*

Deux autres secrétaires à 24 s. chacun par jour.

[Maistre Jehan Lalemand]. *En son lieu maistre Charles Haneton.*
[Maistre Maximilian Transsilvano]. *Royé, pour ce qu'il a résigné son estat à son beaufrère maistre Alexandre Seweys.*

Deux huissiers à 12 s. chacun.

[Anthoine Teftel]. *Piere Deftel.*
Jehan de Vandenesse.

Ung chappelain à 9 s.

Messire Bernart Gryna. *Mort.*

Personenregister.

Register der Amtstitel.

Berichtigung.

Seite 136, Zeile 14 lies nicht Iudiciaire, sondern Indiciaire.

Kolibri 360 GmbH
Ferdinand-Jühlke-Straße 7
99095 Erfurt, Deutschland
produktsicherheit@kolibri360.de

Druck:
CPI Druckdienstleistungen GmbH
im Auftrag der
Kolibri 360 GmbH
Ferdinand-Jühlke-Str. 7
99095 Erfurt